U0919537

KISSINGER'S SHADOW

THE LONG REACH OF AMERICA'S MOST CONTROVERSIAL STATESMAN

基辛格的影子

美国最具争议的政治家及其遗产

[美] 格雷格·格兰丁◎著　符金宇◎译

新 华 出 版 社

图书在版编目（CIP）数据

基辛格的影子/［美］格雷格·格兰丁著；符金宇译
北京：新华出版社，2016.9
书名原文：Kissinger's Shadow：The Long Reach of America's Most Controversial Statesman
ISBN 978－7－5166－2827－0
Ⅰ.①基… Ⅱ.①格…②符… Ⅲ.①基辛格（Kissinger，Henry Alfred）—人物研究
Ⅳ.①K837.127＝6
中国版本图书馆 CIP 数据核字（2016）第 226341 号
著作权合同登记号：01－2016－0446

基辛格的影子

作　　者：［美］格雷格·格兰丁　　**译　　者：**符金宇

出 版 人：要力石　　**特约编辑：**赵　璐
责任编辑：张　敬　　**责任印制：**廖成华

出版发行：新华出版社
地　　址：北京石景山区京原路 8 号　　**邮　　编：**100040
网　　址：http：//www.xinhuapub.com　http：//press.xinhuanet.com
经　　销：新华书店
购书热线：010－63077122　　**中国新闻书店购书热线：**010－63072012

照　　排：彩丰文化
印　　刷：北京凯达印务有限公司

成品尺寸：170mm×230mm
印　　张：14.5　　**字　　数：**230 千字
版　　次：2016 年 10 月第一版　　**印　　次：**2016 年 10 月第一次印刷

书　　号：ISBN 978-7-5166-2827-0
定　　价：55.00 元

目　录

美国最具争议的政治人物
留给我们的影响持久深远

这个世界上信奉现实主义的人分为两类：一类操纵事实，另一类创造事实。对西方来说，没有任何人比能够创造西方自身现实的人更加宝贵。

——亨利·基辛格（1963 年）

译者序

基辛格这个名字，想必绝大多数国人，尤其是年岁稍长的人都曾经听过。正是基辛格在20世纪70年代，与尼克松一道努力谋求改善中美关系，最终促成实现了中美邦交正常化。这段历史已经成为中美外交史中最为人熟悉的经典回忆。然而，若非专门研究中美关系的政治学人士，我们中的绝大多数人对于基辛格的了解似乎也仅限于此。换句话说，基辛格究竟是何许人也？他在美国到底是怎样的一个人物？在美国有多大影响力？对中国的影响又有几何？他在访华之前、访华之后，甚至说在访华期间，做过些什么？这一切我想应该是没有几个普普通通的中国人能够说得清、道得明的。对中国人来说，“基辛格”这三个字似乎更像是一个符号，代表着大洋彼岸的那个国度，代表着一段我们自以为熟悉的历史，每每提起，总会与尼克松联系起来，可一旦细细追问，却发现背后的一切竟又那样陌生。

那么，基辛格对美国的国民来说，又是怎样一番面目呢？这么多年以来，美国有关基辛格其人其事的书籍已经出版了不少。对于这样一位政治人物，争论非议自然难免。诚然，我并非美国人，在此不可能替他人乱下定论，可在细细品读《基辛格的影子》并且将之译出的过程中，我想我对于这位政治人物也多了几分了解，姑且算是又增长了一些见识吧。虽说，这样的见识更像是有朝一日，闲得无聊，与他人高谈阔论天下大势时多出来的几分谈资，勉强可以拿出来在人前炫耀，聊以自得一番，但能有这样的收获，也算得上是干翻译这种单调寂寞的独活时的一点额外褒奖了。

当然，格雷格·格兰丁（Greg Grandin）的这本新著的确是一本难得的好书，这一点首先从作者的专业背景便可得到印证。格兰丁现为纽约大学历史学教授，著述颇丰，尤以历史叙述见长，2009年出版的《福特王国》（*Fordlandia*）一书入围了当年的“普利策历史类最佳图书奖”提名，并被《纽约时报》评选为“2010年最值得关注的图书”，其新著《必然的帝国》（*The Empire of Necessity*）则在2015年一举摘得美国史学界最高奖项“班克罗夫特奖”。格兰丁身为联合国真相委员会的一员，早年曾对危地马拉进行实地走访，深入调查内战，于2000年和2004年先后写成《危地马拉的血》（*The Blood of Guatemala*）和《最后的殖民屠杀：冷战中的拉美》（*The Last Colonial Massacre: Latin America in the Cold War*），2006年又出版《帝国工厂》（*The Empire Workshop*），揭示了美国新帝国主义在拉美的兴起与影响。此外，格兰丁还为《纽约时报》《民族周刊》《洛杉矶时报》以及《新政治家周刊》等知名报刊执笔，纵论美国外交政策、冷战与拉美政治。

《基辛格的影子》正是出自这样一位学界权威之手。作者在书中充分展现出一位优秀历史学家在挖掘史实、分析史料方面的过人才华，对亨利·基辛格本人以及相关人士留下的语录著述，还有大量美国政府文件与解密档案进行了详细剖析，让我们看到了基辛格的真实面目，看到了这位尼克松时代的最高外交政策顾问如何游走于现实主义与理想主义之间，让自己的政治理念得以实现；如何一步步走入白宫，重建“至高无上的总统权力”，改组美国国家安全体制；如何瞒天过海，避开国会，在越南、柬埔寨、老挝穷兵黩武，滥杀无辜，通过武力复兴独一无二的“美国例外论”；又是如何在与新保守主义一派的宫斗中处变不惊、临危不乱，纵然早已挂印而去，却依旧对此后历任总统施加影响，留下了自己长长的影子。格兰丁在书中并未循前人旧迹，一味追究基辛格的功过得失，而是试图以一种新的视野来诠释这样一位外交家对美国今日外交之持续而深远的影响。难怪另一位历史学家本·柯尔南（Ben Kiernan）在读后会发出感慨，称赞“格兰丁的这本书在史料收集与研究上干得漂亮，不仅包含大量第一手资料，而且分析缜密细致，旁征博引，取材广泛，足以改变人们的看法，换一个角度重新审视美国过去半个世纪在这个世界上所扮演的角色”。

也正因为此，本书厚重的历史感与丰富的信息量让我这个译书之人在深感折服的同时也经受着不小的“折磨”。作者在书中采用的脚注与尾注数量之多，令人咋舌，仅正文后的注释就多达40余页。这些注释不仅解释了作者自己的史料来源，也对书中提及的历史事件进行了必要而有益的补充。我在此已经尽可能地将其全部译出。此外，我在翻译时也不可避免地加入了自己的注释，对书中牵涉到的一些关键人名和其他背景知识做了一番相应解释，因为这些在我看来都是与主人公基辛格有关的重要信息，目的只求让读者读得更加明白。

能够翻译本书，诚非我一人之功。首先，要感谢新华出版社对我的信任，将这样一本好书托付于我。其次，在本书的翻译过程中，我要特别感谢我的大学同事、美国外教托马斯·威廉·莫兰（Thomas William Moran Ⅳ）。翻译这样一本书，考验的不仅是语言能力，还有对美国国内事务与政治的了解。能够在这两点上得到汤姆先生的悉心解释与赐教，对我来说诚为幸事，和汤姆先生那些妙趣横生的对话也成为这段译事中的一大快乐。

最后，鉴于本人能力所限，书中纰漏在所难免，还望广大读者不吝赐教，悉心指正。

符金宇

2016 **年** 6 **月于暨南大学**

引子　看不见的魔鬼

托马斯·谢林是哈佛大学的经济学教授，也是日后的诺贝尔奖得主。他有一回问了亨利·基辛格这么一个问题：到底哪个更吓人，是看得见的魔鬼，还是看不见的魔鬼?

谢林问基辛格这个问题是在1970年5月初，也就是理查德·尼克松现身荧屏、发表电视讲话几天之后的事情。尼克松当时告诉全体国民，美国将向柬埔寨派遣地面部队，声称军事行动势在必行，必须肃清敌军在柬越边界一带的庇护所。不过，尼克松同样把话说得清清楚楚，他之所以决定派遣地面部队进攻一个中立国家，背后有些事情比军事战略要更加重要。“我们今天生活在一个混乱无序的时代，”总统这样说道，“我们看见有些人在不顾后果地向一切伟大的制度发起攻击。这些制度都是那些自由的文明国家在过去五百年里创造出来的。”尼克松话中有话，言下之意他之所以进攻柬埔寨，并非仅仅只是为了针对来自国外的威胁，还在于回应国内的动荡：“今晚经受考验的并非我们的权力，而是我们的意志与品格。”过去几个月以来，尼克松和他的国家安全顾问基辛格一直在说已经订好方案，让美国从越南脱身。现在可好，二人竟然把战争一下子扩大到了越南的邻国。就在尼克松发表演说四天之后，国民警卫队在肯特州立大学开枪，打死四人，都是抗议入侵柬埔寨的学生，另有九人受伤。两周之后，警方又在杰克逊州立大学朝一群抗议示威的非洲裔美国学生开火，导致两人死亡，十二人受伤。

谢林对于美国卷入越南战争在思想理念上多少负有一定责任。此人头脑清晰，思维缜密，堪比计算机。谢林将自己在数学公式上的才华用到了军事战略之上。他曾经说过："不管你是打算'震慑俄国人'，还是'吓唬自家孩子'，问题其实是同一码事——你得在心里盘算清楚这样做到底是威胁，还是鼓励，得把握分寸，做到恰到好处。"林登·B. 约翰逊和手下的国防部长罗伯特·麦克纳马拉把谢林的理论直接拿过来就用，将轰炸北越当成了一种行为修正的方法。对那些将要从约翰逊与麦克纳马拉手中接过美国对越政策衣钵的人来说，谢林的影响同样巨大，对亨利·基辛格尤为如此。基辛格在加入尼克松的白宫班子之前曾在哈佛任教，视谢林为好友，故而也采纳了这位经济学家的观点，尤其是谢林认为"一个人有多大能力讨价还价……取决于这个人有多大本事造成伤害"，造成"纯粹的痛苦与破坏"。正是怀着这样一种心态，基辛格才打算在东南亚放手干。

可是，令人意想不到的是到了1970年，谢林已经摇身一变，成了一名反战人士。美国悍然入侵柬埔寨让谢林大为触动，于是连同其他十一位声名显赫的哈佛教授，风尘仆仆地赶往华盛顿，要同基辛格好好面谈一番，表达不满。这一帮反战知识分子可绝非泛泛之辈。过去多少年来，这帮人能够轻易游走于华府与剑桥[①]之间，时而高居讲坛之上，时而现身作战会议室之中，身上贴着各式各样的标签，什么东部权势集团、天之骄子、当世智者、权力中坚……就是这样一帮人物。这支哈佛请愿团包括两位诺贝尔奖得主、一位日后的诺奖得主（谢林），还有多位物理学家、化学家、经济学家和政治学家。其中不少人曾经作为顾问，辅佐过数届总统，历史可以上溯至哈里·杜鲁门时代。请愿团中还有好几位甚至在美国介入越南的早期参与过政策执行。

这帮人说话当真，不开玩笑，一个个正儿八经地要和尼克松政府划清关系。"这样做太不像话了。"其中一位对记者说道，他指的就是入侵柬埔寨的事情。其他人则苦于越战让公众话语变得日渐恶俗粗暴，不胜其扰。"大学教授"也好，"开明派"也好，都是一路货色——尼克松的国防次长戴维·帕克德表了态，把请愿团就此遣散，打发回了老家。欧内斯特·梅身为请愿团成员之一，在哈佛大学当系主任，也是一位军事历史学家，与五角大楼关系密切。他对基辛格说："你这样做，是要把这个国家从里面搞垮。"

---

① 此处所指的"剑桥"为美国马萨诸塞州剑桥市，即哈佛大学所在地，下文同——译者注。

基辛格的这帮昔日大学同事此时并不知道尼克松和基辛格其实已经对柬埔寨和老挝秘密轰炸了一年有余（**二人还将在今后三年多的时间里继续炸下去，直到国会为这场空袭行动画上句号为止**）。他们只知道美军打算入侵柬埔寨，仅此一点就已经足够糟糕的了。“真是有病”。谢林是这么说的。在今天的美国，有这么一种论调，得到人们的广泛认同，鲜有质疑之声。不管你属于哪个党派，都认为华盛顿理所当然有权动用武力，对恐怖分子抑或潜在恐怖之徒的“藏身之地”发动打击，即便这些“藏身之地”就在某些主权国家境内，而这些国家并未与美国交战也无所谓。正是这种自负为小布什和奥巴马提供口实，打开了方便之门。前者在2002年出兵阿富汗，后者则在索马里、也门和巴基斯坦扩大了无人机攻击范围，不久前还对叙利亚与伊拉克境内的伊斯兰国激进分子展开武装行动。回到1970年，如此论调在当时可没有这样广阔的市场。基辛格试图加以辩解，声称入侵柬埔寨实属当务之急，剿灭共产党的“藏身之地”势在必行。基辛格的辩解遭到了以谢林为首的哈佛请愿团的严词驳斥。某位记者总结了请愿团提出的抗议，写道：“侵犯一个中立国家的主权，这个先例一开，世上其他任何国家就都能够效仿，为了比如说铲除恐怖分子，去侵略其他国家。”谢林后来对一位记者说道：“即使这样的侵略行为达到了本来目的，清除了敌人的藏身之地，仍然不能够以入侵他国作为代价，因为这样做终将得不偿失。”

哈佛请愿团与基辛格是在白宫地下室那间老旧的军情室里会面的。谢林首先对请愿团的成员一一作了介绍，表明来意，不想基辛格打断了他，插了一句：“各位我都认识……大家都是我在哈佛大学的好朋友。”“你错了，”谢林说道，“我们这些人今天之所以来到这里，就是为了告诉你，我们已经对白宫执行外交政策的能力彻底失去了信任。从今往后，我们不会再听从你们的差遣，也不会再为你们提供建议。”谢林后来回忆道：“基辛格脸色变得灰白，一下子瘫倒在了椅子上。我当时猜想他一定感到非常失落。”有那么一会儿，基辛格问大家是否能够跟他说清楚，这届政府究竟犯了什么“过错”。正是在这个时候，谢林向基辛格问起了那个关于魔鬼的问题：“你往窗户外面看，看见有一个魔鬼，于是回过头来，告诉你身边的人，那个人就和你站在同一扇窗户边上。你对他说：‘看，窗户外面有个魔鬼。’那个人也往窗外看，却根本没有看见魔鬼。请问你该如何向那个人解释，让对方相信窗户外面真的有个魔鬼？”

谢林接着说道：“在我们看来，会有两种情况：要么是第一种，也就是说总统在侵略柬埔寨的时候并不清楚他这样做是在侵犯另一个国家；要么就是第二种，总统其实心里明白得很。”

“我们只是不知道哪一种更加可怕。”

序言 提前写好的讣告

亨利·基辛格一直在为人诟病，指责他干过不少伤天害理的坏事。有朝一日倘若死了，批评人士又会找到机会把那些口诛笔伐重新再演一遍。克里斯托弗·希钦斯[①]就把话说得很清楚，认为应该把这位前国务卿送上法庭，以战犯的罪名接受审判。诚然，希钦斯本人已经作古，可还有大把的人在等着看基辛格如何受审。这些人的名字足以列成一长串，有记者，有历史学家，还有律师，人人都在迫不及待地等着拿出背后藏着掖着的那点儿东西，好让人看看基辛格在柬埔寨、老挝、越南、东帝汶、孟加拉、库尔德人的地盘、智利、阿根廷、乌拉圭、塞浦路斯还有其他地方，到底干过多少坏事。

这么多年以来，关于基辛格其人其事出版的书不下数十本。可是，最为传记作家日后推崇的仍然只有西摩·赫什[②] 1983 年写的那一本《权力的代价》(*The Price of Power*)。赫什在书中为我们描绘了一个孤芳自赏、耽于自我的偏执狂，为了出人头地往上爬，要么摆出一副铁石心肠、心狠手辣的面孔，要么换上一脸阿谀奉承、逢迎讨好的媚相；要么捶胸顿足，抱怨时运不济，要么大手一挥，放任 B—52

---

① 克里斯托弗·希钦斯（Christopher Hitchens，1949—2011），英国作家、文学评论家、编辑与新闻记者，因职业生涯长期在美国度过，后成为美国公民，是著名的宗教批评家、无神论者、反战人士，一生撰写、合著、编辑的著作超过三十部，代表作为 2007 年出版的《上帝并不伟大》(*God Is Not Great: How Religion Poisons Everything*)——译者注。

② 西摩·赫什（Seymour Hersh，1937— ），美国记者与政治作家，《纽约客》杂志军事安全题材撰稿人，先后获得过两次“国家图书奖”，五次“波尔克奖”，1969 年因首度披露越战期间美莱村惨案而声名鹊起，并于同年获“乔治·波尔克特别奖”，翌年获“普利策国际新闻奖”，2004 年因在《纽约客》杂志披露阿布格莱布监狱虐囚事件，第二次获得“国家图书奖”，第五次获得“波尔克奖”，同时获得“乔治·奥威尔奖”——译者注。

轰炸机滥杀无辜。基辛格的形象就此定格。赫什笔下的基辛格纵然虚荣狭隘、目光短浅，却堪比莎翁，因为他的这些渺小举动被搬上的是世界的舞台，留下的影响深远而重大。

有人贬，就会有更多的人捧，毁誉声中总会找到平衡点。基辛格不乏众多倾心仰慕的支持者。诋毁的也好，吹捧的也好，只要把这些人统统去掉，那么给基辛格盖棺定论的任务就得留待那些一心找寻平衡的人士去完成。这些人会说，基辛格犯下的罪行究竟有多么深重，唯有与他留下的功绩两相权衡才能得出结论：是他缓和了美苏关系，打开了中国的大门，与莫斯科谈判签订裁军协定，还在中东地区展开穿梭外交。只有在这些节点上，基辛格制订的不少政策功过得失究竟如何，才会让人用“争议”二字去重新定义，留给各方去众说纷纭，而非用事实品评。看看刚愎自用的小布什有多么武断无谋，再看看固执己见的奥巴马又是怎样徒劳无功，只有看过这些之后你才会明白基辛格在处理政治问题上是何等老成持重、张弛有度。一如不少评论人士近来断言的那样，我们比任何时候都更加需要这种基辛格式的治国理政之才。

人们的评价总是形形色色。总会有以前的同事和昔日的旧友站出来回忆，说起印象中基辛格这个人总是喜欢开古怪的玩笑，醉心权谋，耽于美食，对穿高跟鞋的女人尤其情有独钟。我们会记得这个人和吉尔·圣约翰还有马洛·托马斯约会过，还和雪莉·麦克莱恩谈过朋友[①]，被亲切地称为“超级 K”“阿拉伯的亨利”“白宫花心大少”。基辛格才华横溢，脾气暴躁。他天性脆弱，故而沾染上种种恶习。至于他与理查德·尼克松的关系，借用某位记者的话来说，可是“极其古怪”！这两个人天生亦敌亦友。基辛格可以当面拍尼克松的马屁，也会在背后破口大骂。“这个猪脑袋”，基辛格每回只要把电话挂掉就会这样称呼自己的那位顶头上司，“酒鬼

---

① 吉尔·圣约翰（Jill St. John，1940—　）、马洛·托马斯（Marlo Thomas，1937—　）和雪莉·麦克莱恩（Shirley MacLaine，1934—　）都是美国著名的女演员。——译者注。

一个”。“尼克辛格”（“Nixonger”），以赛亚・伯林[①]在称呼这一对搭档时就用了这么一个词。

基辛格1923年出生在德国的菲尔特，15岁那年来到美国。若是对基辛格的生平加以小结，来自异国他乡的背景总会引起外人关注。“犹太小子”，尼克松平日里就是这么称呼他的。人们每每谈及基辛格的世界观，总认为他更加看重稳定与推动国家利益，将二者置于民主人权等富有理想主义色彩的抽象概念之上优先考虑。可是，在美国民众的心目中，自己的祖国天性良善，是一个独一无二、不可或缺的国家，基辛格的世界观故而多被认为与美国人的自我意识有所冲突。“作为一名知识分子，”基辛格的传记作者沃尔特・伊萨克逊写道，“基辛格会在思想上保留他的欧洲本色。”另外一位作家[②]则指出基辛格的世界观是“一个土生土长的美国人所不会具有的”。的确，随着年岁的增长，基辛格说话时带着的巴伐利亚口音也变得越来越重。

然而，倘若就此将基辛格视为外人另类，认为他与美国人的“例外论”琴瑟不合，难以协调，那么你根本无法准确把握基辛格的为人。基辛格其实就是一个典型的美国人，其思想特质完美契合了自身所处的地位与时代。

青年时代的基辛格信奉的是最具美国特质的理念——自我创造。该理念认为人的命运并非由所处的客观条件所决定，厚重的历史沿袭也许会对自由造成束缚，可限制之内仍然留有相当的活动空间，足以让人施展抱负，有所作为。不过，基辛格并未以一种美国式的语调来阐述这些理念，要不打个比方，比起沃尔特・惠特曼和赫尔曼・梅尔维尔这些成长于新世界的诗人与作家来，基辛格说起话来腔调显然有所不同。“过去已死，永不复生，”梅尔维尔是这样写的，“然而，未来就孕育在这

---

① 以赛亚・伯林（Isaiah Berlin，1909—1997），英国哲学家、政治理论家、教育家与作家，20世纪最杰出的自由思想家之一，1909年6月6日出生于拉脱维亚里加的一个犹太人家庭，1921年随父母移民英国，后进入牛津大学，攻读包括古代历史、哲学在内的古典人文学科，“二战”期间曾在英国情报及外交机构任职，1946年重回牛津授课，后半生一直任教、居住在牛津。伯林早年受英国理想主义影响颇深，后来又接受康德哲学理念，其哲学思想兼含理想主义与逻辑实证主义，一生著述等身——译者注。

② 见罗伯特・达勒克（Robert Dallek）著《尼克松与基辛格：共掌大权》（*Nixon and Kissinger: Partners in Power*）。

样的生命之中，让我们活着甚至有所期许……那些只为过去支配的人终会如罗得之妻一般站在那里，一动不动，就此定格成回头张望的那一刹那……美国要做的是创造先例，而非遵循先例。”基辛格并未采用这样的笔调，他更喜欢用强有力的散文、用德国的形而上学来表达自己的哲学理念。不过，二者在思想理念上大体是一致的。“必然，”基辛格在1950年写道，“描绘的是过去，而自由才是未来的主宰。”

这一句话出自基辛格当年提交的一篇论文，当时他还在哈佛大学读四年级。那篇论文洋洋洒洒一共写了四百来页，其中谈到了不少欧洲哲学大家的名篇著作①。基辛格给自己的论文起了个题目，叫作“历史的意义”（The Meaning of History）。文如其名，这篇论文读起来让人感觉内容琐碎、沉闷乏味，不少地方过于晦涩难懂，很容易被人当成初出茅庐小子的练笔习作，弃之一旁。然而，时至今日，基辛格已经通过种种形式，不止一次重申了自己当年在文中言及的假设与论断。不仅如此，这位论文作者早在初到哈佛之际，就已经对战争深有体会，对自己在文中提出的问题给予过广泛而现世的思考，这些问题不仅包括知识与智慧的关系，存在与虚无的联系，还牵涉到过去对现在的影响究竟如何。

基辛格本人虽然在纳粹大屠杀中逃过一劫，却有12位家庭成员未能幸免于难。他在1943年应征入伍，回到老家德国度过了大战的最后一年，作为一名军事情报人员一步步向上升迁。克雷菲尔德是坐落在莱茵河畔的一座小城，人口20万。盟军占领时，基辛格曾经担任过这座小城的行政长官，把纳粹分子从当地的市政管理部门给一个个清理了出去。基辛格同样展现出自己身为谍报人员的卓越才华，不仅把盖世太保的军官们逐一找出，逮捕起来加以审问，还对秘密线人进行妥善保护，

---

① 基辛格的本科论文是在威廉·雅德尔·埃利奥特的指导下完成的。埃利奥特在外交史研究上采用了康德的哲学思想。不过，基辛格早在就读哈佛之前，就已经对欧洲大陆哲学有了初步认识。他的启蒙老师名叫弗里茨·克莱默（Fritz Kraemer），普鲁士人，是一个反纳粹的保守派。基辛格与克莱默相遇相识还是在自己当步兵列兵、驻扎在路易斯安那州克莱伯恩兵营的时候。克莱默拿过好几个学位，其中有一个是1931年在法兰克福大学拿的。大概也就是在那个时候，马克斯·霍克海默（Max Horkheimer）、西奥多（Theodor Adorno）和其他一批社会学家创立了后人所说的“法兰克福学派”。眼光敏锐的读者从基辛格的著述中能够清楚看出他笔下的主题和论据多与法兰克福学派有关，克莱默或许便是个中缘由所在。“在后来的几十年里，”基辛格2003年在克莱默的葬礼上说道，“是克莱默决定了我的视野与思想，影响了我在读大学时的选择，唤醒了我对政治哲学与历史的兴趣，为我的本科和研究生论文提供了灵感。”

凭借着出色的办事能力与无畏的胆识勇气，赢得了一枚铜星勋章。换句话说，基辛格本科论文中谈到的一个核心议题在于事实与真理的关系，这个议题对他本人而言并非什么抽象空洞的问题。正如某人在看过基辛格的论文之后所说的那样，这篇论文读起来感觉像是一篇“个人陈述”，都是些与生死有关的话题，而基辛格此后的外交策略，借用其在哈佛大学某同班同学的话来说，“其实就是把他思想世界里的东西移植到了权力世界当中”。

从当年的本科毕业论文，到 91 岁高龄出版的近著，基辛格的形而上学思想可谓在不断演变，半是“忧虑”，半是“喜悦”。这份“忧虑”体现在作者承认经验、即生命本身最终是无意义的，历史带着悲剧的色彩。“生命是一场磨难，从出生的那一刻起就孕育着死亡，”基辛格在 1950 年写道，“世事无常、瞬息万变，这才是存在的宿命……经验总是独特而孤立的。”至于“历史”，基辛格说他相信历史具有某种“悲情元素”：“在布痕瓦尔德集中营与西伯利亚劳工营生活过的那一代人是无法做到像他们父辈那样，言谈之中带着同样乐观的语调的。”基辛格的“喜悦”源于他对于无意义的欣然接受，源于他意识到一个人的行动既非由历史必然预先设定，亦不受更高层次的道德权威主宰。用他自己的话来说，个人能力所及的范围是有“限度”的，这是“必然”。这种“必然”来自一个事实，即我们生活的这个世界他者无处不在。但是，个体既然拥有意志、本能与直觉，就能够利用这些特质来拓展自己的自由空间。

基辛格的本科论文充满了沉思苦想，要想从头到尾看完并非易事。然而，通读这样的文章却是值得的，因为这篇论文能让人看到基辛格脑子里装着的思想，看到这个人要比人们通常描绘的形象有趣得多。毫无疑问，基辛格往往被人视为“现实主义论者”。倘若将现实主义定义为对于人性持有悲观看法，相信必须仰仗权力对混乱的社会关系加以约束，维持秩序，那么这种说法倒也不假。可是，如果将现实主义视为某种对世界的认知观念，认为现实是看得透的，只需观察事实，便能得出事实背后隐藏的“真理”，那么基辛格显然绝对算不上现实主义的支持者。非但如此，对于那些今天遭到右翼贬斥的激进相对主义理论，基辛格却在本科论文中大声宣称自己是如何推崇：“这世上根本就没有绝对真理这回事情。”在基辛格看来，除了人从自身孤立视角出发作出的推断之外，根本就没有什么真理可言。“意义代表着某种形而上学语境的显示，”基辛格写道，“每一个人都在某种程度上，创造着自己对于这个世界的看法。”真理，按照基辛格的说法，并不存在于事实之中，而在于我们面对事实提出的问题。历史的意义“从来都取决于我们面对历史提出的是什么样的问题”。

这些带有强烈主观主义色彩的论调弥漫在战后的空气当中。基辛格在论文中提出的观点与让—保罗·萨特并非没有相似之处。后者关于存在主义的论述影响深远，其专著英文版在1947年付梓出版，也被基辛格列入了自己的论文参考书目之中。萨特和基辛格一样，也会很快用上“自由与必然的辩证统一”这样的措辞。基辛格每每强调个人能够“选择”以“负责任”的方式对待他者时，说话的口气听上去绝对和萨特一模一样：既然道德这样的东西不是由外部强加产生的，而是源自内在，那么每一个个体“都对这个世界负有责任”。即便如此，基辛格还是会独辟蹊径，选择的道路与萨特以及其他持有异议的知识分子大不相同。也正因为如此，才让他的存在主义显得格外与众不同，换句话说，基辛格利用存在主义的目的不是反对战争，而是给发动战争找到一个合适的理由。

在参与制订战后政策的知识分子当中，基辛格并非唯一一个高谈阔论人类存在带有“悲剧色彩”的，也不止他一人相信人生是一场磨难，人生在世的最好指望无非是建立一个有秩序、守规矩的世界。好比保守派的乔治·凯南[①]，还有开明派的

① 乔治·凯南（George Kennan，1904—2005），美国外交家、政治学家及历史学家，1904年2月16日出生于威斯康星州的密尔沃基，幼年丧母，自小与父亲继母隔阂，1925年自普林斯顿大学毕业后即进入外交部工作，在日内瓦担任副领事，一年后调往德国汉堡，1929年进入柏林大学东方学院学习历史、政治、文化，并选修俄语，此后在多国担任外交公职，1944年被任命为美国驻苏大使的副手。由于感到自己不受器重，凯南在1946年2月22日从莫斯科给国内发去了一封长达5500字的电报，阐述了自己的对苏外交政策，就此吸引了华盛顿的目光。翌年，凯南又以“X”为署名，在《外交事务》杂志上发表文章，明确提出“遏制战略”。该战略也成为美国对苏长期战略，乔治·凯南就此赢得“遏制之父”的称号。凯南一生主倡政治现实主义，结束职业外交生涯之后重回普林斯顿大学任教，先后两度获得“普利策奖”与“国家图书奖”。2005年3月17日，凯南在普林斯顿的家中去世，享年101岁——译者注。

小阿瑟·施莱辛格①，这两个人就认为正因为人性存在“阴暗隐晦与纠缠不清的层面”（小施莱辛格语），才需要强大军事力量的存在。这个世界需要有人出来维持秩序。可是，此二人（连同其他不少同样具有悲天悯人情怀的人，例如莱恩霍尔德·尼布尔②和汉斯·摩根索③）最终都成了美国权力的批评者，批判起来甚至相当不

① 小阿瑟·施莱辛格（Arthur Schlesinger，Jr.，1917—2007），美国历史学家、社会评论家、20世纪最具分量的公共知识分子之一，1917年10月15日出生于俄亥俄州哥伦布市，其父为美国著名社会历史学家老阿瑟·施莱辛格（Arthur Schlesinger，Jr.，1888—1965）。小施莱辛格20岁即从哈佛学院毕业，“二战”期间因体检未能过关，只好留在国内，1943年至1945年在中央情报局前身战略情报办公室（Office of Strategic Services）担任情报分析人员，这段经历也为其在1946年写下《杰克逊时代》（*The Age of Jackson*），赢得自己首个“普利策奖”奠定了基础。1946年，小施莱辛格重回哈佛，任副教授。1954年，没有博士学位的他成为哈佛教授。小施莱辛格一生潜心于美国自由主义历史研究，笔耕不辍，其著述多以政治领袖人物为题材，哈里·杜鲁门、富兰克林·D. 罗斯福、约翰·F. 肯尼迪以及罗伯特·肯尼迪都是其笔下浓墨重彩描述过的历史人物，其中尤以约翰·肯尼迪为甚。他在1961年至1963年间担任肯尼迪的白宫特别助理，得到了“宫廷史学家”（Court Historian）的美誉，并且凭借《一千个日子——约翰·F. 肯尼迪的白宫岁月》（*A Thousand Days：John F Kennedy in the White House*）一书在1966年第二度拿下“普利策奖”（人物传记与自传类）。就政治立场而言，小施莱辛格终其一生都是肯尼迪的支持者，对尼克松则始终持批判态度。晚年的他依旧活跃在政治批评界，对小布什2003年发动伊拉克战争亦持反对立场。2007年2月28日，小阿瑟·施莱辛格在与家人共进晚餐时因心脏骤停，在曼哈顿离世，享年89岁——译者注。

② 莱恩霍尔德·尼布尔（Reinhold Niebuhr，1892—1971），美国著名神学家、公共知识分子、政治评论家，1892年6月21日出生于密苏里州赖特城，其父是一名德国福音派牧师。尼布尔先后毕业于伊登神学院与耶鲁神学院，1915年在底特律开始牧师生涯，“一战”期间因强调忠于美国，主张现实主义的爱国主义与和平主义赢得众多信众支持，20世纪20年代支持工人阶级与劳工运动，30年代转为提倡新正统现实主义神学，发展出基督教现实主义，对战后美国基督教主流思想产生了深远影响，成为美国战后社会变革的重要推动力量，1964年因首倡静思祷告被林登·约翰逊授予“总统自由勋章”。尼布尔一生著述颇丰，最著名的包括《道德的个人与不道德的社会》（*Moral Man and Immoral Society*）与《人的本性与命运》（*The Nature and Destiny of Man*）。尼布尔是20世纪美国最杰出的神学家与思想家之一，思想遗产极为丰厚，为“美国保守与开明两派竞相争取”（小阿瑟·施莱辛格语）。保守派称赞其对遏制政策的支持是道德现实主义的典范，而开明派则称颂其反对越战的和平主义思想。民权运动领袖马丁·路德·金、前总统吉米·卡特以及原国务卿奥尔布莱特等人都声称受其影响极深——译者注。

③ 汉斯·摩根索（Hans Morgenthau，1904—1980），美国政治学家、国际法学家，20世纪国际政治研究的代表人物之一，1904年2月17日出生于德国的一个犹太人家庭，早年曾在柏林、法兰克福和慕尼黑大学攻读哲学、文学和法律，后在瑞士日内瓦国际问题研究生院学习，“二战”期间因遭迫害，于1937年移民美国，1943年入籍，在多所大学和研究院任教。摩根索堪称国际关系理论与国际法研究的权威，一生著述甚多，代表作为1948年出版的《国家间政治》（*Politics among Nations*）。其国际关系思想属于传统现实主义流派，与乔治·凯南以及莱恩霍尔德·尼布尔并称为美国战后现实主义三大领军人物——译者注。

留情面。凯南 1957 年就在嚷着要“摆脱”冷战，1982 年在形容里根政府时又用上了“无知、愚蠢、自负而且傲慢”这些字眼。越战则激起了小施莱辛格的愤怒，他大声疾呼要加强国会的权力，好好管一管他后来所说的“至高无上的总统权力”。

基辛格则不然。每当遇上美国战后历史的任何一个拐点，每逢危机来临，心怀善意的人们开始质疑美国的权力，基辛格总会在这个时候突然插上一杠子，同大家唱反调。基辛格虽然一开始把尼克松想象成一个神志不清的疯子，可还是与之处得不错；后来碰到里根，即使初次见面认为对方头脑空空，两个人依旧相安无事；再后来又遇上了小布什身旁那帮新保守主义分子，虽说那帮家伙上台之后对自己大肆攻击，可日子还是这么过来了。正是得益于这份半是“忧虑”，半是“喜悦”，非比寻常的特质，基辛格从未动摇退缩过。“忧虑”让他作为一个保守派，将秩序置于正义之上；“喜悦”则让他以为或许应该利用自身的意志与才智，抢先阻止悲剧的发生，哪怕只有稍纵即逝的一刹那，也要主张自由。“那些功成名就的政治伟人之所以最终能够成就伟业，并非因为他们甘于屈从、任凭摆布，即使他们有充分的理由也不会这样做，”基辛格在 1954 年的博士论文中写道，“因为老天给了这些人本事，不单能够维持绝对的秩序，还拥有力量思考混沌，从中找到经验，开创新的局面。”

基辛格的这些存在主义言论为他捍卫自己日后订下的政策奠定了基础。如果说历史就是一出悲剧，生死轮回，人生苦短，那么宽恕无非是耸一耸肩，看淡世事罢了。对每一个个体来说，世界既然已经是这副模样，那么就算做得再多，也无法让它变得更加美好。

然而，基辛格的相对主义理论在被用来替自己找理由自圆其说之前，却是一种工具，旨在达到自我创造，从而实现自我提升。人人都知道基辛格从不相信任何东西。他无论面对任何人，尤其是那些比自己地位更高的人，总能做到左右逢源。

“我不会告诉你我是谁，”基辛格那一次接受奥利亚娜·法拉奇[1]采访时出了洋相，当时说了这么一句话，“谁也不会告诉。”基辛格之所以要保持这种神秘感，是因为他对当代利益集团操控之下的政治缺乏好感，认为这样的政治太脏太乱；是因为他觉得自己的聪明才智倘若不用受到大众民主的监督，不用在众目睽睽之下受制于人，那么将得以更好地施展发挥。话虽如此，事实却是恰恰因为有了大众民主，创造出数不尽的机会去彻底改造，重新来过，基辛格才有机会一步步爬上如此高位。

基辛格作为战后新兴精英政治的产物，很快便学会了如何利用媒体，操纵记者，栽培人才，影响民意，为己所用。他只用了极短时间，就从有权有势的“东部帮”手里把国家安全事务大权夺了过来，年纪之轻，令人咋舌——基辛格 1968 年被尼克松任命为国家安全顾问时，才 45 岁。那一帮身居上流社会的非犹白人，好比尼克松的首任国务卿威廉·罗杰斯，只顾忙着打理自己的那点儿私事，最终被基辛格给一个个挤了出去，根本就不知道自己的对手究竟是何许人也。“基辛格让他大学同事感到吃惊的地方，”戴维·哈伯斯塔姆[2]写道，“并不在于他说了多少谎话，也不在于他有多么铁石心肠，而在于他争争吵吵的那些事情往往都是些鸡毛蒜皮的小事，内容琐碎得简直令人难以置信。”

诚然，本书关注的焦点并不在于基辛格过于招摇的人格特征，而在于他究竟扮演了怎样光彩炫目的角色，才塑造出我们今天生活的这个世界，要知道今天的这个世界战争没完没了，人们对此早就习以为常。自“二战”结束、冷战开始以来，美国国家安全事务体制先后经历过好几次改头换面。这是一套几乎不为人知的战争权力体制，前不久还被政治理论家麦克·格伦农描绘成一个“双重政府”。然而，该

---

① 奥利亚娜·法拉奇（Oriana Fallaci，1929—2006），意大利女记者、作家，1929 年 6 月 29 日出生于意大利佛罗伦萨，“二战”期间曾经当过游击队员，1946 年开始涉足新闻界，成为《意大利中部晨报》的专职记者，自 1967 年起先后报道越南战争、印巴战争和中东战争，奠定了自己作为战地英雄女记者的历史地位。法拉奇在 20 世纪 60 至 80 年代采访过包括邓小平在内的不少名人。与基辛格的这次采访被刊登在了《花花公子》杂志上。基辛格后来回忆起此次采访，声称这是“他与媒体记者打交道以来，最见鬼的一次谈话”。法拉奇退休后，先后居住在纽约和塔斯卡尼，曾在耶鲁、哈佛等名校讲课，“9·11”事件之后相继出版三本著作，批评激进的伊斯兰教，引来非议，2006 年 9 月 15 日因肺癌病逝于家乡佛罗伦萨，享年 77 岁——译者注。

② 戴维·哈伯斯塔姆（David Halberstam，1934—2007），美国新闻记者、历史学家，以有关越战、政治、历史、民权运动、美国社会文化题材作品而出名，1964 年因越战报道获“普利策奖”，2007 年 4 月 23 日因车祸不幸丧生——译者注。

体制演变过程中的一场大变革却发生在20世纪60年代末至70年代初。亨利·基辛格在这一时期制订推行的诸多政策，尤其是对柬埔寨发动的四年空袭，加速了该体制的分崩离析，并将其赖以立足的传统基础，如精英决策、两党共识以及民众支持等一一破坏。不过，就在旧有国家安全体制解体进程加速的同时，基辛格也在以一种新的方式帮着重建旧局——他要通过比以往更加大张旗鼓的暴力展示，更加集中的秘密行动，更加频繁地利用战争与武力来应对国内的不满与分裂，谋取政治利益，借此重新恢复至高无上的总统权力，使之能够向前迈进，以应对后越战时代的世界格局。

美国输掉了在东南亚发动的这场战争，也就此摧毁了民众的耐心。美国人民不能再这样坐视不管，任由华盛顿在世界上不顾后果地胡作非为。“窗帘”被拉开了，人们似乎在每一个地方都看到了因果之间的联系——赫什和其他那些好事的记者们在连篇累牍地报道美国犯下的累累战争罪行；新生代的历史学家们在学术讲坛上发出质疑之声；纪录片制作人用手中的胶片记录下历史，艾米利·德·安东尼奥拍摄了《猪年》[①]，彼得·戴维斯则创作出了《心灵与智慧》[②]；昔日虔诚的信徒如今已

① 艾米利·德·安东尼奥（Emile de Antonio，1919—1989），美国导演、纪录片制作人，因拍摄了大量有关20世纪60至80年代政治、社会以及“反传统文化”为题材的纪实影片，被誉为“冷战时期美国最具影响力的政治电影制片人”。《猪年》（*In the Year of the Pig*）拍摄于越战期间（1968年），是一部揭示越战起因的黑白纪录片，该片获得了当年的奥斯卡最佳纪录片奖提名——译者注。

② 彼得·戴维斯（Peter Davis，1937—　），美国电影制片人、作家、小说家与新闻记者，《心灵与智慧》（*Hearts and Minds*）是讲述美军在越作战的一部反战纪录片，于1974年荣获奥斯卡最佳纪录片奖——译者注。

经倒戈，丹尼尔·艾尔斯伯格[1]便是其中之一；而像诺姆·乔姆斯基[2]这样的知识分子则展开雄辩的姿态，发出不同的声音。更加不妙的是，美国民众意识到美国既为这个世界作过诸多贡献，却也同样干了不少坏事。这样的国民意识形成了一股怀疑与反战思潮，即使这股思潮并非总是带有政治色彩，但至少是普遍而广泛的，已经渗入大众文化之中，成为小说、电影乃至漫画的素材。正如某位作家所言，这是一种“批评倾向”，“已经成为一种文化信仰，完全为人接受，成为传统观点的一部分”。

第一代新保守主义分子到了1970年开始将这种文化定义为一种“反传统文

① 丹尼尔·艾尔斯伯格（Daniel Ellsberg，1931—　），原美国军事情报分析人员、社会活动家，1931年4月7日出生于芝加哥，1952年毕业于哈佛大学，在剑桥大学就读一年后，重回哈佛攻读研究生，1954年加入美国海军陆战队，在第二步兵师先后担任排长和连长，1957年退役，军衔中尉，在哈佛又待了两年之后，开始为兰德公司工作，负责战略情报分析，1962年获哈佛大学经济学博士学位，1964年8月进入五角大楼，为时任国防部长麦克纳马拉担任特别助理，后来去了越南两年，1967年参与了“五角大楼文件”的编写工作。艾尔斯伯格自1969年开始参加反战活动，1971年向《时代》周刊等多家杂志先后披露了“五角大楼文件”，引发轩然大波，震惊全美，自己也为此被送上了法庭，后于1973年被无罪开释。艾尔斯伯格后来一直倡导反对政府的不义与战争暴行，是美国最具影响力的社会活动人士之一——译者注。

② 诺姆·乔姆斯基（Noam Chomsky，1928—　），美国著名语言学家、哲学家、认知科学家、社会政治活动家，1928年12月7日出生于费城的一个犹太人家庭，16岁进入宾夕法尼亚大学学习语言学、数学与哲学，1951—1955年在哈佛大学研究期间发展出生成语法理论，获得博士学位，不仅创造了20世纪理论语言学研究上最伟大的贡献，也赢得了“现代语言学之父”的美誉。乔姆斯基的学术贡献巨大，影响范围极其广泛，涉及人工智能、认知科学、计算机科学、逻辑学、数学、音乐理论等多个范畴。乔姆斯基同时还是最具代表性的激进社会运动人士之一，早年受家人影响萌生出无政府主义思想，越战期间更是大声疾呼，坚决反战，将越战斥为“帝国主义行径”，红极一时。其一生都对美国政府的外交政策、主流媒体持批评态度，是最前卫的公共知识分子之一——译者注。

化”，认为这种文化具有牢不可破的基础，将长久持续下去①。基辛格为了帮助国家安全体制作出调整，适应这样的文化氛围，采取了种种手段。不过，成功的关键在于重新确立某种否定机制，找到办法阻止信息流向公众，不让民众知道美国究竟在世界各地干了些什么，更加不要让人知道这些举动导致的后果，因为这些后果往往并不那么令人开心。我们姑且将之称为基辛格的权力存在主义，正是得益于此，才将已经拉开的“窗帘”又再一次关上了，让许多人看不见窗外的那个魔鬼。记者和学者们兴许还在穷追不舍地刨根问底，试图找出证据来证明美国今天推翻了这个民主政府，明天又在资助那个独裁政权，可基辛格依然故我，坚持认为过去不应该限制这个国家面对未来的选择余地。

基辛格的这种做法等于给了新一代的政客们一个模板，教他们如何为明天将要采取的行动去找理由，全然不用顾及昨天干过的事情带来了怎样的灾难。基辛格说了：“现在固然能够从过去吸取经验，却不是通过过分关注重建因果关系这样的方法学到经验的。”基辛格对于“因果”推论嗤之以鼻，认为这种理解方式是错误的，或者说是低层次的，含有决定论的成分在里面。相反，他认为历史“通过类比”教会我们，每一代人都有“自由”去“决定如果需要类比的话，那么哪些东西才有可比性”。换句话说，倘若你觉得理查德·尼克松和越南带给你的教训让人不满意的

---

① 丹尼尔·帕特里克·莫伊尼汗（Daniel Patrick Moynihan）恐怕是第一个使用“反传统文化”这个词的人。他在1970年10月8日对美国教育委员会发表的演讲中说道：“反传统文化在高等教育中的地位牢不可破。”莫伊尼汗接着还说：“知识分子到了60年代习惯把他们50年代搞出来的那一套名堂拿出来大加批判，这种倾向只会让社会与大学之间的裂痕越发加大。”早期的新保守主义分子之所以提出“反传统文化”这种理念，目的在于强调从心理层面上去解释小市民社会带来的软弱与繁荣。在这样的社会中，年轻人习惯通过抗议去寻求“意义”。近来，保罗·洪伦德（Paul Hollander）在“9·11”事件之后再次提出这一概念，并且把网撒得更大：“反传统文化的支持者遍布各个社会阶层、团体组织和利益集团中，包括后现代主义学者、激进女权主义者、主张非洲中心论的黑人、激进的环保主义分子、动物权利保护者、反战分子、毛派分子、托派分子、持批评态度的法学界人士，等等。这些人虽然在政治议程上往往各有不同，却拥有共同的明确核心信仰与重要理念：所有这些人都对美国或者美国的社会怀有敌意，持批判态度，这种敌意出自本能，且极其强烈，并且由此扩展至一切西方文化传统与价值观念。这些人的信念中最为重要的一点在于认为美国社会存在深层次缺陷，令人极度厌恶，社会不公、吏治腐败、消极成性、信仰缺失、人性泯灭、虚伪做作，无法满足人类最基本、最明显的需求。这些人坚持认为美国的社会体制已经无法兑现其创立之初的历史承诺，性别歧视、种族歧视，帝国主义的倾向根深蒂固、积重难返。见《国家利益》（*National Interest*）（2002）“反传统文化的反弹”（“The Resilience of the Adversary Culture”）。

话，也大可不必为此烦恼。内维尔·张伯伦和慕尼黑的例子总会找得到的。

美国人把自己的国家看成独一无二的特例，这种国民心态的成因就在于美国人在如何看待与过去的关系上认识同样模棱两可、含混不清。不错，历史是确凿无疑的，因此美国史无前例的成功足以证明这个国家有多么特别。可是，历史同样是存疑的，或者说，将过去理解成一系列因果关系的堆砌，至少这一点是值得怀疑的。也就是说，每一个特定的行为都将产生某种后果，比如说为阿富汗的"圣战"组织提供武器，好让他们对抗苏联，又比方说给萨达姆·侯赛因提供沙林毒气，好让他用这些毒气来对付伊朗。结果在讨论这些行为后果时把真正的原因洗脱得一干二净，然后编出一个新的故事来解释自己的所作所为，说错不在我，而在于这个世界实在太乱，这些乱子都不在我们美国的国境之内。

这种逃避责任的推托之词近来已经愈演愈烈，好比 2003 年那一帮政客催着我们去打伊拉克的时候会对我们说："当年的决定的确促成了伊斯兰国武装分子的兴起，可那个时候作出的决定不应该阻碍美国在将来采取果断行动，消灭伊斯兰国的武装分子。""如果我们把时间耗费在讨论十一乃至十二年前做过的事情上，"这是原副总统迪克·切尼今天说的话，"我们就会错过时机应对威胁，这些威胁有的正在酝酿之中，有的就摆在我们面前。"切尼还强调美国必须去做"一切要做的事情，只要需要，就要去做"！

基辛格把这种敷衍搪塞的本事演绎得出神入化。他是这方面的行家里手，知道如何推销自己的主张，让人相信美国的政策和世界各地发生的暴力动荡毫无关系，尤其是要他对自己行为后果作出解释的时候更是如此。柬埔寨？"那是河内的错。"基辛格写道——他对一个中立国家狂轰滥炸长达四年之久，却把责任推给了北越。智利？"那个国家，"基辛格在为自己策划政变、推翻萨尔瓦多·阿连德进行辩解，"之所以陷入'混乱'，错不在我们，而在那个按照宪法选出来的智利总统。"库尔德人？"那是一场悲剧。"明明是这个人把库尔德人出卖给了萨达姆·侯赛因，可听他的解释，这样做只是想让伊拉克离苏联人远一点儿。东帝汶？"我想我们关于东帝汶的事情已经听得太多了。"

基辛格的讣告已经写好，就摆在档案柜里，只待分发出去。讣告里将会提到保守派对基辛格制订的那些政策，比如说缓和对苏关系、打开中国的大门等，怀有怎样的敌意，这些敌意又是怎样成为一记推手，在罗纳德·里根 1976 年头一回认真参加总统大选时帮了他一把。这样的讣告会让人们懂得区分基辛格的强权政治与新保守派的理想主义有何不同——在人们看来，基辛格讲求实际的强权政治已经成了他的个人招牌，而新保守派的理想主义则让我们在阿富汗和伊拉克大败而归。不过，这样的讣告很可能会忽略掉一个要点：基辛格不仅挫败了新右翼，同时也成就了新右翼。基辛格在其整个职业生涯中为我们设定了一系列前提条件，这些条件将为那一批新保守主义知识分子与决策者们所继承并且发扬光大：预感、猜测、意志和直觉，这些条件在制订政策时与事实和确凿情报具有同等重要的地位；知道过多的信息将削弱人的决断能力；必须把外交政策的决定权从那帮专家和官僚的手中夺过来，交还给具有实干精神的人们；自我防卫的原则（自卫在这里的定义相当广泛，差不多将一切都包括了进来）高于带有理想主义色彩的主权。正是因为提出了这些前提条件，基辛格才起到了自己应尽的一份历史作用，推动着美国穷兵黩武的车轮永不停歇地向前滚动。

美国的国家安全体制进化至今，已经成为一台永动机。当然，我们不能把这个责任完全归咎在基辛格一个人的身上。美国国家安全体制的发展历史始于 1947 年颁布的《国家安全法案》，历经冷战时代，直至今日的反恐战争，包含了太多各种各样的插曲，有众多形形色色的个人参与其中。然而，基辛格的职业生涯在过去数十年间却犹如一条鲜明的红线，在这条道路上发出点点光亮，指引着我们一直走到今天，从越南与柬埔寨的茂密丛林一直走到波斯湾的无垠大漠。

退一万步说，我们至少能够从基辛格漫长的一生中学到一点：最能界定美国外交政策的概念有两个，一个是现实主义，另一个是理想主义，这两大概念并非总是相互矛盾的价值标准。不仅如此，二者还互有裨益。无论理想主义将我们带入怎样的泥潭，现实主义总会让我们在深陷其中的同时看到走出困境的希望，而理想主义接着又会重新回来，不仅为现实主义找到借口，还将在新一轮的轮回中压过对方。如是反复，周而复始。

回到2004年，新闻记者容·萨斯坎德[①]当时报道了他与小布什的一位高级助手之间的谈话。此人据信就是卡尔·罗夫[②]。研究“那些能够辨识的现实”已经不再是这个世界的行事之道，罗夫说道：“我们现在拥有绝对的权威，只要出手行动，就能创造属于我们自己的现实。当你还在研究这些现实的时候，如果愿意的话，你大可去好好审慎研究，可我们又会再次行动，创造新的现实。这些新的现实当然你也可以继续研究。这就是这个世界解决问题的方法。历史就是我们这样的人演出来的。”罗夫的这番话流传甚广，被认为代表了小布什政府的鲁莽政治理念。这是一届骄傲自满、想入非非的政府，经常以为现实本身会因为顺应新保守派的意愿而改变。

然而，这样的话基辛格早在四十年前就已经说过。约翰·F. 肯尼迪当年面对古巴导弹危机，不惜与苏联人摊牌，直接对抗，令基辛格深受触动。基辛格当时还在哈佛当大学教授，他敦促负责研究制订外交政策的专家们摆脱现实的束缚，拿出和肯尼迪一样的锐气与干劲来。“专家，”基辛格在1963年写道，“总是尊重‘事实’，认为事实这种东西是要去适应的，没准儿还能够操纵一下，却无法超越……在今后的几十年里，西方势必要提升眼界，去实现一种更为全面的现实理念。这个世界上信奉现实主义的人分为两类：一类操纵事实，另一类创造事实。对西方来说，没有任何人比能够创造西方自身现实的人更加宝贵。”

在这一点上，没有任何人能够比得过基辛格。

---

① 容·萨斯坎德（Ron Suskind，1959— ），资深记者、“普利策奖”获得者与畅销书作家，1959年11月20日出生于纽约金斯顿的一个犹太人家庭，本科就读于弗吉尼亚大学，1983年在哥伦比亚大学获新闻学硕士学位，1990年开始为《华尔街日报》执笔写稿，1993年成为高级记者，1995年因描写一位名叫塞德里克·詹宁斯（Cedric Jennings）的少年进入常青藤名校的奋斗历程，荣获当年的“普利策奖”。这一特写也被萨斯坎德写进了他的首本著作《深渊中的希望》（*A Hope in the Unseen*）之中。萨斯坎德一共写过六本书，多为对美国政府使用权力的描述与批判，其中包括反映“9·11”事件之后美国反恐战争的名篇《百分之一主义》（*The One Percent Doctrine*）——译者注。

② 卡尔·罗夫（Karl Rove，1950— ），美国政治家，前总统小布什的资深顾问，《华尔街日报》专栏作家，1950年12月25日出生于科罗拉多州丹佛市，先后就读于犹他大学、得克萨斯大学奥斯丁分校和乔治·梅森大学，1973年成为时任共和党全国委员会主席的老布什的特别助理，就此与布什家族结下不解之缘。卡尔·罗夫先后辅佐过布什父子两代，1980年帮助老布什参选总统，未果，翌年出任得州州长，1994年、1998年两度帮助小布什当选并连任得州州长，2000年与2004年担任小布什竞选委员会设计师，2000年至2007年任总统资深顾问，监管白宫战略举措、政治事务、公共联系，协调白宫决策过程，人称“布什的大脑”，著有《勇气与结果》（*Courage and Consequence*）一书——译者注。

第一章　宇宙的节奏

> 历史是一场宇宙的节奏，跳动不止，永不停息，在主体与客体的唯一选择中表现自我；历史是一场灾难性的巨变，跌宕起伏，恢宏壮大，一幕接着一幕，权力不仅是这出大戏的体现，还是唯一的目的；历史是沸腾的热血，这血不只喷涌在脉管之中，还要挥洒出来，并且终将得以挥洒。
>
> ——亨利·基辛格

这样的文字几乎可以让人听见字里行间传来瓦格纳的名曲《女武神的飞驰》。亨利·基辛格 1950 年在哈佛写本科论文时写了上面这段话。他交论文那会儿正好赶上哈利·杜鲁门宣布美国为法国在越南提供支持，并且向朝鲜半岛派遣部队，就此让美国走上了一条通往东南亚的战争之路。“历史的意义”一文关心的问题几乎全都与欧洲哲学有关。不过，你一旦了解了这位论文作者日后究竟扮演了怎样的角色，把冲突扩大到老挝和柬埔寨境内，那么一页一页读下去，就会不由自主地想起凝固汽油弹和榴霰弹；就会心生好奇，想知道美国在东南亚遭遇的这场灾难究竟能否避免？在美国这个生命体中是否存在着某种物质，比如说一种追求无限的意志，驱使着这个国家在丛林中走向毁灭？难道真有某种内在的历史必然联系，就像在美莱村上演的那一幕[①]，足以让人看见骨子里代代相传的根性，回想起清教徒第一次对印第安人举起屠刀的场景？

基辛格并不相信历史的必然。所以，你如果拿这个问题去问他，他肯定会回答“不”。更为重要的是，基辛格在给出上面那一段关于历史的定义时，他是在将历史定义为权力的投射。这种投射出自本能且带有节奏，除了将权力投射出来以外，不带有任何其他明确目的。正因为如此，基辛格不是在向你提出建议，而是在发出警告；他是在用警示的笔调提醒人们提防灾难，那些伟大的文明一旦失去目的，只知道自己有能力投射权力，却忘记了因何而投射，那么灭顶之灾往往就会降临头上；他是在敦促政治家们不要在历史的宇宙节奏面前就此屈服，切莫陷入这种“灾难性战争”的“往复循环”之中，这些战争并非外在强加的，却将那些过往的伟大文明一个接一个摧毁。然而，提出这样的建议要远比接受容易。

德国历史学家奥斯瓦尔德·施本格勒[②]写过一本脍炙人口的名著《西方的没落》（*The Decline of the West*）。不少人早就指出施本格勒的这本书对这位未来政

① 此处所指为发生在1968年3月16日的“美莱村惨案”(My Lai Massacre)。美军第23步兵师第11旅20团1营3连在美莱村对手无寸铁的老弱妇孺大开杀戒，500多名越南平民惨遭屠杀，妇女遭到轮奸，并被肢解毁尸。“美莱村惨案”被称为“越战期间最令人震惊的事件”。美国军方起初想掩盖罪行，但在西摩·赫什等记者的努力之下，此事最终于1969年11月曝光，随即引发众怒，共有26名美军士兵受到刑事起诉，但只有3连一位名叫威廉·考利（William Calley）的排长被判有罪。考利最初被判终身监禁，但后来只是在家中监禁了三年半——译者注。

② 奥斯瓦尔德·施本格勒（Oswald Spengler，1880—1936），德国历史学家与哲学家，1880年5月29日出生于德国布兰肯堡，是家中的第二个孩子，10岁时举家迁往哈雷，在当地的一所中学开始接受古典教育，学习希腊语、拉丁语和数学，同期开始萌生对于艺术的爱好，1901年父亲去世后先后在慕尼黑、柏林与哈雷大学求学，1904年获博士学位，后在萨尔布吕肯、杜塞尔多夫和汉堡教过一段时间书，1911年母亲去世后搬到慕尼黑居住，直至1936年去世，期间开始撰写代表作《西方的没落》第一卷。该书虽然完成于1914年，却因“一战”影响迟至1918年夏方才出版，一经面世，即在西方世界引起轰动，各家褒贬不一，反响剧烈。施本格勒在书中纵论世界历史，在与其他文明类比的基础上预言了欧洲与美国文明的瓦解崩坏。《凡尔赛和约》的签订以及战后的经济大萧条一度证明了其预言的正确。1922年，《西方的没落》第二卷出版面世，施本格勒在书中进一步指出德国社会主义并非马克思主义，而是德国传统保守主义的延伸。施本格勒的这些观点一度为他赢得了德国纳粹党的青睐，但最终因为对于德国与欧洲的未来看法过于悲观，加上反对纳粹的种族优越论而遭到禁止。施本格勒晚年生活较为平淡凄凉，1936年5月8日因心脏病发作在慕尼黑去世。他那些带有宿命论的理论虽然在纳粹德国垮台之后便被束之高阁，鲜有人问津，却直接影响了基辛格的保守主义政治哲学思想——译者注。

治家的影响巨大。哈佛大学的斯坦利·霍夫曼[①]曾说过："基辛格就连走路的样子都有点儿像，让人感觉施本格勒如影随形。"同在哈佛大学任教的兹比格涅夫·布热津斯基[②]则认为"基辛格其实就是一个施本格勒式的人物"。施本格勒和基辛格一样，常常被人与政治现实主义联系起来。他将人性看得极度悲观，这样的论调在好几位知名战后知识分子和决策者的现实政治理念中得到了体现。这些人不仅包括

① 斯坦利·霍夫曼（Stanley Hoffmann，1928—2015），著名学者、国际关系理论大师，1928年11月27日出生于奥地利维也纳，翌年随父母移居法国，在巴黎与尼斯度过童年，后就读于巴黎政治学院，1947年加入法国国籍，学术生涯主要在美国展开，自1956年起在哈佛大学任教，1968年在哈佛成立欧洲研究中心，任主任。斯坦利·霍夫曼属于传统主义学派的代表人物，著述等身，其理论思想对欧洲一体化与国际安全研究产生了深远影响，2015年9月13日去世，享年86岁——译者注。

② 兹比格涅夫·布热津斯基（Zbigniew Brzezkinski，1928—　），美籍波兰裔政治理论家、地缘政治学家、外交家，1928年3月28日出生于波兰首都华沙，其父塔德乌什·布热津斯基（Tadeusz Brzezinski，1896—1990）是一位外交官，1931年至1935年被派驻德国，1936年至1938年又被派往苏联，年幼的兹比格涅夫因此不仅目睹了纳粹党在德国的兴起，也见证了斯大林大清洗的恐怖。1938年，塔德乌什被任命为波兰驻加拿大蒙特利尔总领事，兹比格涅夫也跟着去了加拿大。随着"二战"爆发，苏德两国瓜分波兰，也切断了这个家庭的归国之路，布热津斯基一家就此移民加拿大。兹比格涅夫在加拿大读完中学，并在麦吉尔大学拿到了学士与硕士学位，之后前往哈佛大学攻读博士，童年的经历让他将研究方向放在了对苏联及斯大林的研究之上。1953年，布热津斯基获得博士学位并留校任教，1958年成为美国公民，逐步从学术转向政界，1960年担任约翰·F.肯尼迪总统竞选团队顾问，提出对东欧国家采取非对抗性政策，一度对国际局势的"缓和"表示支持，1964年支持林登·约翰逊选战，呼吁召开泛欧大会，并成为尼克松与基辛格"缓和"政策的尖锐批评者，自1975年开始成为吉米·卡特的外交政策顾问，并在卡特当选总统之后成为国家安全事务助理，1981年获颁"总统自由勋章"。布热津斯基在卸任之后与里根、老布什、克林顿以及小布什等历届政府均有往来，"9·11"事件之后对小布什的反恐战争持批判态度。布热津斯基是地缘政治的理论大家，明确提出亚欧大陆在国际地缘政治中应居于中心地位，在中、美、苏三角关系中力主联华制苏，并在卡特任内为中美关系的恢复发展作出了重要贡献——译者注。

乔治·凯南、汉斯·摩根索，还有塞缪尔·亨廷顿[①]。

然而，施本格勒同样对现实概念本身发起了毫不留情的攻击。他强调存在某种更高层次的经验，为理性思维所无法企及，只有本能与创意才能驾驭。施本格勒认为："我们几乎从来没有好好想过通常所说的客观价值与经验之中，究竟有多少只是一种掩饰，只是一种意象和表现。"要想深入这些意象与表现的背后，透过能够感知的物质权力与利益，把握施本格勒口中称为命运的东西，人们需要的不是知识，而是直觉；不是事实，而是预感；不是理智，而是一种灵魂深处的意识，一种对世界的感知。"政治家往往并不十分'清楚'自己在做什么，"施本格勒写道，"可这并不会妨碍政治家带着自信，沿着唯一的道路一直走下去，直至取得成功。"

施本格勒的话充满了形而上学的哲理，带着近乎神秘主义的色彩，深深地吸引着基辛格。比起凯南、摩根索和亨廷顿其他这些战后现实主义国防论的代表人物，基辛格对施本格勒更加痴迷。"生命的全部过程都充满着一种内在的命运，这样的命运你永远无法定义，"基辛格写道，"历史向我们揭示了一个伟大的进程，你只能依靠直觉去感知，却永远无法用因果关系去归类。"基辛格认为：施本格勒"肯定了某种终极目标的存在，这个目标任何假说都无法证实，当然也没有任何诡辩能够

① 萨缪尔·亨廷顿（Samuel Huntington，1927—2008），美国著名的保守派政治理论家，政治顾问与学者，1927年4月18日出生于纽约市，年仅18岁便以优异的成绩自耶鲁大学毕业，服完兵役后又在芝加哥大学与哈佛大学先后获得硕士与博士学位，23岁留校任教，从此在哈佛度过了长达半个多世纪的学术从教生涯，直至2007年方才退休。就政治理念而言，亨廷顿对国内事务始终持开明自由的态度，但在国际关系上趋于保守。他在吉米·卡特在任期间曾任国家安全委员会安全策划协调人，对于塑造日后的美国政府政治理念起到了重要作用。亨廷顿最为著名的政治理论莫过于他在1993年提出的"文明的冲突"（"the Clash of Civilizations"）。在他看来，今后的战争将不再是国与国之间的战争，而是文明与文明之间的冲突，这就是冷战后的新世界秩序，因此伊斯兰教极端主义将成为西方主宰这个世界的最大威胁，这在某种程度上被视为"9·11"事件的预言。亨廷顿于2008年12月24日去世，享年82岁——作者注。

否定，只有通过希望、爱、美丽、运气和恐惧这些字眼才能体现出来”①。

基辛格本科论文的绝大部分篇幅停留在抽象的概念理论之上，带有浪漫主义色彩。不过，基辛格在“历史的意义”一文中的好几处地方，以及日后的整个学术与公职生涯，都将目光集中在了一个特定的目标之上，即实证主义对战后社会科学日趋明显的影响。哈佛大学（其他高等院校以及类似兰德公司之类的智库）的政治学家、经济学家以及研究国际关系的学者们越来越多地将数学、形式逻辑以及与自然科学相关联的方法用于评估人类行为之上。理性选择和博弈论之类的经济学理论被用来对事物进行描述与预测，对象范围从个人行为到核战略，几乎无所不包。

如果说基辛格对这些方法不闻不问，置之不理，那么肯定有些言过其实。博弈论，尤其是基辛格的哈佛同事托马斯·谢林在这方面的研究成果，就对基辛格影响巨大，不仅被他用来解析艾森豪威尔的核防御战略，还用于指导越南战争。不过，基辛格同时也对所谓的客观概念表示了强烈批评，不承认社会“受到源于人性的客观规律支配”，并不认为这些规律通过观察就能认识。基辛格对施本格勒有一点尤为认同，赞成后者对将“因果原则”用于解释历史现象所持的批判态度。正如施本格勒学术性传记作者斯图尔特·休斯所言，施本格勒认为因果分析是“对历史的简化，荒唐至极。哪怕是最不起眼的历史事件，都是由种种因素糅合形成的混合体，极其繁杂，不可分割”。

---

① 若想了解施本格勒对实证主义的批评究竟对基辛格产生了多么深远的影响，倒有一个好方法，那便是去读一读崇尚自由主义的小阿瑟·施莱辛格1967年出版的一本小书《苦涩的遗产：越南与美国式民主，1941—1966》（*The Bitter Heritage*：*Vietnam and American Democracy*，1941—1966）。正是这本书阐述了日后为人熟知的“泥潭理论”（“quagmire thesis”）。“美国，”小施莱辛格写道，“意外地陷入了越战的泥潭；这场战争意味着粗心大意的政治赢得了胜利。”“我们目前的困境，”小施莱辛格认为，“并非源于刻意作出的考量，而是因为一系列无足轻重的决定，一步走错，步步走错，直到发现自己已经陷入了这场噩梦，无法自拔。”小施莱辛格认为没有任何史学方面的理论能够解释这样一场错误，也没有任何办法来解释一个人类历史上最为强大富庶的国家，究竟为何会在其成就与能力的巅峰盛世，狠狠地摔这样一跤，就像一个醉汉，跌跌撞撞地摔倒在一条黑灯瞎火的巷子里，待到醒来，睁眼一看，却已经迷失在东南亚的稻田之中，茫然不知方向，在一场根本无法打赢的战争中把自己拖垮。基辛格与小施莱辛格不同，他倒是对此提出了自己的理论，这条理论就来自施本格勒：没有目的的战争代表了文明的没落，这种衰落的势头始于不经意间，叫人无法察觉。每一个国家也许都应该继续积蓄并且投射权力，可当国家发展进入某个阶段，在其赢得成功，日臻完善的巅峰阶段，而且在相当程度上可能正是受累于这种成功与完善，这个国家才失去了把握自我的意识。

基辛格还摒弃了另外一种理念，也就是他笔下所说的“单纯因果分析”。他将这种观念视为迷信，好比原始人试图弄明白到底是什么东西在推动蒸汽机车前进一样。“这种装神弄鬼的态度，”基辛格写道，“只是试图从‘数据’中找寻意义，借此逃避存在的无意义罢了。因果推理重点关注的是‘典型’和‘无法改变’的事物，强调‘永恒轮回’这种错误观点，也就是说，相信历史是不可避免的，一件事情只要发生过一次，那么必将一次又一次地反复发生。”基辛格拒绝接受这种观念。相反，他坚持认为存在着一个意识世界，超脱于物质世界之上。这个世界在施本格勒笔下被称为“命运”，而基辛格更倾向于用“自由”来描述。“现实受到因果规律的制约，”基辛格写道，“代表的只是事物的外在表象。然而，自由是一种内在的状态，我们对自由的经验，说明自由是事实存在的，没有任何思维过程能够否定。”

按照施本格勒和基辛格的看法，只有“因果的人”（施本格勒语）和“事实的人”（基辛格语）上台掌权，一个国家才会处于最为危险的境地。早先的时代充满创造力，随着属于那个时代的梦想、神话与冒险精神沉沦没落，知识分子、政治领袖，甚至就连神职人员关心的问题都已不再是“为什么”，而是“怎么样”。“这是一个单纯追求广泛有效性的世纪，”施本格勒写道，“是一个没落的时代。”（他指的是现代社会的理性主义，做事只顾追求更加有效的方法）。智慧的直觉特性被抛在一旁，技术专家治国论下过程压倒目的，知识被错当成了智慧。“庞大的官僚机制，”基辛格写道，“产生出了一种动量和属于自己的既得利益。”

西方文化是人类历史上技术理性的最高表现。基辛格写道：“技术理性将整个世界视为一种工作假说。”“机器”是象征其伟大的标志，是一台“永动机”——这台永远运转的机器誓要无情地“征服自然”。而美国凭借极其强大的力量与令人咋舌的效率，成为西方世界的先锋领袖。正因为如此，美国才变得极其脆弱，极易成为施本格勒笔下“迷信实用主义”的囚徒。哈佛大学堪称美国实证主义的圣殿，这里齐聚了来自全国的社会科学巨匠。基辛格环顾四周，开口问道：“美国的领袖们究竟是想成为手中科技的主人，还是奴隶？”“如果灵魂失去意义，”这个退伍后才去读书的 26 岁年轻人郑重告诫道，“那么技术知识将变得毫无用处。”①

即便如此，布热津斯基和霍夫曼将基辛格视为施本格勒式的人物，也只不过说对了一半。读施本格勒的文字，你会觉得没落似乎是不可避免的，就像他笔下描绘的那个圈了一样。在这个圈子里，任何一个文明都要经历春、夏、秋、冬，一如地球自转一般。社会一旦过了伟大的创造阶段，轮到逻辑学家、理性主义者和政治官僚们粉墨登场，就将不再有转机。文明一旦失去了方向感，就将通过对外扩张去找寻意义。文明就会陷入一系列灾难性的战争中去，在历史的宇宙节奏驱使下走向毁灭。为了权力而去获得权力，为了流血而去流血。“到了这最后阶段，帝国主义将成为不可避免的产物，”基辛格对《西方的没落》总结道，“对外扩张就是为了掩盖内在的空虚。”

基辛格接受了施本格勒对过往文明的批评，却对后者提出的决定论不置可否。“衰亡并非无法避免，”基辛格写道，“施本格勒只是把没落描述为一种事实，而非必然。”“有一条界线，”基辛格会在日后的回忆录中写下这样的话，“存在于必然与偶然之间，政治家必须通过坚持与直觉去抉择，从而决定自己人民的命运。”“任何一位政治领袖人物的能力都是有限的，”基辛格写道，“但是如果躲在“历史必然的背后，那就等于在道德上放弃。”

基辛格不仅读过施本格勒的书，也读过其他历史哲学家，比如说阿诺德·汤因比的著述，后者就曾警告过“穷兵黩武，终将自取灭亡”。从基辛格读过的这些书来看，他本应得出结论，认为避免没落的最佳途径在于彻底避免战争，将美国的丰富资源用于在国内建设一个可持续发展的社会，而非挥霍在劳师远征、四处攻伐之上。然而，基辛格从施本格勒身上得出的却是截然不同的结论：需要避免的并非战争，而是缺乏明确政治目的的战争。事实上，基辛格反而主张四处挑起祸端，乱开战事，或者说他至少认为应该要有到处打仗的意志，以此作为一种手段来防止失去目的与智慧，避免出现施本格勒口中文明末期出现的问题。

---

① 基辛格写这篇论文的时候，美国还远未全面参与越战。不过，他此后一直一次次地把自己当年写过的不少观点反复拿出来，解释为什么越战还有之后那些仗会打得如此失败。基辛格在最新出版的《世界秩序》一书中引用了诗人托马斯·S. 艾略特“岩石”中的合唱词：“我们在知识中失去的智慧究竟去了哪里？/我们在信息中失去的智慧究竟去了哪里？”

1950年末，基辛格此时已经完成了本科学业，开始在哈佛大学政治学系攻读博士课程。他对“遏制”战略展开连番炮轰，毫不留情。人们每每谈起遏制战略，总会想到另一位“现实主义代表人物”乔治·凯南。这一战略旨在使华府致力于限制苏联势力在全球扩张。基辛格在1950年12月至1951年3月期间为自己的指导教师、学术性历史学家威廉·Y. 埃利奥特写过一系列备忘录。他在备忘录中承认“我们的遏制战略”蕴含着深奥的理念，这些理念尚处于萌芽阶段。可是，华盛顿方面的“缩手缩脚”让这些理念无法生根开花、结成正果。按照基辛格的说法，问题出在遏制战略在实际运用上过于死板，只有到了“发现苏联的具体威胁时才用来反制对手”。依靠这种方式推行遏制战略，不单导致美国力量分散，还给了莫斯科本事牵着华盛顿的鼻子走，在什么时候、什么地方开打变成了由对方做主。“如此一来，”基辛格写道，“遏制战略事实上反倒成了苏联人推行自身策略的工具。”

基辛格主张必须让苏联人死掉这条心，让苏联人不要以为“在哪里冒险，由他们说了算”。美国应该让对手清楚无论在世界的哪一个角落，美国都将以其人之道，还治其人之身。华盛顿应该保留权利，“不一定”非得等到“遭受侵略的那一刻”才开战[①]。好比华盛顿就不应该在朝鲜打这一仗，而应该在自己选定的时间和地点对苏联发起攻击，最好是使用“高度机动”的打击力量。美国还必须让莫斯科相信“与美国打一场大仗”——基辛格重点强调了这一点，将之称为“唯一真正具有威慑力的威胁”——并非儿戏，而是很有可能的。

基辛格写这些备忘录时，距离他完成“历史的意义”一文刚刚过去几个月。彼时，华盛顿三年来摆出的冷战架势正在朝鲜经受考验。基辛格在备忘录中基本上用的都是施本格勒批评逃避风险的话。施本格勒将逃避风险视为官僚体制的固有缺陷，基辛格把这一点用在了评价遏制战略这项具体政策上面。“官僚体制的一大问题在于，”基辛格指出，“这种体制习惯将各种职能分隔对待，具体到对外关系上，就意味着将外交与战争割裂开来。”基辛格在其日后的职业生涯中，始终认为做事

---

① 道格拉斯·菲斯是小布什的国防次长，负责政策制定，此人在2003年伊拉克战争中扮演了重要角色。基辛格说这番话50年之后，菲斯提出华盛顿必须就“9·11”事件作出回应，进攻南美，并且“对中东地区以外的其他目标发动初始进攻”，目的在于“打恐怖分子一个措手不及”。（菲斯的备忘录，参见“9·11”调查委员会报告及2004年8月8日的《新闻周刊》）。

不能只想着一种可能，而不去考虑另一种可能性。外交家需要做到恩威并施，在采取威胁的同时也要给予鼓励。在这里，基辛格分析了遏制战略的弱点，主张政治家必须克服谨小慎微的毛病，将遏制不仅当作一门军事原理，还要看成一种政治原则，在抑制苏联扩张时无论需要将战争与外交手段怎样结合起来，都能够随时随地派得上用场。政治家要有放眼全球的视野，要有意志在世界的任何角落敢于有所作为，这样做不是被动应付，而是主动出击。“只要他们有本事在朝鲜越线，我们就敢在巴库动武。我们打完就走，目的就是要分散他们的兵力。”基辛格如是说道。

到了 20 世纪 50 年代中期，基辛格已经修完博士学业，有所建树，成为一帮颇具影响力的国防知识分子中的一员。他在哈佛的这几年里，出版了一本名叫《合流》（*Confluence*）的刊物，反响不错，还帮着举办了一个颇具权威的国际问题研讨班，从而有机会结交各路学界政界人士。众多名人中就包括了汉娜·阿伦特[①]、

① 汉娜·阿伦特（Hannah Ardent，1906—1975），犹太裔美国政治理论家，原籍德国，1906 年 10 月 14 日出生于德国汉诺威，早年在马堡与弗莱堡大学攻读哲学、神学与古希腊语，后在海德堡大学获博士学位，1933 年流亡法国巴黎，1941 年前往美国，同年出版《极权主义的起源》（*The Origins of Totalitarianism*）一书，就此蜚声海外，奠定了其国际政治理论家的地位，1950 年归化成为美国公民，在加州伯克利大学、普林斯顿大学担任访问学者，1958 年出版其最具影响力的著作《人的境况》（*The Human Condition*），翌年成为普林斯顿大学历史上首位女教授。1975 年 12 月 4 日，这位 20 世纪最杰出的女思想家因心脏病在纽约去世，享年 69 岁——译者注。

悉尼·胡克[①]、小阿瑟·施莱辛格、丹尼尔·艾尔斯伯格以及莱恩霍尔德·尼布尔[②]。基辛格身为外交关系委员会的一员，不仅研究核战略，还为纳尔逊·洛克菲勒[③]担任顾问。后者是自由派共和党人，出身名门，身世显赫。基辛格同时与军情

---

① 悉尼·胡克（Sydney Hook，1902—1989），美国历史学家、实用主义哲学家，1902年12月20日出生于纽约布鲁克林的一个犹太裔家庭，1923年本科毕业于纽约城市学院，1927年在哥伦比亚大学获博士学位，师从著名的实用主义大师约翰·杜威，毕业后一直在纽约大学任教，直至1972年退休。胡克早年是马克思主义的信徒，在目睹了苏联"大清洗"运动之后改弦易辙，20世纪30年代末期开始转向反共立场，极力批判极权主义，在20世纪四五十年代组织成立多个社团，提倡思想、教育、学术与文化的自由。胡克在越战问题上反对单方面撤军，与乔姆斯基等人多有争议，1985年被时任总统里根授予"总统自由勋章"。胡克终其一生都是虔诚的不可知论者，1989年7月12日去世——译者注。

② 亨利·基辛格与汉娜·阿伦特就提交的稿件有过书信往来。这些信件可以让人看出这两位通信者的某些本质区别。基辛格在1953年8月10日的信中不断变换口气，给人感觉他在时而讨好献媚，时而俯就屈尊，时而又在卖弄学识："我希望您不要觉得我把您所有的意见都做了编辑修改，是对您的一种冒犯。自从《合流》出版以来，您的文章一直是我们这里最有内涵的文章。所以我才花了整整一个周末，反反复复地看了好几遍，在修改编辑时尽量争取与您看法一致。我是删去了一些地方，不是因为写得太长，而是因为我觉得这些地方读起来感觉有些随意。我一直认为，一篇文章写得好，最大的精华就在于能够在某种程度上保持平衡，有些话是为了支持观点必须要说的，有的话虽然行文很漂亮，却可能会削弱主要的论点，所以要有所取舍。"阿伦特在1953年8月14日回了信，她在信中省去了那些客套话："我想您如果看到我把您写的那么多话都删掉，还把好几句我自己的话又重新再写一遍，一定会感到失望的……我意识到这可能就是您的编辑风格，把别人的话统统重写一遍，直到变成您自己的话为止，这样的编辑风格现在的确很流行。碰巧我不是很喜欢这样的做法，一是因为个人原因，二是原则问题。我们要是在这件事情上能够考虑更加成熟一点，您可能就不会打算要我这次的来稿了，没准儿所有的稿子都不会要了。我也许会觉得后悔。可是无论如何，这样做肯定会节省一些时间和麻烦，对我们两个都是好事。"

③ 纳尔逊·洛克菲勒（Nelson Rockefeller，1908—1979），美国商人、慈善家、政治家、温和派共和党人，1908年7月8日出生于缅因州巴尔港，家世显赫，其祖父是美孚石油公司创始人、巨富约翰·戴维森·洛克菲勒（John Davidson Rockefeller Sr.，1839—1937）。纳尔逊的小学与中学都是在林肯中学读完的，1930年从达特茅斯学院毕业，拿到经济学学士学位，随后进入家族企业，步入商界，在克里奥尔石油公司任职期间不仅学习了西班牙语，还对拉美产生兴趣，为其日后的政治生涯奠定了基础。1940年，纳尔逊向时任总统富兰克林·D. 罗斯福表示纳粹德国在拉美势力逐渐增加，值得关注，就此被任命为国务院美洲事务协调人，负责与拉美各国合作，改善民生，阻止纳粹势力进一步染指美洲，1944年又被罗斯福任命为助理国务卿，主管美洲事务，1945年作为美国代表团的一员，在旧金山参加了联合国成立大会。不过，杜鲁门上台之后关闭了美洲事务协调办公室，纳尔逊也就此卸任，回到纽约。1950年，纳尔逊·洛克菲勒重回政坛，先后在杜鲁门与艾森豪威尔政府中担任公职，1956年从联邦政府辞职后专注纽约事务，于1958年当选纽约州州长，并在1962年、1966年和1970年连续三次连任成功，1968年参加总统大选，最终败给了尼克松，1974年至1977年在杰拉德·福特手下任副总统，1976年退出政界，晚年钟情于艺术品收藏，私生活混乱，1979年1月26日猝死于其在纽约的办公室中，终年70岁——译者注。

部门人士保持联系，在好几个政府委员会任职，比如说作战研究处、心理战略委员会以及作战协调委员会，这些委员会都与隐蔽战和心理战有关。1953 年，基辛格还同联邦调查局波士顿分局有过往来。他曾经对该局的一名特工亲承自己“对联邦调查局抱有深切同情”，愿意向对方提供自己在哈佛大学同事的信息。“我们会采取措施，”那位与基辛格接洽的特工在报告中这样写道，“让基辛格成为波士顿分局的秘密情报来源。”①

基辛格写了一系列文章，1957 年还出版了专著《核武器与外交政策》（*Nuclear Weapons and Foreign Policy*），对自己早年对遏制战略的批评范围进行了拓展，把艾森豪威尔提出的大规模核报复学说也包括了进来。基辛格认为，大规模核报复学说的问题在于这种策略过于极端、“绝不妥协”，假想只有在遭到苏联或者中国攻击，采取报复时才使用核武器。“这样的政策会导致外交陷入瘫痪，”基辛格写道，“因为随着时间推移，优势会从美国逐渐向对手一方倾斜。有些区域原本值得用毁灭纽约、底特律或者芝加哥的代价去换取，可随着苏联核力量与日俱增，这些区域的数量也会逐渐减少。”华盛顿倘若真的甘冒风险，不惜打一场全面核战争（用基辛格的话来说，就好比朝鲜的军事僵局所显示的那样），那么莫斯科也好，北京也好，其实根本就拿不出什么法子来对付。

基辛格认为，华盛顿必须找到一条路子，分散大规模报复的集中风险，将风险分割成一个个更小的单元，成为实实在在、让人可信的威胁。基辛格在这里直接借用了自己哈佛同事托马斯·谢林的观点，后者认为一种威胁如果“能够被分解成一连串更小的威胁，且彼此具有逻辑关联，那么就有机会在对方刚开始蠢蠢欲动、试

---

① 见西格蒙德·戴尔蒙德（Sigmund Diamond）1992 年出版的《放弃了理想的校园：大学与情报机构的合作，1945—1955》（*Compromised Campus: The Collaboration of Universities with the Intelligence Community*，1945—1955）。绝大多数基辛格的传记作者在论及基辛格在哈佛大学的导师威廉·埃利奥特时，总喜欢将目光集中在埃利奥特为人行事的“招摇高调”之上，却往往低估了此人与一众国内及国家情报机构之间的密切联系，忽略了此人一直支持在国内实施监听监视，并且对此毫无悔意。戴尔蒙德在书中根据解密的美国政府文件，成功写成“基辛格与埃利奥特”一章，穷本溯源，挖出了哈佛校园与中情局之间错综复杂的联系所在，其中的中心人物便是埃利奥特。埃利奥特堪称一位虔诚的冷战战士，1958 年在写给胡佛总统的一篇文章中甚至建议效仿“传奇的亚瑟王的圆桌会议”，组织成立“大西洋自由圆桌会议”：亚瑟王的圆桌会议是用来“团结西方，对抗匈奴人与穆斯林的”，而“大西洋自由圆桌会议”则应该由“十个出类拔萃的友邦”组成，这十个国家就是当代的“圆桌骑士”。

图越界时明白倘若继续再犯，那么这种威胁就将完全实施”。

要做到这一点有一个办法，那就是克服不愿使用核武器的心理。下面是基辛格在 1957 年写的一段话：“要想让威胁在最大程度上真实可信，有限核战争似乎要比常规战争是更为适合的一种威慑手段。美国需要一种外交手段，来打破围绕动用核武器所产生的恐惧氛围，之所以会有这样的氛围产生，在某种程度上要归功于苏联人的圆滑与老练，他们在大肆宣传‘禁止核弹’。还有一个办法，那就是让人们看到美国有决心在世界上的‘灰色区域’打小规模战争。”所谓“灰色区域”，指的是这个地球上除欧亚大陆中心地带以外的地区。到了 20 世纪 50 年代中期，基辛格所说的“灰色区域”已经包括了印度支那，也就是法国人口中的老挝、柬埔寨与越南三国[①]。

在朝鲜陷入不战不和的僵局之后，认为华盛顿有必要设计出一种战略，打一些“小规模战争”的其实并非只有基辛格一人。要知道基辛格只是一帮鹰派好战国防知识分子中的一员。这帮人还包括陆军上将马克斯韦尔·泰勒、陆军中将詹姆斯·盖文、罗伯特·奥斯古德和伯纳德·布罗迪等人。不过，基辛格的整体看法让他与这些人有所不同。他对艾森豪威尔国防政策缺陷的评价只是冰山一角，背后隐藏着他对美国社会更加广阔的剖析：在基辛格看来，美国地处太平洋与大西洋两大洋之间，形同孤岛，两次世界大战都在别国领土上作战，赢得的胜利固然令人欢欣鼓舞，可这样的一个国家缺乏作为一个世界大国必须具备的自省意识。有一种绝对化的道德观念——这种道德感太过纯粹、过于抽象——使美国的领导人无法在必要时“面对模糊的局势作出决定”。美国的政治家们不懂得如何处理“琐碎的日常外交事务”，凡事讲究绝对，“非此即彼”。基辛格认为美国需要具备意志，去打一场“大

① “灰色区域”（“grey areas”）意指欧洲以外的国家，这个词最早由空军部部长托马斯·芬勒特（Thomas Finletter）在 1951 年 2 月提出，芬勒特后来在 1954 年出版的《权力与政策》（*Power and Policy*）一书中进行了充分阐述。有意思的是，基辛格在前述 1951 年的备忘录中还对“灰色区域”的概念给予了批评，认为正是这样的概念让华盛顿在何时何地开战的问题上习惯听任苏联人的摆布，被对手牵着鼻子走，这一点在朝鲜已经体现得很明显。不过，随着基辛格日后成为一位核战略专家，主张开展有限的战术核战争，他也接受了在“灰色区域”作战的理念：如果华盛顿在投入战斗的时候，比方说在印度支那，能够拿出令人信服的核威胁来支持常规部队，那么就没必要把优势拱手让给莫斯科。

规模”战争。可是，要想做到这一点是不可能的，因为美国的领导人只要一提起这个，就会无一例外地将此想象成一场完全毁灭的“大规模”冲突。还有一点让问题变得更加棘手，这个国家过于迷信科技的力量，习惯于“只要苏联人在核领域取得进步，就要设计出更加骇人的武器来对付，为这种做法找个最恰当的字眼来形容，就是拿技术当‘挡箭牌’”。

美国过于依赖武器装备，让自身面临的根本性“两难局面”雪上加霜。华盛顿大可在全球各地建立战略空军基地，也可以与全球三分之二的国家签订防御条约，还可以造出更多核弹头来，哪怕用不着那么多也无所谓，总之能够把这个星球毁灭好几回就行。“可是，武器的威力越大，”基辛格在1956年写道，“就越不敢用它。”华盛顿让人看到美国不敢在有限打击中部署核弹头，不愿卷入小规模战事，从而把自己的优势（核优势）变成了软肋。“除了和平，我们别无选择。”艾森豪威尔当年说过的这句话一语中的，形象地把握住了美国的软弱无力，也让这位哈佛大学教授尤其感到如鲠在喉。基辛格深知，西方如果想在冷战中赢得胜利，那么除了科技力量，还必须有其他方法。

至此，基辛格已经赋予了“学说”这个词施本格勒神秘主义色彩的意味，言下之意，任何一个国家都需要自省自明，需要明了自身的“目的”，好将武力与物质优势转化为行之有效的外交策略。“战略学说的责任在于，”基辛格在1957年写道，“将权力转化为政策。”他接着阐述道：“一个国家的目的不管在于进攻还是防御，不管是为了达成变革还是阻止变革，其战略学说必须明确界定什么样的目的值得去为之战斗，为了达成这样的目的，采用什么程度的武力才合适。”美国在达成更为宏大目的时如果没有战略学说的指引，那么华盛顿每次处理危机时就只会一方面犹豫不决，另一方面又反应过头。

然而，这样的阐述却存在一个问题。只要仔细读一读基辛格早年写下的文字——那个时候基辛格还根本没有找到机会当上政府官员，将自己的理念付诸实践——你就会发现他已经在极力打破自己的循环推理。他不止一次地反复督促美国的领导者们阐明观点，把每一项具体的政策或者行动所希望达到的目的说明白、讲清楚。用基辛格的话来说，也就是不要把美国权力的技术能力拔高到超过美国权力所能达到目的的程度[①]。可是，基辛格发现要想给自己所说的“目的”一词下个定义，并非易事。不少时候，他用“目的”这个词，听起来好像指的是某种能力，有本事玩儿一场旷日持久的地缘战略游戏，想象一下十年之内，自己就对手而言，希望达到什么地步，然后采取某种政策让自己达到这个地步。有的时候，他似乎又在表示有必要想办法，将大规模核报复威胁分割成一个个震慑单元，变得更加容易掌控，更加行之有效，能够更好地平衡惩罚与奖励之间的关系。还有不少时候，“目的”指的又似乎是确立“合法性”，展示“有效性”，抑或是建立一种全球范围的“权力平衡”。然而，这些都是“目的”一词在功能上的定义。人们将依旧追问“为什么”。如果说权力投射只是手段，那么目的何在？

目的并非在于积蓄更多的客观权力，因为基辛格早就反复强调根本就不存在什么客观的权力。基辛格最为人所知的一点莫过于他提出的“权力平衡”概念。不过，基辛格 1954 年的博士论文中有这么一段，写得相当有趣，也鲜有人提及。基辛格在文中反复强调他所说的“权力平衡”并非“真正的”权力：“通过权力实现的权力平衡将极不稳定，将会导致无休止的战争，这一点几乎无法避免，因为这种权力平衡并非通过‘事实’产生，而是通过对于权力平衡的‘意识’得来的。”基辛格接着写道：“除非经受考验，否则这种意识永远不会凭空产生。”

为了对权力进行“考验”，也就是说，一个人要想确立权力的意识，就必须有意志敢于行动，而产生这种意志的最佳途径便是采取行动。至少在这一点上，基辛格说得十分明确：人必须避免“无为”，这样才能明白人是能够有所作为的。唯有采取“行动”才能让体制内部的“无为动机”失效；唯有“行动”才能克服恐惧，不再缩手缩脚，惧怕因为采取“行动”可能引发的“严重后果”（即核升级）；唯有采取“行动”，包括在诸如越南这样的边缘地带打一些小规模战争，美国才能重新焕发生机，才能产生出意识，真正理解自己究竟具有怎样的权力，打破过于依赖核科技导致的僵局，增强盟友之间的凝聚力，让日渐僵化的外交政策官僚体制重新意识到美国的权力到底是为了什么目的而服务。

---

① 基辛格在 1965 年写道：“随着技术凌驾于目的之上，人类将沦为自身复杂特性的牺牲品。人类会忘记，任何领域成就的任何一项伟大事业在成为现实之前首先取决于眼光的长远。”见《麻烦的伙伴关系》（*The Troubled Partnership*），第 251 页。

到了20世纪50年代中期，基辛格已经完全接受了自己的批评对象：为了权力而获得权力。基辛格已经造出了属于他自己的永动机。美国权力的目的就在于建立一种意识，让人明确美国的目的所在。然而，在施本格勒的笔下，“权力”既是历史的起点，也是历史的终点；既是历史的“表现形式”，也是历史的“唯一目标”。由于基辛格对于现实持有的是一种极其易变的观念，因此其他与之相关的概念，比如“利益”，也都被卷入了他的理论旋涡之中：“我们无法捍卫我们的利益，除非我们清楚我们的利益到底在哪里。而我们若是不去捍卫我们的利益，又怎会清楚我们的利益到底何在？”①

20世纪60年代的绝大部分时间里，基辛格一直游走在正式权力的边缘，为国家安全委员会担任兼职顾问，一开始替肯尼迪政府服务，后来又到了约翰逊的帐下。然而，基辛格的好战姿态降低了公众讨论的声音，满足了反共分子的心理，正是这样的心理让美国在越南越陷越深。

---

① 基辛格把呼吁采取行动、有所作为与自己早先对“美国经验主义”的批评直接联系起来，认为只有带有意志的行为，也就是说出自本能，在信息并不完全的情况下采取行动，才能避免让美国经验主义成为僵化的教条。基辛格在1957年出版的首本专著《核武器与外交政策》中写道：“政策是一门艺术，权衡的是潜在的可能性；能否掌握这门艺术，取决于把握潜在可能变化的微妙之处。倘若把一门艺术当成科学来对待，则势必导致僵化。因为只要风险是肯定的，那么可能性就是能够推测出来的。除非事情已经发生，否则人不可能‘确切’把握事情的意义。而事情倘若真的已经发生，那么要想作出改变，又为时太晚。外交政策中的经验主义会让人容易谋求权宜之计作为解决问题的办法。”美国人也许会为自己不拘泥于教条而沾沾自喜，却忘了“等待全部事实出现，迟迟不敢有所行动”，这本身就是一种教条主义。待到真正行动之际，“危机往往已经产生，或者说已经错失良机”。而这样做的结果，在基辛格看来，便是无法弥补“宏伟战略”与针对危机所采取的“具体战术”之间的差距。他继续写道：“这样的结果无疑是一个悖论。我们这些经验主义者往往让世人觉得固执己见、缺乏想象力，甚至还带着些愤世嫉俗，而那些教条武断的布尔什维克党人反倒显得灵活果敢、细心敏锐。”不过，基辛格继续说道：“敢于行动的意志不需要从理论中获得。一个人凭借那些无形的因素便能够，也应该有所作为，比如说‘传统’、以往的经验、本能、想象，以及对细微差别的感受。这样做将有助于让我们的领导人更加敏锐地意识到这些无形的因素：一个强大的国家之所以能够在这个世上生存下来，仅仅在于他有意志为了解释正义，明白自己切身利益所在，而去战斗。可是，重要的一点在于，如果坐等时机，犹豫不决，直到完全明了正义与切身利益所在，再去采取行动，或者说直到等到条件允许这种概念得以完美地实现，那么就将成为一场灾难。相反，在一个复杂的世界里面，理想与利益究竟何在，只有通过考验，通过行动，才能让人明了。对抗来自苏联的威胁说到底首先是一种道德行为：是一种意志，在没有全面知识的基础上甘冒风险，为的是尽量完美地实现自己的原则。评估挑衅也好，评价可能的补救方法也好，无论在哪个方面坚持强调要有绝对的把握，都是在为不愿作为找借口。无所作为将使人在固执武断中失去想象力，而失去想象力终将阻碍未来的行动。”

是基辛格编造了谎言，让人们误以为莫斯科蠢蠢欲动，意图在核军备竞赛中超过华盛顿。其实，莫斯科已经超过了华盛顿。“我们在导弹上有差距，这根本就是毫无争议的事实。”基辛格1961年说这样的话，就是在为五角大楼这一年大规模扩充军备找理由。当年扩充的装备包括数千枚“民兵”式洲际导弹和“北极星”导弹。一如今日，危言耸听在当时也是推动事业发展的一着好棋。“我们决不能自我麻痹，忘记形势有多么严峻，”基辛格写道，“因为留给我们的生存余地已经所剩无几，岌岌可危。”只要把基辛格从这个时候开始写的文章好好看一看，你就会注意到，诸如此类的“夸大其词”得到了其他强硬分子的大力支持，最终“成为肯尼迪那届政府班子智囊团的一部分。而这些夸张的表述也在一定程度上解释了为何美国会下定决心，毫无必要地在越南投入那么多权力和尊严”。

基辛格原本对肯尼迪是有所期望的。他在1960年大选开始几个月前，就对小阿瑟·施莱辛格说过，这个国家最需要的是“有人能够站出来，带领这个国家往前跨出一大步，不是对政治现状进行微调，而是改头换面，进入一种新的氛围，一个新的世界”。“我们需要有人，”基辛格继续说道，“不只是调整一下现状，而是创造一个新的现实。”然而，等到肯尼迪真正入主白宫，却令基辛格大失所望。他总是抱怨这位新总统在处理危机时过于谨小慎微、心血来潮。

即便如此，还是有一件事情让基辛格对肯尼迪深感佩服。1962年8月，白宫得到情报，苏联人在古巴部署远程核导弹。肯尼迪得知此事之后，立即通过电视发表全国讲话，宣布下令派遣军舰封锁古巴。此事令基辛格大为触动。1962年底，古巴导弹危机刚刚过去，他便发表了一篇文章，在文中将肯尼迪的此番讲话誉为“漂亮的一击”：“肯尼迪果断地抓住了机会，这样的机会可难得有几个政坛人士能够把握得住：他用极富戏剧性的一击改变了事态的进程。总统迫使赫鲁晓夫作出让步，这比让苏联人拆掉导弹更有意义，因为他打破了那个神话，让人不再相信不管遇到什么情况，苏联人都要比我们敢于承担更大的风险。”基辛格再一次指出避免“无所作为”的重要意义所在，这一事件与其说增加了美国的实际利益（将导弹移出古巴），还不如说证明了美国是能够“有所作为”的。

古巴导弹危机当年让整个世界都站在了核大战的边缘。我们今天已经知道这场危机之所以得以化解，并非因为在电视荧屏上表现决心的戏剧性表演，而是美苏双方通过幕后秘密渠道达成的妥协。不过，这并不重要。对基辛格而言，这场危机得出的经验有两方面：其一，只有把握先机，敢作敢为，才能为自己赢得共识；其二，政治家不应该坐等所有的事实摆在眼前，再主动出击，先发制人①。“推测，”基辛格在为肯尼迪写的赞文中写道，“要比情报和事实更有理由成为采取行动的基础，因为过于依赖信息将束缚住自己的手脚，让人无所作为。对任何一位政治家来说，困境在于自己永远无法确定事态会沿着怎样的路径发展，要想作出决定，政治家势必要依靠直觉行事，这种直觉从来就是无法证实的。如果一个政治家坚持非要等到有了确凿依据再采取行动，那么就将面临受制于事态的危险。”

这里写的虽然是 1962 年初冬的那些事，却让人几乎完整地看到了 2001 年“9·11”事件之后发生的一切，也就是后来人所共知、副总统迪克·切尼口中的“百分之一主义”②。切尼宣称这样的威胁哪怕只有一丝机会能够兑现，美国都会将其视为必然的结果，采取行动。“这与我们的分析无关，也和找到大量证据无关，”切尼说道，“这关乎我们的反应。”

“在今后的几十年里，西方势必要提升眼界，去实现一种更为全面的现实理念。”基辛格在 1963 年写下这样的话，一心希望肯尼迪在古巴事件上果敢举动产生的动量能够继续滚动下去，影响到外交政策的其他领域，建立起一个他跟施莱辛格曾经谈起过的“新世界”。

基辛格首次到访越南是在 1965 年 10 月，此时距离林登·约翰逊决定派遣地面部队，让战争升级过去还不到一年。基辛格到了越南之后，首先听取了丹尼尔·艾尔斯伯格的情况汇报，接着就把办公地点定在了西贡的美国大使馆里面。基辛格听

---

① 我们今天还知道莫斯科当年之所以胆敢在古巴部署核导弹，是因为华盛顿在 1961 年参与了猪湾入侵行动，再加上肯尼迪在军备升级问题上摇摆不定，才给了莫斯科信心鼓励。要想了解莫斯科究竟为何如此胆大妄为，敢在古巴玩火，另一个关键在于代号为“獴”的军事行动（这是中情局策划的一场秘密行动，紧接在猪湾入侵行动失败之后展开，旨在颠覆古巴政府），以及随后开展的破坏活动，这些行动由反卡斯特罗的代理国执行，得到了华盛顿的支持，还有一个关键在于苏联人担心会有另外一场入侵行动。

② “百分之一主义”（“one percent doctrine”），语出美国副总统迪克·切尼，据说切尼在形容小布什政府反恐策略时曾经说过这么一段话：“如果说巴基斯坦的科学家在帮助基地组织开发核武器，哪怕只有百分之一的可能，我们也必须把这个事情当真对待。……这样做和我们怎么看待这件事无关，这样做只关系到我们会有什么样的反应。”——译者注。

取了艾尔斯伯格的建议，不要浪费时间去和那帮高官会面谈话，而是去找当地的越南人，还有那些在越南待了很久的美国人了解情况。“我很惊讶基辛格竟然听从了我的意见。”艾尔斯伯格回忆起当时的情形说道。基辛格对于了解到的一切深感忧虑：“华盛顿依靠的这帮西贡盟友其实是一群腐败透顶、不得民心、蠢笨无能的家伙。北越把庇护所放在了老挝和柬埔寨境内，也就意味着无法通过军事手段解决问题。美国要想施压，倒有一计，那就是轰炸北越，可这样做很快就会让世界舆论调转枪口，对准我们。”①

① 如果说行将变节的艾尔斯伯格是基辛格的左膀，那么爱德华·兰斯代尔（Edward Lansdale）便是他的右臂。兰斯代尔堪称一位冥顽不化的冷战战士，是精通亚洲事务的老手。他也给基辛格作了情况汇报，讲了自己访问越南的经过，讲了“二战”当年他在太平洋战场的经历，还讲了在菲律宾平叛和朝鲜战争的事情。1965年，基辛格与兰斯代尔开始经常保持联系时，兰斯代尔正担任美国驻西贡大使助理，地位多少有些边缘化。不过，在此之前，在20世纪50年代中期美国在南越越陷越深的秘密年代，那个时候的兰斯代尔可算得上是一个关键人物。他把在菲律宾学到的那一套“非法”反恐和心理战战术统统拿过来，用到了越南身上。这些战术日后都被用到了“凤凰”计划当中。这是中情局搞的一个暗杀项目，可谓声名狼藉。兰斯代尔趁手下的南越线人访问美国之际，把基辛格的想法告诉了他们，这样“好让你们自己的人收获信心，大干一场”。随着局势逐渐明朗，约翰逊对于基辛格认为要想在南越打赢这一仗必须要做的并不完全认同，基辛格也开始对兰斯代尔心生怜悯。他在1967年6月2日的信中写道：“这几个月以来，我一直在想着你的事情。一面是自己为之效力的政府，一面是一个分崩离析的社会，二者在理念上截然不同，格格不入，这样的事情该叫人多么伤心。”兰斯代尔是一个绝佳的例子，代表了美国国家安全体制的多头现状：兰斯代尔造访过越南好几回，期间其他时间负责的是颠覆古巴政府的计划，这个计划由肯尼迪在1961年11月30日授权批准，当时猪湾入侵失败刚刚过去不久。而这场失败的入侵行动也引发了一连串反应，最终导致了古巴导弹危机的发生。基辛格和兰斯代尔二人当年都曾跟随同一位导师弗里茨·克莱默。此人是一位难民，因为逃避纳粹德国迫害才来到美国，所教学生中不乏重量级的军事情报官员。

赛勒斯·万斯[①]和埃弗利尔·哈里曼[②]都是约翰逊手下的高官。基辛格回国之后与二人私下聊过。告诉对方“我们赢不了”[③]。即便如此，基辛格依旧在公开场合继续支持战争努力。原因何在？诚然，这样的问题要想给出一个明确的答案是不可能的，你根本无法判断到底是怎样的一种野心，与经过深思熟虑的意见以及道德评判糅合在一起，推动着基辛格扫清疑虑，继续前进。不过，至少在理性认识上，基辛格陷入了自己循环推理的旋涡之中：要想让人看到行动是可能的，就必须避免无所作为。之所以不质疑美国在越南投射权力，目的就在于避免削弱美国的意志。

基辛格结束对越南的初次访问归国是在 1965 年底。他一回国便开始全身心投入，营造声势，为继续干预越南赢得公众支持。12 月初，基辛格与来自哈佛、耶鲁以及其他 15 所新英格兰地区大学的 189 名学者们联名递交了一封公开信，表达信心，相信约翰逊的政策能够帮助“南越人民……决定自己的命运”。信中写道：“如果越共取胜，势必引发灾难。”接着就在当月下旬，基辛格又率领一支哈佛辩论队亲赴英国，与来自牛津大学的一帮反战人士进行辩论。这场辩论赛通过哥伦比亚广播集团（CBS）在美国国内进行了全国直播。基辛格满怀激情地为轰炸北越辩

---

① 赛勒斯·万斯（Cyrus Vance，1917—2002），1917 年 3 月 27 日出生于西弗吉尼亚州，1939 年自耶鲁大学本科毕业，1942 年毕业于耶鲁大学法学院，“二战”期间曾加入海军服役，战后成为一名律师，后进入政府部门工作，在肯尼迪任下担任陆军部长，林登·约翰逊上台后出任副国防部长，起初一度支持越南战争，但到了 60 年代后期转变观念，并辞去职务，1968 年作为美国代表团的一员参加了巴黎和谈，翌年荣获“总统自由勋章”，1977 年至 1980 年间在吉米·卡特总统手下担任国务卿，推动对苏谈判，加强两国经济交流，晚年作为美国使节，在克罗地亚、南非等地参与多项外交行动，1991 年曾提出“万斯计划”，试图解决克罗地亚问题，未果，2002 年 1 月 12 日因白血病在纽约去世——译者注。

② 威廉·埃弗利尔·哈里曼（William Averill Harriman，1891—1986），民主党人，外交家，美国铁路大亨爱德华·亨利·哈里曼（Edward Henry Harriman，1848—1909）之子，早年凭借其父雄厚的资金成为一名成功的商人，后听从姐姐玛丽·拉姆西的建议从政，自富兰克林·罗斯福总统以来历任政府要职，1941 年作为特派大使，赴欧协调租借法案，“二战”期间先后参加德黑兰与雅尔塔会议，1945 年任美国驻苏大使，1946 年任驻英大使，哈里·杜鲁门担任总统期间曾任贸易部长，其后当选第 48 任纽约州州长，先后两次参加民主党总统竞选党内提名，均告失败，肯尼迪与约翰逊任内历任多项外交职务，1969 年荣获“总统自由勋章”，1983 年获颁“自由勋章”，1986 年 7 月 26 日病逝于纽约——译者注。

③ 按照艾尔斯伯格的说法，基辛格到了 1967 年，无论是在学术会议还是私人谈话时，“表达的观点比起同期其他任何一位主流政治人物来，都要超前得多”。基辛格认为华盛顿的“唯一目标”应该放在确保美国从南越撤军直到南越被北越军队完全占领，这中间有一个“体面的间隔”。

护，坚称此举没有违反国际法。他同时举出“二战”的例子作类比，声称华盛顿在印度支那的举动和当年反抗纳粹德国同属名正言顺的正义之举。

鲍勃·施瑞姆是当年基辛格辩论队中的一员，后来成了民主党的政治顾问。鲍勃在谈及此事时说当他今天回过头来看当年辩论赛的录像时，“有两件事让自己感到惊讶：一件事是他们那个时候看上去是那样年轻，就连基辛格也显得年纪轻轻；还有一件事是他们竟然会错得那样离谱”。

对错都已不再那样重要，对基辛格来说，无论胜负如何，他都是赢家。如果越战一切顺利，他就可以宣称自己那篇有关“小规模战争的论文”说得没错。当然，这场仗打得并不顺利，这让基辛格进一步肯定了自己最初的想法，不管是小规模战争，还是大规模作战，美国的确缺乏必要的意志去打仗。“在这个问题上我绝对坚持自己的观点，”基辛格 2011 年谈起了美国当年在东南亚吃过的败仗，“我认为在越南的绝大多数错误都是我们自己犯下的。”①

---

① 如果说一个人始终坚持认为只有回顾过去，历史事件才是无可避免的；始终强调只有到了这个时候，政治家才有“自由”，面对危机，选择作出怎样的回应。那么，对这样的人来说，基辛格会在表达自己对越战的支持时，把支持越战往往说成是当下的政治与学术气候早就提前决定好了的。不过，其他持同样立场，或者相似世界观的人却会有不同的选择。汉斯·摩根索 1904 年出生在德国，被认为是美国战后国际关系现实主义学派的奠基人，是 20 世纪最具影响力的外交学者之一。摩根索在前往美国治学之前曾在法兰克福大学读过书。他和基辛格同样受到欧洲大陆哲学的影响，其中就包括施本格勒。摩根索和基辛格同样在解释人类历史进程的问题上摈弃了对推论法的迷信。用某位学者的话来说，他“把一切试图自圆其说的政治科学统统一扫而光”。摩根索相信“事实本身是没有社会意义的”：“是我们的感官经验，我们的希望与恐惧、我们的记忆、意图与期望创造了社会现实。”摩根索和基辛格二人同为现实主义者，都不认为现实是客观的。“社会世界本身，”摩根索写道，“是人类思维的产物，是人类思想的反应，是人类行为的结果。”一如基辛格，摩根索认为权力并非客观现状，而是一种“心理关联”，建立在“趋利”与“避害”的基础之上。不过，摩根索和基辛格的不同之处在于摩根索并未因为自己对战后实证主义持批判态度，就转为极端相对主义的立场。他坚持认为必须明辨是非、分清对错。摩根索早在 20 世纪 50 年代就开始反对美国介入越南，及至 60 年代中期，已经演变为对华盛顿政策在道德上的强烈抨击。

第二章　目的与手段

一个人把什么当成目的，又把什么当成手段，主要取决于这个人意识体系的形而上学，取决于这个人究竟怎样看待自己，以及自己和宇宙的关系。

——亨利·基辛格

亨利·基辛格还在哈佛读研究生的时候，每逢周日常常和自己的博士生导师威廉·埃利奥特一起去康科德走走。有一回师徒二人出去远足，埃利奥特——《哈佛深红报》将此君描述为“一个块头很大，相当招摇显眼的弗吉尼亚人……身形庞大、体态笨重，常常穿着一件农场主穿的那种白色外套，戴着一顶巴拿马草帽”——鼓励自己的这位得意门生要把伊曼纽尔·康德著名的伦理警句当作人生座右铭：“把每一个人，包括你自己，都看成是目的，永远不要当作手段。”康德的这句格言是对其一生所见急功近利、精于算计之权势人物的回应，意在激励超越个人利益，为尽可能多的人追求最大的福祉。康德的话在那些头号冷战战士中尤其吃香，埃利奥特便是其中之一。他将苏联的共产主义视为工具主义道德观，其应用范围之广、程度之甚已经到了荒唐和令人发指的地步。

基辛格对康德再熟悉不过，他早在1950年的本科论文中就已经试图解决康德哲学体系中居于核心地位的一大悖论：人是完全自由的，历史必将按照神的旨意向前发展，直至一个永久和平的世界。基辛格接受了康德的自由理念，可是童年时代对于纳粹大屠杀留下的印象，加之目睹了苏联劳改营的惨状，让他无法接受康德的神学理念，尤其无法认同存在具有先验论的目的。对基辛格来说，过去只是“一系列毫无意义的事件”。历史本身是完全没有意义的。基辛格认为，不管人类试图赋予过去发生的事件怎样的“意义”，这种意义都不可能通过制订一个外在的、客观的、更高层次的道德计划得出，只有通过内在的主观层面才能得到：“自由与必然的世界若非通过内在经验，否则无法调和一致。”

基辛格作为一位外交家，常常被人描绘成一个毫无道德标准的人，好比他认为诸如普世人权这样的价值观念在推行外交政策时毫无用处。据说基辛格有一回在阐释歌德的时候说过这样的话：“如果说有两样东西要我选择的话，一个是正义与无序，另一个是不公与秩序，那么我永远都会选择后者。”诚然，这样的看法并非不道德，只是与埃利奥特的教诲背道而驰罢了，反映出来的是一种功利主义，或者说是一种因外部条件或者他物而变化的相对道德观：要想为尽可能多的人追求更大的福祉，那么强权大国就应该尽力而为，做自身力所能及的事情，创造出一个有序、稳定、和平的国际体系。这样的体系转而也许才能培养出人类所能达到的正义，纵使这样的正义极其脆弱。

基辛格信奉的是一种相对，而非绝对的道德观。这一点可以从另外一个故事中窥见一斑。基辛格当时还在哈佛研究生院读书。那是在 1953 年的一次研讨会上，埃利奥特极力希望让基辛格承认“现实”还有伦理道德是必然存在的。“亨利，你暂时先停一下，”这位教授听基辛格说这个世上根本就不存在真理这回事，已经滔滔不绝说了很久，于是打断了自己的学生，开口说道：“现实肯定有一种形而上学的结构，这才是现实的真正结构。”

基辛格的回答令人印象深刻。他把康德的存在主义（人类是完全自由的观念）拿来批驳康德的道德观念。“我们很难同时做到，”基辛格说道，“既拥有自由，又坚守价值的必然。”换句话说，我们无法同时做到既要完全自由，又要受到道德规范的约束。基辛格承认某些人会发现身处这样的位置是一种“绝望的忠告”，因为这样做就等于断绝了找到任何基础真理的可能。不过，基辛格也说了，这样其实也是一种自由，至少给了人一个机会逃避，哪怕这样的机会转瞬即逝，至少可以让人有一刻逃避存在的痛苦。“我们的价值观念当然是有必要的，但这并非出于自然规律，恰恰相反，是因为人相信这个系统的形而上学，才人为地让这些价值观念变得有必要。这或许就是人之所以为人的最终意义，是人之所以孤独的最终意义，也是人有能力超越自身存在必然性的最终意义所在。”

基辛格过了一会儿，在接下来的讨论中又引用了康德的道德命令，把问题抛回给了埃利奥特，还不忘在后面加上一句：“一个人把什么当成目的，又把什么当成手段，主要取决于这个人意识体系的形而上学，取决于这个人究竟怎样看待自己，以及自己和宇宙的关系。”①

埃利奥特似乎并未完全听明白基辛格所说的完全存在主义是怎么回事。“你刚才谈到了‘条件价值’，”埃利奥特听完基辛格的发言之后，答道，“你指的是一个自由的世界，人置身其中，并不明白还有一个计划要高于自己的计划，只是隐隐约约、并不完全地承认这个计划引领着他走向上帝。”埃利奥特说这样一番话，表明他遵从的还是对康德理论更为正统标准的解释，接受悖论的存在，认为个体既是完全自由的，同时也存在某种神的“安排”。埃利奥特于是向基辛格发问：“那么人又该如何调和这种与神相通的自由……以及对神的旨意的回应呢？难道是通过祈祷来表达自己么?”基辛格没有回答这个问题。不过，已故新闻记者戴维·哈伯斯塔姆说过这么一件事，可以让人猜出基辛格的那一套相对主义说辞让埃利奥特最终久久难以释怀。那是在埃利奥特教授的退休会上，众多同事齐聚一堂，为其送行。埃利奥特与到场的每个人一一话别，嘴里说的几乎全是慷慨的感谢之词，唯独走到基辛格的面前时变了口气：“亨利，你确实非常聪明，但是太过自命不凡。说真的，你是我见过的人中间最自负的一个。”基辛格脸色一下子变得苍白。“记住我的话，”埃利奥特接着说道，“你这样自负，迟早有一天会惹大祸的。”

亨利·基辛格是如何在政坛发迹升迁，在如此之短的时间之内成为美国历史上最具权力的人之一，个中细节早就有人说过。人们每每提及这些细节，通常都是为

---

① 莫林·林克（Maureen Linker）是美国迪尔伯恩密歇根大学的一位哲学教授。我曾经问她如何看待基辛格这样解读康德的直言命令。莫林是这样回答的：“基辛格认为人把什么看作目的，什么看作手段，取决于一个人的形而上学体系，这是对康德理论的曲解。康德想表达的是只有具有理性主体的人生才是唯一可以接受的目的。康德认为有一套放之四海皆准的绝对道德体系，和相对主义是对立的……康德要是听了基辛格这样解释，是绝对不会认同的。”事实上，基辛格在自己的本科毕业论文里也采用了康德关于自由的观念，来反驳康德的绝对道德，就某种程度而言，这和他用固定道德来批判历史因果论是同一回事。“价值观，”基辛格写道，“充其量不过是一种因果模式。”这就好比一个人倘若想要找寻历史的本意，结果往往“在第一因的谜团中耗费了自己的全部精力”，同样，一个人若是试图找到道德立场的根基所在，那么也会让自己陷入第一原则，把自己弄得筋疲力尽。

了强调这些事情是多么肮脏，是为了让人看到基辛格之所以能够步步高升，是因为他干了不该干的坏事：1968 年下半年，民主党人休伯特·汉弗莱[①]与共和党人理查德·尼克松为了入主白宫，在竞选中斗得难解难分。越南战争成为二人选战的胜负关键。两位候选人都声称已经迎来绝佳时机，赢得“和平”。彼时，华盛顿与河内双方正在巴黎进行非正式谈判，谈判一旦有所进展，汉弗莱都将成为受益者。基辛格当时还在哈佛大学当教授，眼看约翰逊即将卸任而去，于是利用自己在约翰逊政府里面的联系人，包括自己以前教过的学生，拿到了和谈判有关的情报，然后把这些消息给了尼克松的竞选班子。尼克松的手下利用这些得来的情报，先下手为强，抢先阻止谈判各方达成停火。尼克松最终赢得了大选，为表感谢，于是把国家安全事务顾问的位置留给了基辛格[②]。

不过，这件旧事之所以有必要翻出来再说一遍，不是为了重新追究罪责，而是在于这件事情几乎完美地诠释了基辛格的历史哲学。1968 年秋，基辛格正在把自己一直以来大声疾呼的一套理论付诸实践：个人在一定程度上是有自由的，能够改写历史事件；人不一定非得受到“真正的结构”的束缚；要想成为真正的政治人物，就必须敢于冒险；只有把握先机，才能创造属于自己的现实；政治领导人不应该坐等事实，耽误机会。超越是可能的，失望是能够避免的，目的可以变成手段，手段也能够成为目的。事实正是如此：为结束越南战争而进行的谈判成了基辛格官场晋升的手段。如此一来，威廉·埃利奥特口中“与神相通”的个人自由便与这个

---

① 休伯特·汉弗莱（Hubert Humphrey，1911—1978），美国政治家、民主党人，1911 年 5 月 27 日出生于南达科他州，祖籍挪威，早年就读于明尼苏达大学，后因家庭经济不佳于 1932 年辍学，帮助父亲经营药店，1937 年重回明尼苏达大学，两年后拿到学士学位，1940 年获路易斯安那州立大学硕士学位，毕业后留校任教。汉弗莱在民主党内一直是一个活跃分子，1944 年大选期间曾负责罗斯福在明尼苏达州的竞选运动，翌年即当选明尼阿波利斯市长，1948 年当选参议员，在接下来的 15 年间一直参与各种进步事业，致力于推动民权，改善民生，1960 年在民主党党内提名中败给了约翰·F. 肯尼迪，1964 年虽然再次失败，却被林登·约翰逊提拔为副总统，1968 年获民主党党内提名，却以微弱劣势最终败给了尼克松，之后回到明尼苏达大学，教授公共事务，1970 年再次当选参议员，1978 年 1 月 13 日因癌症逝世——译者注。

② 最先道出事情原委的是赫什，他把这件事情写进了《权力的代价》中。此事不仅得到了理查德·埃伦的证实，就连基辛格自己后来也确认属实。沃尔特·伊萨克逊所著人物传记《基辛格》一书虽然对赫什提到的每一点细节都予以了认可，却认为“基辛格虽然提供了那些东西，但从严格意义上来说，还不能算作间谍”，只是“一种意愿，无非是想传播一些流言蜚语、小道消息罢了”。即便如此，伊萨克逊的推断与赫什对整件事情的详细描述并无任何矛盾之处。

系统的形而上学达成了一致，也就是说，与国家安全事务机制顺利对接。基辛格就这样搞清楚了自己“与宇宙的关系”。

基辛格在1968年大选中扮演了这样一个角色，这样的故事让人不禁想问：基辛格与自由派共和党人纳尔逊·洛克菲勒关系密切，身为顾问，还时不时替民主党政府出谋划策，他究竟为何要选择与尼克松为伍，难道后者在他看来不是一个令人厌恶的右翼分子吗？

“在所有参选的人当中，要是理查德·尼克松当了总统，那将是最危险的事情。”这是基辛格当年去迈阿密参加共和党全国大会之前不久说过的话。按照伯纳德·卡尔布与马尔文·卡尔布兄弟[①]二人的说法，正因为如此，基辛格才会在看到洛克菲勒在那次大会上输给了尼克松时感觉茫然，不知所措。“他当时哭了。”伯纳德兄弟写道。“共和党已经被毁了，”基辛格说道，“尼克松这个人不适合当总统。”基辛格知道自己在说什么，他一直在帮洛克菲勒保管和尼克松有关的“脏文件”，“有好几个文件柜”，里面装着的东西都是些在今天被人称作反面，或者负面的研究报告。基辛格在尼克松赢得党内提名之后，睡了整整一个上午，中间只醒过一次，接了一个朋友的电话。据这位朋友后来回忆：“自从我认识基辛格以来，他的声音听上去还从来没有这样不安、失望、难过过。”“尼克松这个人，”基辛格说道，“根本就没有资格管理这个国家。”

2010年，美国国务院就美国卷入越战一事召开了一次公开会议，基辛格亲自到场，现身说法，谈起了自己当年是如何反对尼克松的，借此证明自己根本就不可能帮助尼克松胜选，参与到这些阴谋中去：“在理查德·尼克松提名我之前，我从没见过这个人。我这辈子花了12年，就是为了阻止尼克松这个人当总统。我当时是纳尔逊·洛克菲勒的主要外交政策顾问。所以，当我读到那些书，说我如何如何精心策划，一步一步爬到这个位置，我想我不可能再保持沉默。别忘了，我可是纳尔逊·洛克菲勒的朋友，关系近得很。实话实说，我对休伯特·汉弗莱倒是了解得多得多。可是，尼克松我真的一点儿都不熟。”

---

① 伯纳德·卡尔布（Bernard Kalb，1922—　）与马尔文·卡尔布（Marvin Kalb，1930—　），美国新闻记者、作家、批评人士，二人曾合著《基辛格》（*Kissinger*）一书——译者注。

不过，就是在这次公开大会上，外交官理查德·霍尔布鲁克却披露了一件往事。霍尔布鲁克的故事有助于大家了解基辛格为何会与尼克松达成和解。霍尔布鲁克当时紧接着基辛格发言，他首先回忆了1968年发生的一些事情，谈到了马丁·路德·金和罗伯特·F. 肯尼迪遇刺，还有种族问题以及反战引发的抗议与骚乱，等等。用霍尔布鲁克的话来说，“我们这辈子从来没有哪一年像1968年这样折腾”。霍尔布鲁克接下来说起了那年夏天，他和基辛格在玛莎葡萄园岛的事情。二人当时在电视上看了在芝加哥举行的民主党大会。会场之外，警察在殴打抗议者，会场之内，民主党人则在大肆互相攻击。尼克松已经赢得了共和党党内提名。眼看着“民主党自毁形象”的举动通过电视画面向全国广播，基辛格回过头来，对着霍尔布鲁克说了一句：“这下我完了。”“你还记得那句话吗？”霍尔布鲁克朝基辛格做了个手势。基辛格此时正坐在观众席上，没有出现在摄像机镜头里。不过，全场观众都大笑了起来，基辛格想必也笑了。

霍尔布鲁克的话让人脑海中浮现出一幅栩栩如生的画面：在8月下旬那个温和的日子里，在玛莎的葡萄园岛上，这里可是美国东部势力集团消夏避暑的中心地带。基辛格在这里眼睁睁地看着这个权势集团在电视上分崩离析，经历了自我灵魂深处最为漫长、最为黑暗的一夜。基辛格哭了：“纳尔逊·洛克菲勒完蛋了！休伯特·汉弗莱完蛋了！我再也不能进政府当官了！”

基辛格的失落是短暂的。他很快采取行动，要替自己重新找到位置，不仅要让自己对日落西山的民主党新政派有用，还要对冉冉兴起的共和党右翼有利用价值。就在民主党大会落幕几天之后，基辛格此时依旧身在葡萄园岛，正坐在西蒂斯伯利的某处海滩上，提出把洛克菲勒手中与尼克松有关的文件交给萨缪尔·亨廷顿。这位哈佛大学教授也是来此度夏的，当时正在为汉弗莱的选战工作。“这可是个不错的提议。”亨廷顿后来回忆道。

不过，这个提议基辛格从来没有兑现过。他哪怕当着民主党人的面诋毁尼克松（“我恨尼克松这家伙恨了好多年。”基辛格说这话是为了敷衍兹比格涅夫·布热津斯基，后者正试图逼着基辛格把那些文件交出来），仍然在暗中接洽理查德·V. 埃伦[1]。埃伦是尼克松手下的一位高级外交政策顾问。基辛格告诉埃伦，自己很快就会前往巴黎，打探一下华盛顿与河内的谈判进展到了什么程度，也许能够找到办法，为尼克松竞选在越战问题上提供些建议。在巴黎，基辛格在约翰逊的谈判代表团中安插了多名线人，其中有一个是当律师的，名叫丹尼尔·戴维森。戴维森承认自己为基辛格"深深吸引，非常崇拜"。用戴维森自己的话来说："基辛格这个人有头脑，有幽默感，懂得如何说话做事，一下子就能把你拉到他的队伍里头去。"

霍尔布鲁克当时也在代表团里面。"（因为亨利以前当过顾问），所以我们得到（白宫）批准，能够和他谈一些跟谈判有关的事情，这里头只有亨利一个不是政府里面的人，"霍尔布鲁克告诉基辛格传记作者沃尔特·伊萨克逊，"我们相信亨利。我这么说并没有歪曲事实，但尼克松的竞选班子的确在美国谈判代表团里面有秘密消息来源。"基辛格两周之后回到剑桥，又给尼克松的竞选团队打了电话，向对方汇报"越南那边有大事要发生"。基辛格建议尼克松如果打算就越战发表看法，最好含糊其辞，这样就不会"被谈判弄得措手不及"。外交官们正在巴黎达成一项交易：约翰逊会停止轰炸北越，作为回应，河内会答应同南越进行正式磋商。

基辛格此后与尼克松的幕僚接触过好几回，通话最多的就是埃伦。埃伦也是第一个出来向西摩·赫什讲述基辛格到底干了些什么，让巴黎谈判不了了之的人。这么多年过去了，埃伦总是会说："是亨利·基辛格自己提出来为我们提供消息的。他安插了一个内应，是他以前的学生，在巴黎参加和谈。这个人会跟基辛格打电话，汇报情况。基辛格跟我打电话会用公用电话，我们说的是德语。没错，我的德语是比亨利的好，但这并不妨碍我跟他之间交流。绝大多数情况下，他每天晚上都会打电话，把白天巴黎发生的事情透露给我。"

---

① 理查德·V. 埃伦（Richard Vincent Allen，1936—　），美国国家安全顾问，1936 年 1 月 1 日出生于新泽西，在诺特丹大学拿到学士与硕士学位，硕士学的是政治学，20 世纪 60 年代初进入政府部门工作，1966 年至 1968 年曾在著名的智囊机构胡佛研究所工作，离任后成为尼克松的外交政策协调人，1977 年至 1980 年辅佐里根，是里根的首席外交政策顾问，1981 年上位，成为美国第 11 任国家安全顾问，同年底因遭指控接受日本杂志贿赂，安排第一夫人南希·里根的采访，于 1982 年 1 月 4 日被迫辞职，后重返胡佛研究所，并在多个智囊机构、基金会担任资深顾问，在华盛顿拥有自己的咨询公司"理查德·埃伦公司"——译者注。

基辛格最后一次给埃伦打电话是在 10 月底。“我得到了一个重要消息，”基辛格说道，“北越已经答应参加正式和谈，和谈预定 11 月 6 日开始，就是总统大选投票后的第二天。”从基辛格汇报的情况来看，谈判的那帮人已经在巴黎“打开香槟”，开始庆祝了。就在基辛格给尼克松竞选团队打电话几个小时之后，约翰逊宣布暂停空袭。本来，华盛顿、西贡与河内三方达成协议的消息一经宣布，汉弗莱就能够升至首位，毕竟他与尼克松在票数上咬得很紧。可是，最终根本就不会达成什么协议，因为南越方面已经从尼克松竞选班子那里得到消息，如果共和党上台，他们拿到的条件要比现在好很多，于是临时反悔，搅了好局。《纽约时报》11 月 2 日在头版头条最醒目的位置刊出大标题：按照目前方案，西贡不会参加巴黎和谈。

尼克松当时正在得克萨斯州奥斯丁竞选拉票，他在当天晚些时候放出话来：“就今天上午早些时候的报道来看，即便和几天之前相比，和平前景都不如之前那么明朗。”

尼克松的手下早就迅速行动，一方面利用基辛格的情报，另一方面通过陈香梅女士[①]（陈香梅出生在中国，是一位“二战”中将的遗孀，也是有名的保守派活动人士）展开活动，向南越方面许诺如果尼克松当选总统，条件将更为有利，进而催促南越干扰谈判。时任总统约翰逊也得知了干预谈判的事情。约翰逊通过电话窃听和监听，得知尼克松的竞选团队打算告诉南越尼克松即将赢得大选，要南越“再拖久一点儿”。白宫倘若将这些信息公之于众，势必引发民愤，或许会让选情倒向汉弗莱一方。然而，约翰逊在此关头却选择了犹豫，担心“尼克松的阴谋”引起的争议太过巨大。“这样做等于叛国，”约翰逊说道，“这会震惊世界的。”

约翰逊最终选择了保持沉默。尼克松赢得了大选，越战也继续打了下去。

基辛格参与的这场阴谋让这场战争又打了五年，毫无意义的五年——当然，如果你把从 1973 年签订《巴黎和平协定》到 1975 年西贡沦陷这几年也算进去的话，

---

① 陈香梅（Anna Chennault，1925— ），著名华人华侨领袖，社会活动家，1925 年 6 月 23 日出生在北平（北京），1944 年在香港岭南大学本科毕业，1944 年至 1948 年曾为中央通讯社担任战时记者，1947 年与美国空军少将、“美国志愿航空队”（飞虎队）创立者陈纳德（Claire Lee Chennault，1890—1958）结婚，育有二女，1949 年迁居台湾，1958 年陈纳德病逝后移居美国，凭借个人努力进军政界，成为著名的政治及社会活动人士，得到尼克松、肯尼迪、里根、老布什等多位总统的赏识与重用——译者注。

那就是七年——这是事实，不容否认[①]。不仅如此，基辛格本人也是证据。从最近披露的录音来看，基辛格曾经两次在录音中亲口承认是自己将有用的情报给了尼克松。

第一份录音与一场会议有关。会议是在尼克松、基辛格和鲍勃·霍尔德曼[②]三个人之间进行的，地点在总统办公室，时间是1971年6月17日。这三个人试图想出一个方案，处理丹尼尔·艾尔斯伯格把五角大楼文件透露给《纽约时报》这件事情，好控制影响，以免事态扩大。霍尔德曼想出了一个点子，得到了尼克松的赞同。霍尔德曼打算“要挟”林登·约翰逊，逼迫后者发表公开声明，谴责艾尔斯伯格泄密事件。尼克松认为肯定有一份文件，也就是所谓的“暂停轰炸”的文件，能

---

① 历史学家肯·休斯（Ken Hughes）在2014年出版的新著《追逐影子》（*Chasing Shadows: The Nixon Tapes, the Chennault Affairs, and the Origins of Watergate*）中引述了尼克松竞选备忘录中的一段话，将基辛格描述为“最为机密的外交情报来源，和我们暗中联系，能够得到巴黎和谈的内容和其他信息”。

② 哈里·罗宾斯·“鲍勃”·霍尔德曼（Harry Robins “Bob” Haldeman，1926—1993），美国商人、政治副官，1926年10月27日出生于洛杉矶，“二战”期间曾加入海军后备役，1948年在加州洛杉矶大学获学士学位，毕业后进入智威汤逊广告公司，在洛杉矶和纽约两地工作长达20年，1962年成功策划经营尼克松竞选加州州长选战，并在尼克松1968年当选总统之后，成为白宫办公厅主任。霍尔德曼被认为是“水门事件”的主要当事人之一，为此于1973年4月30日宣布辞去白宫幕僚长一职，1975年1月1日因阴谋及妨碍司法公正罪名成立，被判处二年半至八年刑期，经上诉后减为一至四年，被看押在加州隆波克联邦监狱，在经过18个月服刑之后，于1978年12月20日假释出狱。同年出版《权力的目的》（*The Ends of Power*）一书，对水门内幕多有披露。霍尔德曼此后继续投身商界，在酒店、房地产和连锁店方面多有投资，1993年11月12日因肠癌复发，在家中不治，终年67岁——译者注。

够作为证据，证明约翰逊停止轰炸北越是为了帮助汉弗莱赢得大选[1]。尼克松等人认为这份材料就放在一个保险箱里，藏在布鲁金斯研究院，那里可是华盛顿的智库之一。尼克松在会上命令霍尔德曼用“偷窃”的方式去把文件弄到手。这便是日后被称作“水管工”的非法秘密搜查小组的肇始。这帮“堵漏人员”日后将一路“入室行窃”，直到偷进水门大厦的民主党竞选总部里去。“见他的鬼，给我进去，把文件拿出来！给我把保险箱炸了，把文件拿到手！”尼克松是这么指示的。

让我们好好看一看这极不光彩的一幕吧：堂堂一位美国总统与包括基辛格在内的几名高级顾问，就这样围坐在一起，讨论着应该如何要挟勒索一位前任总统，如何炸掉保险箱[2]。当然，我们这里写这些的目的重点在于基辛格透露出来他已经知道约翰逊停止轰炸北越，并非为了帮助汉弗莱，因为基辛格的话与他后来说的自相矛盾，他其实早就拿到了与巴黎谈判有关的秘密情报：

> 基辛格：我以前给过你情报……以前给过的……你还记得，我那个时候给过你情报，是和那件事情有关的，所以我现在没有……
>
> 尼克松：我懂你的意思。
>
> 基辛格：我是指把握时间的事情。

---

① 的确有一份秘密文件，里面包含了确凿的证据。这份文件是由约翰逊的顾问编写的，在尼克松胜选的时候被泄露出了白宫。肯·休斯认为尼克松之所以想得到这份文件，是因为里面写的内容其实和约翰逊背信弃义并没有关系（按照休斯的看法，约翰逊算准时间，停止轰炸，并非为了让汉弗莱捞好处），而是尼克松破坏和谈的罪证。1973 年 5 月 14 日，约翰逊去世后不久，约翰逊的国家安全顾问沃尔特·罗斯托（Walt Rostow）就把这份“停止轰炸”的文件寄存在了得克萨斯州奥斯丁的林登·约翰逊总统图书馆里。罗斯托还在文件中加了一份便笺，其中有一段是这么写的：“这份附件里面包含的内容都与陈香梅女士还有其他共和党人在 1968 年总统大选前夕的活动有关，这些内容都是我所知道的。而且，（我相信）这里面绝大部分内容也是约翰逊总统所知道的。”罗斯托希望能够让这份文件永久保密：“50 年之后，林登·约翰逊图书馆的馆长……也许，只有他一个人，能够打开这份文件……如果（届时）他认为这份文件里面的内容不应公之于众，作为研究材料，那么我希望他能够下令将这份文件继续封存 50 年，再按照上面提到的流程来做。”虽然，罗斯托有言在先，但约翰逊图书馆还是在 1994 年对文件进行了公开解密。水门窃听事件 40 周年之际，这一丑闻重新引起了人们的关注。不过，除了肯·休斯和新闻记者罗伯特·帕里，大部分学术界与新闻界人士都没有对这份文件的内容产生兴趣。

② 理查德·戈德温（Richard Goodwin）是约翰·F. 肯尼迪的演讲撰稿人。他把尼克松圈子里的那帮人，包括亨利·基辛格在内，形容为“一群罪犯官僚”。

尼克松：是吗？

基辛格：可是，据我所知，从来没有任何人谈过这个事，没有人说过我们会坚持到10月底。我没有参加这里的谈判。我只是看到了给哈里曼的指示。

基辛格口中的哈里曼就是埃弗里尔·哈里曼，也就是美国巴黎和谈代表团的领队。基辛格说这段话等于承认了他不单把情报透露给了尼克松的竞选班子，而且他还有办法得到具体的秘密谈判指令，也就是说，什么样的条件白宫愿意接受，让步的话能够让到什么程度，还有白宫为了引起敌对情绪，提出的最后期限到底到什么时候。

基辛格第二次不打自招显得更加直截了当，那是在1972年4月19日，差不多一年之后的事情。这一次是为了回复尼克松。尼克松当时认为北越的谈判态度应该会在1972年总统大选前的一段时间里软下来。尼克松之所以这样想，是因为北越1968年就是这么干的，他们当时在总统大选前与约翰逊的特使在巴黎达成了妥协。“北越那帮人对美国政治上的一些事情相当在意”，尼克松告诉基辛格。基辛格对此表示赞同：“我那年跟你说了一整个秋天，游戏就这么个玩法。”“只有这么十几个字，”历史学家杰弗瑞·P. 金鲍尔写道，“可就凭这十几个字基辛格就承认了他在1968年夏天给了‘你’情报——这个‘你’不单指尼克松的竞选团队，还包括尼克松本人——让后者知道在巴黎的外交努力迟早是要失败的。”

那些将基辛格视为传奇，极力为其辩护的人会说指责基辛格的人要么曲解、要么夸大了这些证据的意义：不管怎样，尼克松本来就会赢得大选；基辛格透露的情报并不十分具体；尼克松的竞选班子自有其他资源，所以即使没有基辛格参与，和谈破裂也是迟早要发生的事情；再说，南越不希望看到汉弗莱上台，即便没有尼克松推波助澜，也会自己改变主意，背弃和约。不管有意还是无意，这些借口都在模仿基辛格当年在本科论文中勾勒的对过去的看法。真相不是从“历史事实”中找到的，而是通过“构建”种种假说、反事实条件和推测得来的。

不过，基辛格的辩护者在某个方面并未说错。这倒不是说基辛格没有卷入尼克松大选之前的一系列阴谋，他的确参与其中。而是说如果将注意力过于集中在搜寻证据、给基辛格定罪之上，那么恐怕将会错过这一事件更为重要的意义所在，也就是说这件事情对于基辛格的仕途升迁产生了怎样的影响，是如何让基辛格瞅准机会，将自己的政治哲学付诸实践的。

基辛格早在四年前，就已经深入阐述了政治想象力的重要意义，他当时谈到了肯尼迪对古巴导弹危机的应对措施。“出色的外交策略之精华，”基辛格写道，“就在于能够未雨绸缪、当机立断。外交政策成功与否，取决于预判是否准确，而这样的预判在某种程度上得靠推测。”诚然，这里会有一个问题。那些单一民族的独立国家之所以取得成功，在于它们让自己的外交政策更加合理。这些国家创立了一整套外交服务制度，有外交礼仪、指导方针、明确的外交程序，制定出升职的等级标准，这些都由政府官员负责掌管，而官员又依靠专家来打点处理，这些专家对于各自专业领域的具体事务可谓了如指掌。这整个系统建立起来的目的就在于追求“安全”与“可靠”，为维持和重复现状服务。“倘若按照官僚体制的那一套去执行政策，就会凡事讲求可靠，这样就容易受到结果的束缚”。循规蹈矩会让人变得谨小慎微，谨小慎微又会使人无所作为，而无所作为的最终结果便是退化无用。衡量成功的标准“不在于实现了多少目标，而在于避免了多少错误”。

相形之下，伟大的政治家则不然。这些人才能真正做到与众不同，从来不会因为“预见到灾难性后果”就让自己变得束手束脚、犹犹豫豫。这些人机敏善变，靠着“不断创新，不断重新定义自己的目标”，做到长盛不衰。

这些话拿来形容1968年末的基辛格简直再好不过。这个时候的基辛格头脑机敏，身手敏捷，判断深邃，善于审时度势，把握时机。管他栽培了多少线人；管他在巴黎的咖啡馆里度过了多少个夜晚，跟那些年轻的记者低声耳语；又管他用街角的公用电话、操着一口德语，打了多少个电话，为基辛格大声辩护的人们说的也许都没错。就算基辛格有能耐拿到约翰逊关于和谈的指令，也不一定能够得到确凿无误的情报，知晓白宫作出的决定。他得逢场作戏，至少在某种程度上非得这么干；得去揣摩别人知道些什么；得去想象倘若别人也这样想，又会做些什么；得玩把戏，耍手段；得试探机会，还得一直装出一副镇定从容的样子。尼克松就亲口说过，基辛格透露给他的情报“含含糊糊，弄不清究竟”。即便如此，尼克松仍然对基辛格打掩护的天赋印象深刻：“我之所以认为基辛格靠得住，一个原因就在于他为了保护自己的秘密不被人发现，可以说费尽心机，什么都干得出来。”

哈佛大学秋季学期刚开始不久，基辛格便动身去了欧洲。他原本还在担心跑这一趟是浪费时间，自己像个傻子一样被人差遣着跑东跑西。基辛格一回来就冒了个人风险。倘若事情有变，他恐怕得和民主共和两党都吃不完兜着走。更加严重的话，还得面临指控，毕竟公民私自干预美国外交关系是违法的。“基辛格敢给我们透露情报，就证明他有本事，”理查德·埃伦对赫什说道，“把这样的情报透露给我们是需要一些胆量的。像他这样在国家安全上面搞名堂，其实是相当危险的。”

基辛格也许“预见到了灾难性后果”，可他把这些统统抛在一旁，操纵了一场代价高昂、难分难解的总统大选，把身边人的焦虑当作原材料，好让自己“重新创造”。基辛格在葡萄园岛暴露出内心软弱的那一刻，还在担心自己沦为“结果的囚徒”，可他不但没有，反而得成正果。其实，基辛格把握机会的能力不如创造机会那般厉害。尼克松赢得大选之后，他竭尽所能让尼克松保持对自己的关注，甚至不惜炮制谣言，说约翰逊虽然即将离任，可仍然策划在卸任之前把南越领导人阮文绍要么废掉，要么派人杀掉。基辛格接着巧妙安排，通过威廉·F. 巴克利[①]把这些口风传到了尼克松耳边。基辛格扬言要让这位新上任的总统明白“如果阮文绍落得和吴庭艳一样的下场（后者是阮之前的南越领导人，被政变推翻，随后遭到处决，那次政变得到了肯尼迪政府的暗中策划），那么全世界所有国家都会知道与美国为敌固然危险，但倘若和美国结盟则必死无疑”。历史学家斯蒂芬·安布罗斯对此评价道：“基辛格的所作所为其实是在投其所好，因为尼克松对于搞秘密活动、造谣生事、暗中串谋，和人打交道时拐弯抹角，这些事情乐此不疲，说什么‘美国必须与盟友坚定不移地站在一起’，其实一切都在这些冠冕堂皇的高尚口号遮掩下进行。

---

① 威廉·F. 巴克利（William Francis Buckley，1928—1985），美国陆军军官，中情局特工人员，1928 年 5 月 30 日出生在马萨诸塞州，1947 年高中毕业后即参军服役，朝鲜战争期间曾在第一骑兵师担任连长，回国后进入波士顿大学，获政治学学位，同期开始为中情局工作，1960 年作为特种部队军官赴越南进行军事指导，1965 年重新加入中情局特别行动处工作，70 年代先后在扎伊尔、柬埔寨、埃及和巴基斯坦等国从事军情活动，1983 年在美国驻贝鲁特大使馆担任中情局政治官员，翌年 3 月 16 日遭黎巴嫩真主党绑架，被囚禁折磨长达 15 个月，1985 年 10 月 4 日，以色列圣战者组织宣布他们处决了巴克利，但根据美国国家安全委员会的一份解密文件显示巴克利死于同年 6 月 3 日，死因为心脏病发——译者注。

基辛格嘴上头头是道，完全是在演戏。”

不错，基辛格想要给自己在尼克松的白宫班子里谋一个高位，可他即使野心再大，也没有料到自己冒着风险，换来的奖赏居然如此丰厚。志得意满的尼克松不仅让他当上了国家安全委员会的头儿，还亲授指令，要他重组国家安全委员会，把外交政策的决定权从国务院和国防部那帮人手里夺过来。

在此有必要暂且搁笔，按照时间顺序把上述内容一段一段地好好梳理一遍。之所以如此，是因为上面所说的一切让人看到了基辛格的发迹之路有多么一帆风顺，从当时心灰意冷，以为自己的职业生涯就此和美国政治的中间势力一道一蹶不起——从被施莱辛格教授弄得茫然不知头绪——到被任命为尼克松的国家安全顾问，基辛格爬升得竟然如此之快。

8 月 5—8 日，共和党大会。洛克菲勒败给尼克松，失去共和党提名。基辛格极度沮丧。

8 月 9 日，基辛格在接受纽约电台采访时声称对尼克松“深表怀疑”。几天之后又将尼克松称为“祸害”。

8 月 26—29 日，汉弗莱在芝加哥赢得民主党党内提名。基辛格在玛莎的葡萄园岛上，看到电视画面中民主党大会会场之外的抗议活动，深感失望，认为美国政治已经变得激进，自己再也找不到位置。

8 月末，就在民主党大会几天之后，基辛格提出将洛克菲勒手中对尼克松不利的文件送给汉弗莱，支持后者的选战。不过，这件事情基辛格从未兑现过。

9 月 10 日，基辛格致电埃伦，告诉后者自己要前往巴黎，提出如果拿到与和谈有关的情报，就交给后者。

9 月 17 日，基辛格乘坐“法兰西岛”号邮轮抵达欧洲。哈佛的秋季学年开学在即，基辛格原定教授两门课程：一门是本科的讲座课程“国家关系原则”，另一门是他带的研究生课程。

9 月 26 日，基辛格从巴黎回到剑桥，与约翰·米切尔通话，告诉后者“有大事将要发生”。

10 月，按照历史学家罗伯特·达勒克的看法，基辛格与尼克松的手下至少又进行过两次谈话，提醒对方有可能对北越停止轰炸。即便如此，基辛格仍然不忘诋毁尼克松，在10月中旬还把这位共和党候选人称为“偏执狂”。

10月31日，基辛格致电埃伦，说“我已经得到了一些重要情报”。12个小时之后，约翰逊停止对北越进行轰炸。

11月2日，南越总统阮文绍宣布南越不会按照华盛顿和河内谈妥的条件，参加巴黎和谈。

11月5日，尼克松击败汉弗莱。基辛格（大概在11月12日）安排将一份假情报透露给尼克松，告诉后者约翰逊在离任之前计划废黜或者暗杀阮文绍。

11月22日，尼克松将基辛格召至位于曼哈顿皮埃尔酒店的竞选总部。会议于三日后，即11月25日召开。与会者经过商议，认为必须重组国家安全委员会，集中权力，加强控制，由白宫来推行外交政策。

11月26日，基辛格被正式任命为国家安全顾问。

12月16日，基辛格在哈佛大学最后一次授课。

12月下旬，基辛格提交了一份计划，详尽阐述了如何重组国家安全委员会，要让重大的权力掌握在委员会及其领导人手中。

12月27日，尼克松批准了基辛格的提案。

此时距离尼克松宣誓就任美国总统还有一个月的时间，而基辛格俨然已经成了这个星球上最有权力的人。

时至今日，基辛格已经走过了相当漫长的一生，他首先是在为有史以来最强大的国家工作，接着退居幕后，享受着从未有人享受过的个人特权。基辛格拥有巨大的奢华、财富与名望。他甚至还因为结束一场战争而获得了诺贝尔和平奖。可是，也正是他从这场战争的一开始便积极谋划，让这场战争打得更久。基辛格既然有能力玩这样一场铤而走险的游戏，并且最终赢得如此成就；既然能够未被哈佛大学逐出校门，也没有遭人起诉，反而成为美国历史上最具权力的国家安全顾问，也就证明了他的理论是正确的，证明了一个人只要心怀梦想，就能够把握住历史变化的内在规律，将其玩弄于股掌之中，为己所用。

从这一刻开始，亨利·基辛格提出的每一项政策，管他物质上的也好，道德上的也好，他口口声声都是为了美国的长期战略目的利益着想，而这些政策也恰好成就了亨利·基辛格的个人发展。

第三章　基辛格笑了

哦，不，我们是不会停止轰炸的，绝对不会。

——亨利·基辛格

1969年1月20日，理查德·尼克松宣誓就任美国总统。一个月之后，也就是2月24日，亨利·基辛格带着他的军事随员亚历山大·黑格上校[①]与雷·西顿上

① 亚历山大·黑格（Alexander Meigs Haig，1924—2010），美国陆军上校、原国务卿、曾任总统国家安全事务副助理、欧洲盟军最高司令等职，1924年12月2日出生于宾西法尼亚州，大学起初就读于诺特丹大学，后转学进入美国军事学院，1947年毕业，1955年在哥伦比亚商学院获工商管理硕士学位，1961年又在乔治敦大学获国际关系硕士学位，早年曾跟随道格拉斯·麦克阿瑟将军赴日，朝鲜战争期间作为麦克阿瑟参谋长爱德华·阿尔蒙德的副官，参加了包括仁川登陆战与长津湖战役在内的多场著名战役，1962年至1964年在五角大楼任参谋官，后任陆军参谋长军事助理，1964年至1965年任国防部长罗伯特·麦克纳马拉的军事助理，1966年指挥陆军第一步兵师的一个营赴越作战，翌年荣获"服役优异十字勋章"，在越一年期间还荣获"飞行优异十字勋章"和"紫心勋章"，归国后于1969年被任命为国家安全事务总统助理基辛格的军事助理，至1972年一直担任安全顾问一职，1973年"水门事件"爆发后，接替辞职的霍尔德曼出任白宫办公厅主任，直至福特上任后于1974年9月卸任，同年接受任命，成为欧洲盟军最高司令，1979年以四星上将的身份光荣退役，1981年至1982年出任国务卿，是美国历史上继乔治·马歇尔之后第二位出身职业军人的国务卿，在任期间先后处理了里根遇刺、马岛战争等危机事件，1988年曾角逐共和党党内总统提名，未果，80与90年代曾参与成立咨询公司，担任电视节目主持人等活动，1992年出版回忆录《圈内人：美国是如何改变世界的》（*Inner Circles: How America Changed the World*），2010年2月20日在巴尔的摩因病去世——译者注。

校[①]会面，开始策划“菜单”行动。“菜单”是动用B—52轰炸机空袭柬埔寨的行动代号。此事必须绝对保密。尼克松之所以能够当选，就是因为承诺会结束战争，他因此深恐将战火烧至柬埔寨境内，让战争升级会引发公众强烈反对。此外，白宫还希望能够绕开国会，因为国会主要通过就具体军事行动划拨必要的资金款项来行使对武装部队的控制权。包括尼克松与基辛格在内的不少人担心国会很可能不会批准空袭柬埔寨的行动，柬埔寨毕竟是一个中立国家，美国并未与之交战。

基辛格、黑格与西顿三人想出了一个办法来掩人耳目，方法虽然简单，却对方方面面都进行了全面考量[②]。西顿根据从克莱顿·艾布拉姆斯将军那里得来的建议，首先要在柬埔寨选出几个目标，准备进行打击，接着会将这些目标带到白宫，供基辛格和黑格确认。基辛格凡事都要亲自插手，对西顿的工作进行一些修改。“我不知道他作这些变动的理由到底是什么。”西顿后来回忆道。“这个地区要打这里，”基辛格会告诉西顿，“那个地区要打那里。”一旦基辛格对建议的打击目标表

① 雷·西顿（Ray Benjamin Sitton，1923—2013），美国中将、特级飞行员、领航员，1923年11月6日出生于佐治亚州卡尔洪市，1941年中学毕业，翌年8月进入士兵预备队，1943年2月成为现役军人，在陆军航空队航空学员培训中获得飞行员双翼袖标，1943年12月获少尉军衔，“二战”期间曾任陆军航空兵飞行教官，1945年后赴西南太平洋战场，战后于1954年自马里兰大学本科毕业，专修军事学，同年被调往朝鲜，任空勤军官等职，1955年归国后历任多项职务，1963年调入战略空军司令部，1966年8月进入华盛顿的国家军事学院进修，翌年毕业，同年在乔治·华盛顿大学拿到硕士学位，专修国际事务，20世纪70年代进入参谋长联席会议，官至局长，1976年退役，2013年8月16日病逝，享年89岁——译者注。

② 美国国会和民众直到1973年才知道有这么一个“菜单”行动秘密轰炸柬埔寨。泄密者是一位名叫哈尔·奈特（Hal Knight）的少校，他写了一封信给参议员威廉·普罗克斯迈尔（William Proxmire），告诉后者自己1970年派驻南越边和空军基地时参与了这场骗局。国会调查人员和新闻记者当时找不到证据，把奈特在南越的所作所为，比如说烧毁文件，杜撰虚假报告等事情与白宫直接联系起来。比如说，艾布拉姆斯将军曾向参议院武装部队委员会提供了详细的证词，却坚称自己并不知晓是谁一手策划了骗局：“指令上面把这些事情一旦批准，该怎么处理，写得清清楚楚，这些指令全都发自华盛顿。”“是谁下的命令，伪造这些记录的?”一位参议员向艾布拉姆斯问道。“我真不知道。”艾布拉姆斯回答道。不过，待到基辛格卸任之后，西摩·赫什在1983年出版的《权力的代价》中指出西顿上校正是这丢失的环节。赫什虽然成功证明了基辛格就是这个所谓“双重汇报体制”的设计师，却鲜有后续报道。不过，我尽我所能，找来了一些材料，这些材料很长，都是西顿1984年亲口所述的历史，为绝大多数人所不知。西顿现在已经去世，他当时谈到了很多有关这场骗局的细节，也证明了赫什所言的真实性。“我当时吓了一跳，”西顿指的是文件泄密之后，他面对赫什的指认，说自己参与了密谋轰炸柬埔寨的事情，“我简直不敢相信他怎么能够弄到这些材料的。”赫什在轰炸的具体细节上有些地方没有说对，西顿说道：“不过这些差错并不那么重要。”“他（赫什）做了很多推测，以为自己很聪明，什么都能猜到，”西顿说道，“他猜得不错。”西顿对此也表示承认。

示认可，西顿就会通过秘密渠道把坐标发往西贡，由西贡方面的联络人将坐标传送给雷达站，会有军官作最后的安排。B—52轰炸机将改变航线，把南越境内那些“掩人耳目”的目标换掉，改成柬埔寨境内，将装上的炸弹投向真正的目标。轰炸结束之后，负责欺骗的军官会把所有文件，包括地图、计算机打印出来的各种资料、雷达报告、文电等，但凡可能暴露真正飞行路线的东西，统统付之一炬，接着会再写一份杜撰出来的“攻击效果”报告，表明飞机在南越的出击行动一切都在按照计划进行。如此一来，国会和五角大楼的管理者们手里拿到的就将是“伪造的目标坐标”和其他伪造的数据，这样就能够解释具体的开销，比如说用了多少燃料，扔了多少炸弹，损耗了多少零部件等，全然不用告诉别人真正遭到空袭的是柬埔寨。

西顿本人是一名专家，对B—52轰炸机了如指掌，在参谋长联席会议任职。他承认自己常常感到好奇，在思索自己绕开国防部的上级，在五角大楼最底层一间穹顶房间里设定轰炸目标，然后再偷偷摸摸地把这些目标送到基辛格的办公室，等待确认批准，自己这样做在这场影子指挥中到底在扮演什么样的角色：“我每次去白宫西翼地下室的路上，都会恍恍惚惚觉得自己一只脚陷在里面，拔不出来，有一种如履薄冰的感觉。”可是，每当西顿把自己的担忧向上级汇报时，得到的答复总是：“不管你在做什么，都继续干下去。现在看来已经开始起作用了。继续照之前的干下去。要是接到电话，要你去白宫，你就去，由不得你选。”

就这样，一场未经授权、掩人耳目的战争落到了一个中立国家的头上，这场战争的策源地在一间地下室，而策划者是总统亲自委任的，就在几个月之前这个人还是哈佛大学的一名教授。

至于为何尼克松与基辛格二人都觉得非要偷偷摸摸、不经授权就去打这样一场仗，去对一个一贫如洗的国家下手，要知道这个国家除了种稻米的农民，就只剩下了水牛，个中原因又是另外一个故事了。

理查德·尼克松希望对北越的路线能够强硬一点，以为这样做就能够迫使河内作出让步，不失颜面地结束这场冲突。早在11月大选之前，尼克松就已经和鲍勃·霍尔德曼通了气，说的话后来被人称作“狂人理论”。尼克松当时在比斯坎湾的海滩上散步，他告诉那位未来的国务卿，说自己希望让北越“明白我已经忍无可忍，为了停止这场战争，早就到了不惜一切代价，什么都干得出来的地步。我们把这些话放出去，让北越他们知道：‘天啊，你知道尼克松对共产党恨之入骨。他要是发起脾气来，我们可拉不住——他都已经把手放在核武器的按钮上了——这样不出两天工夫，胡志明就会亲自跑到巴黎来求和的’”。

要基辛格干这样的事情，他自然乐意。毕竟，“强硬”在基辛格的治国理念中是贯穿始终的主旨。他始终相信战争与外交二者不可分割，为了起到作用，外交家就必须做到不拘一格、恩威并施。事实上，狂人理论就是基辛格实干哲学的延伸——权力如果不去使用，就不称其为权力。之所以要采取行动，目的就在于要消除惰性，避免无所作为①。

尼克松宣誓就职是在 1 月 20 日。仅仅几天之后，基辛格便开口要求五角大楼告诉自己有哪些轰炸目标可选。他和尼克松两个人都希望对北越重新发动打击，可是考虑到国内民众支持约翰逊停止轰炸，这样的行动很难开展。另一个不错的选择是轰炸柬埔寨。尼克松和基辛格之所以下定决心，拿柬埔寨这样一个国家开刀，结果让这场空袭行动拖了整整四年，台面上的理由有两个。首先，尼克松当年在基辛格帮助下搞砸了的和谈有望重开。白宫希望展示一下决心，迫使河内作出让步。在白宫看来，只有河内让步，美国才有可能结束军事行动。

另外一个对外公开的空袭理由是为了破坏北越军队的补给线、供应站和基地，还有民族解放阵线（也就是南越境内共产党叛军越共）的指挥中心。这些指挥中心

---

① 放话出去，让人知道尼克松对共产主义恨之入骨；让人知道尼克松发作起来，人人都拉不住，这些都是有所行动的一种手段，都是绝佳的例子，让人明白语言哲学家约翰·奥斯丁（John L Austin）所说的“施事话语”到底是怎么回事。奥斯丁采用这个术语，意在表示我们说的绝大多数话并非为了代表一个客观的行为，因此无法用正确或者错误的标准来衡量。说的话本身就是一种行为。奥斯丁在 20 世纪 50 年代写下这些文字，只是为了辩驳“唯正误论的迷信”，并不牵涉任何有关道德与政治的评价。不过，奥斯丁在语言上的论述却在某种程度上成了知识界对战后实证主义的反应，背景要更加广阔，这一点与基辛格思考真理的相对性以及现实的形而上学有异曲同工之妙。事实上，奥斯丁强调“施事话语”总是“空洞或者空虚的”，恰到好处地反映了基辛格的“空虚”概念。而这一概念在基辛格的相对主义理论中居于中心位置。基辛格认为空虚会产生某种一致。从当年的本科论文，到最新的近著，他一直在强调面对危机时必须有所创新，做到出其不意，这其实也就是一种“施事话语”，要让对手明白他把目的当成一回事。不过，基辛格虽然大声疾呼不断创新，可是不管哪一次说到升级（为了树立威信也好，动用军事力量，支持外交姿态也好，加强决心也好，或者是为了避免无所作为，让人看到有所作为是可能的），不管是在东南亚，还是 20 世纪 60 年代，还是 30 年之后，他说的那些话都是大同小异的老一套。

据信就位于柬埔寨境内与越南交界的地方。美国其实早在1965年就把矛头对准了柬埔寨（还有老挝），不过当时的参谋长联席会议要求加快空袭进度，尤其是在1968年春节攻势之后，那场进攻让人看到了河内方面通过柬埔寨往南越境内调派部队与武器有多么方便迅速。可是，约翰逊早在1965年就已经让战争升级，所以才不愿在1968年让战争再度升级。要知道，到了1968年，约翰逊已经在想着该如何打退堂鼓了①。

尼克松其实也想脱身。不过，尼克松认为如果自己要想抓住一丝机会让这场战争实现“越南化”，也就是说打算撤走美军，增强南越军的自身实力，那么就必须把北越与民族解放阵线的后勤及通讯基础设施清除干净。尼克松宣誓就任后不久，河内与越共就在南越境内发动了攻势。尼克松和基辛格因此希望找个法子采取报复，这样既可以释放信号，又能够削弱对手，使之无法日后开展类似的军事行动。

“给我把北越打一顿，”这是空袭开始十天后基辛格对尼克松说的话，“然后要他们来找我们私下谈。”

尼克松和基辛格对柬埔寨的空袭于1969年3月18日正式开始。空袭与国内两大现象出现的轨迹几乎完全吻合：其一是基辛格在仕途上节节高升；其二便是美国

---

① 这是一场漫长且往往不为人知的战役，始于约翰逊执政时期，终于1973年。在这场战役中，在老挝和柬埔寨发动的这两场战争都包括了空袭轰炸和越境袭扰，可以被视为两条不同的战线。每一条战线都意味着大规模入侵（在柬埔寨，美军在1970年动用了地面部队；而在老挝，1971年不仅动用了南越军队，美军还提供了空中支援）。在这两场战争中，美军行动的主要目的在于破坏“胡志明小道”，破坏越共的指挥控制渠道。尼克松与基辛格不仅加大了对这两个国家的空袭力度（就轰炸频率和投弹数量而言），也扩大了空袭范围（就目标领土的范围而言）。不过，让尼克松与基辛格耿耿于怀的还是柬埔寨，因为从报道来看，柬埔寨不仅是民族解放阵线的大本营所在，也是北越向越南南部运送物资、调遣兵力的必经之路。

国民的政治共识在迅速瓦解[①]。

基辛格刚刚进入白宫之际，走到哪里都有人和他作对。这些人里头既有五角大楼的职业军官，也有牢牢把持着外交机构的行家里手，一个个把前景看得日渐悲观。基辛格自己圈子里的对手也不少，其中有些人是必须亲近拉拢的，好比雄心勃勃的亚历山大·黑格，有的基辛格则恨不得马上一脚踢开，莫顿·哈尔佩林[②]就是其一。除此之外，还有总统顾问团里的那帮人，比如说国防部的梅尔文·莱尔德[③]

---

① 从广义上来说，1969 年至 1973 年对柬埔寨展开的轰炸战役包括了两场军事行动，代号各有不同。第一场行动代号为“菜单”，始于 1969 年 3 月 18 日，于 1970 年 5 月告一段落。第二场军事行动代号为“自由交易”，起始时间为 1970 年 5 月至 1973 年 8 月。“菜单”行动是最为保密的阶段，全程都在欺骗流程下进行。这套欺骗程序由西顿、基辛格与黑格三人设计完成。“菜单”行动的绝大部分（并非全部）打击行动均发生在柬越边境一线，目的旨在摧毁北越部队与活跃在越南南部的共产党叛军的后勤与指挥控制渠道。正如我们随后所见，这场空袭行动起到的效果在于分散了北越部队及叛军的活动，使其深入柬埔寨境内，迫使美军深入作战，从而让柬埔寨陷入动荡。是“菜单”行动让这场危机加剧，而这场危机却被尼克松与基辛格用来作为理由，推动战争进一步升级，包括 1970 年春动用美军大规模入侵。在此次入侵失利之后，接着便发动了代号为“自由交易”的军事行动。“自由交易”行动包括（喷气式战斗机）战术攻击和（B—52 轰炸机）战略轰炸，打击范围更广，目标遍布柬埔寨全境，就连湄公河以西的人口密集区也包括在内。“菜单”行动从始至终对外秘而不宣，保密时间之长是尼克松那届政府任何人都没有想到的。虽然，一些国会人士，比如杰拉德·福特之前已经有所耳闻，但国会迟至 1973 年，在得到哈尔·奈特的秘报之后，才对“菜单”行动的部分内容有所了解。“自由交易”行动在严格意义上来说并不属于“秘密”。即便如此，其内容与程度仍然没有引起美国媒体的应有重视。媒体从政府那里得到的消息往往是误导和混乱的。例如，1970 年 7 月 1 日，尼克松就现身电视，发表讲话，声称美国向柬埔寨政府提供了小型武器和道义上的支持，但并未提供重要军事支援。尼克松没有说实话：华盛顿当时正为柬埔寨境内作战的部队提供直接空中支援。

② 莫顿·哈尔佩林（Morton Halperin，1938—　），外交政策专家，自由民权人士，本科毕业于哥伦比亚学院，获文学学士学位，后在耶鲁大学获国际关系博士学位，在哈佛大学国际事务中心工作时，曾于 1967 年出版《当代军事战略》（*Contemporary Military Strategy*）一书，为美军在越南南方展开大规模空袭进行辩护，林登·约翰逊任总统期间在国防部工作，尼克松入主白宫之后一度曾被基辛格招入国家安全委员会，但很快失宠于基辛格。哈尔佩林是艾尔斯伯格的密友，“国防部文件”事发后一度被当作怀疑对象，受到牵连，其电话遭到窃听，并在 1973 年审理艾尔斯伯格时得以披露，哈尔佩林为此将尼克松告上法庭，1977 年获得一美元象征性赔偿。克林顿担任总统期间，哈尔佩林重新得到重用，担任国防部长顾问，总统特别顾问等多项职务，现为索罗斯创立的“开发社会基金会”资深顾问——译者注。

③ 梅尔文·莱尔德（Melvin Laird，1922—　），政治家、作家，出生在内布拉斯加州，在威斯康星州长大并读的高中，23 岁便子承父业，担任威斯康星州议员，1969 年至 1973 年在尼克松手下出任国防部长，在越南撤军问题上起到重要作用，“越南化”（“Vitenamization”）一词正是由其发明——译者注。

和国务院的威廉·罗杰斯[①]。这些人一旦意识到基辛格操纵国家安全委员会会带来怎样的威胁，就会立马想办法把他给除掉。

国家安全委员会（简称“国安会”）成立于1947年哈里·杜鲁门担任总统期间，当时只是作为一个咨询机构，作用与经济顾问委员会大体相仿，后者成立于1946年，负责就物价、就业、金融政策等提供参考意见与建议。国安会旨在向总统提供一切与国家安全事务有关的建议，并且促进国务院与国防部这些权力机关之间彼此合作。国安会草创伊始之初衷并非成为一个决策机构，更勿论作为决策执行机构了。然而，随着冷战大幕的拉开，国安会历经艾森豪威尔、肯尼迪与约翰逊三任总统治下，独立性与决定权与日俱增。不过，让国安会发生质变的依旧当数基辛格。正是在他的领导下，国安会成了战后总统权力至高无上最为显著的代表（直至因越战失败和水门事件元气大伤，之后按照新的政策整顿重组，此为后话）。

基辛格治下的国安会成了美国外交政策的中心枢纽：庞大官僚机构炮制出来的信息资料，诸如备忘文书、国家报告、使馆电报、决策文件等，可谓浩如烟海。现在，这些资料都要首先经过基辛格的办公室，在那里经过检查、筛选、重新打包，然后再送到总统办公室。马尔文与伯纳德·卡尔布兄弟二人把基辛格的这个指挥中心形象地比喻为“亨利的神奇机器”，这台机器几乎成了“知识就是权力”这条至理名言的形象化身。“既然基辛格控制了这个体制，那么他就控制了决策的过程，”卡尔布兄弟写道，“所有人都得向基辛格汇报，而只有基辛格一个人需要向总统汇报。”基辛格的国安会成了“唯一的场所，对最高级别的国家大计进行审核，予以定夺，如此一来便将政策执行权几乎完全集中在白宫之内”。可是，即便这样的文字也无法尽述基辛格在重组国安会上取得的丰功伟绩。在尼克松的手下，基辛格不单将“政策的执行权掌握于股掌之中”，还能够让政策付诸实践。基辛格不单策划、实施了对柬埔寨的秘密轰炸，还组织了好几项其他秘密行动，其中包括军火交易

---

① 威廉·罗杰斯（William Pierce Rogers，1913—2001），美国政治家，早年曾是一名律师，1953年被艾森豪威尔招至帐下，担任助理司法部长，1957年至1961年任司法部长，艾森豪威尔任内与时任副总统尼克松过从甚密，尼克松就任总统之后于1969年至1973年间出任国务卿，在任期间曾提出“罗杰斯计划”，促成巴以停火，1973年10月15日荣膺“总统自由勋章”，1986年1月28日“挑战者号”事故发生后组织成立“罗杰斯委员会”，负责调查事故原因，2001年1月2日因心力衰竭去世，葬于阿灵顿国家公墓——译者注。

（由此为“伊朗门”事件埋下了伏笔），对他国政府实施颠覆活动，以及出访越南、柏林、中国和苏联，展开秘密外交。

不过，尼克松此人生性多疑，反复无常。尼克松其实早在1968年12月就已经批准了基辛格的计划，重组国安会。可是，基辛格担心总统先生出尔反尔。尼克松不管是与自己的下属职员、顾问团成员，或是其他高级官员，甚至包括那些希望好好管教管教基辛格的，一般都不会发生正面冲突。基辛格因此得时时提防，小心守住自己的地盘。

对基辛格来说，轰炸柬埔寨可不只是为了让河内乖乖听话，此举对于这场权力斗争而言既是手段，又是目的。“基辛格的主要权力来源，”尼克松的演讲撰稿人威廉·赛菲尔①在有关自己白宫岁月的回忆录中写道，“就在于他和总统之间琴瑟相合的关系，二人总能在与自身利益最为密切相关的问题上达成一致。”对尼克松来说，柬埔寨就是这样一个问题，被其视为关键，既可以赢得对北越的优势，又能赢得连任（此为后话）。反观基辛格，按照马尔文和伯纳德·卡尔布兄弟二人所述，则“几乎本能地意识到只有让自己与总统以及总统的政策步调一致、密不可分，才能够掌控这套政府班子，从而重整美国外交”。

国务院的罗杰斯对于将战争升级、进攻柬埔寨的主意表示反对。国防部的莱尔德尽管表示赞成，却认为既然要做，就要放到台面上来做，通过常规指挥渠道，合法公开地做。二人意见相左，给了基辛格机会，抢占高位，堂而皇之地提出自己的立场。他就是要轰炸柬埔寨，就是要狠狠地炸，炸到对手受不了为止。不仅如此，他还要轰炸行动在绝对无人知晓的情况下秘密进行，让人从纸面上完全找不到蛛丝马迹。基辛格迎难而上，要利用这个烫手的山芋让白宫，尤其是鲍勃·霍尔德曼和

---

① 威廉·赛菲尔（William Lewis Safire，1929—2009），著名专栏作家、新闻记者、政治评论家、美国总统演说词撰稿人，1929年12月17日出生于纽约的一个犹太人家庭，早年做过广播和电视制片人，当过随军记者，1973年进入《纽约时报》，成为一名政治专栏作家，很快成为尼克松主导的窃听对象，为求自保，只能专注于就国内事务发表评论，1978年荣获“普利策奖”。赛菲尔除了是一名政治评论员外，还自1979年开始在《纽约时报》创立专栏“论语言”（“On Language”），数十年笔耕不辍，直至去世前几个月仍在为专栏撰稿。赛菲尔身为一名犹太人，终其一生都坚决支持以色列，2008年曾接受小布什总统委派，随总统亲赴耶路撒冷，参加以色列建国60周年纪念，2009年9月27日因胰腺癌病逝于马里兰州，享年79岁——译者注。

约翰·埃里希曼[①]这两个尼克松幕僚中态度强硬的“武夫”，还有五角大楼的那帮好战分子好好见识见识，只有他基辛格才是“鹰派中的鹰派”。

对基辛格来说，轰炸柬埔寨与老挝的行动在绝密状态下进行，可谓对其本人大有好处，这样就能制造出一种互不信任的气氛，让他伺机打击对手。在国安会内部，亚历山大·黑格上校作为基辛格的最高军事助理，为了赢得基辛格的宠幸，一直在和平民出身的莫顿·哈尔佩林明争暗斗。基辛格巧妙利用二人内斗，为己所用，好让自己脱颖而出，吸引尼克松的注意力——尼克松喜欢走强硬路线的黑格，对哈尔佩林并不信任。后者有太多情报和专业知识，在尼克松看来是失败主义的代表。基辛格深知倘若支持哈尔佩林，用他自己的话来说，将会给自己贴上“孬种”的“标签”，于是便像西摩·赫什笔下所写的那样，开始“躲在背后”，“臭骂”哈尔佩林。

到了1969年秋天，哈尔佩林已经卷铺盖走人，基辛格也将很快对国安会展开大清洗，把凡是尼克松看不顺眼的人给统统清理出去[②]。这帮人不招尼克松喜欢的原因各种各样，不过几乎全都多多少少要么太过软弱，要么过于悲观，要么缺乏热

① 约翰·埃里希曼（John Ehrlichman，1925—1999），尼克松任总统期间主管国内事务的总统助理、政治顾问，1925年3月20日出生于华盛顿塔科马，“二战”期间曾经在第八航空队服役，荣获“飞行优异十字勋章”，1948年本科毕业于加州洛杉矶大学，获历史学学位，1951年自斯坦福法学院毕业后在西雅图当律师，1960年辅佐尼克松竞选总统，就此步入政坛，1968年总统大选时为尼克松担任政治顾问，尼克松胜选后就任白宫顾问，后成为主管国内事务的首席总统顾问。埃里希曼是“水门丑闻”的关键人物之一，是他组织成立了“水管工”，专门进行窃听监听，秘密搜查等非法活动，“水门丑闻”败露之后，受到审判，被判处同谋、妨碍司法公正、伪证等多项罪名，获刑入狱18个月，并被终身禁止从事法律行业。埃里希曼出狱后换过不少工作，写过书，还上过电视，1999年2月14日因糖尿病并发症病逝于亚特兰大——译者注。

② 哈尔佩林是头一轮非法窃听的首批目标之一。这场窃听行动旨在让轰炸柬埔寨的行动保持绝对机密。《纽约时报》1969年5月刊登了一篇文章，似乎隐约提到了轰炸的事情（不过，这篇报道并未让这场行动就此进一步曝光）。基辛格在此事发生之后，认为哈尔佩林很有可能就是内鬼，向写这篇报道的记者走漏了风声，于是唆使尼克松找人对哈尔佩林进行监听。从联邦调查局局长埃德加·胡佛（Edgar Hoover）5月9日与基辛格电话通话记录的备忘录来看，基辛格“希望我竭尽全力，一直追查下去。不管这个人是谁，也不管躲在哪里，都要把他干掉”。基辛格是否真的相信对哈尔佩林住宅电话进行监听，就能够提供罪证，这一点尚且存疑。不过，他对窃听行为表示支持，不仅针对哈尔佩林，还包括其他政府官员和新闻记者，因为窃听本身就有价值。这样做能够让基辛格得到另外一个机会，让白宫好好看看“他是值得信任的”。像这样的非法行动日后还会有不少，窃听哈尔佩林只是开了个头而已，这一桩接一桩的丑事将把尼克松送上身败名裂的不归路。

情，要么就是把美国在东南亚的前景看得太透。随着局势日渐明朗，对柬埔寨的空袭行动根本就不会达到预期的效果，既没法逼迫北越作出让步，也无力大幅削弱敌人的作战能力，狂人理论也就成了自己演给自己看的一场把戏，目的并不在于让河内或者西贡信服，而是让华盛顿相信自己除了投降之外还有第二条路可走。据某位负责提供后勤支持的将军所言，轰炸柬埔寨对于像尼克松这样的人来说是“绝不容亵渎的”。像他这样的人拒绝承认根本无法结束战争，挽救西贡。柬埔寨只是一场考验，看你有没有二心。而基辛格过关了。

“这是命令，是命令就要去做，”基辛格后来跟黑格说这番话，指的是尼克松下的另外一项命令，对柬埔寨展开大规模空袭轰炸，“把能飞的都给我派出去，会动的都给我炸掉。”

轰炸柬埔寨让基辛格感到特别来神。首轮空袭于 3 月 18 日展开。哈尔佩林回忆当时正在和基辛格谈话，黑格拿着个便条，突然进来。便条上写着空袭取得了成功。基辛格笑了。基辛格随后带着这个好消息，去了总统办公室。“那是具有历史意义的一天……K 的确很兴奋……他拿到报告的时候一脸的喜悦。”霍尔德曼在日记中如是写道。

基辛格对于轰炸行动可谓事无巨细，凡事都要亲自过问。他会对一干将军们指手画脚，把地图摊开在桌上，亲自挑选自己心仪的轰炸目标。西摩·赫什写道：“那些军事将领每每呈上建议轰炸的目标名单，基辛格总会对计划进行重新修改，也许会把十几架飞机从这个地方调到那个地方，有时还会把空袭的时间也给改了。”基辛格看起来对这种“当投弹手”的游戏特别来劲。（这种快乐可不止限于柬埔寨，按照伍德沃德和伯恩斯坦[①]的说法，等到对北越的轰炸好不容易重新开始，基辛格甚至“对弹孔大小都表示出浓厚兴趣”）。“基辛格不仅对空袭行动进行严格筛选审查，”据某位将军回忆，“甚至会拿着原始情报好好研究一番。”有一份原始情报表明目标 704 地区住着“数量相当可观”的柬埔寨平民。B—52 轰炸机至少在 704 地区上空执行了 247 次轰炸任务。1973 年披露的一份五角大楼报告声称“1969 和

① 罗伯特·鲍勃·伍德沃德（Robert Bob Woodward，1943—　）与卡尔·伯恩斯坦（Carl Bernstein，1944—　），二人都是新闻记者、作家，20 世纪 70 年代同在《华盛顿邮报》工作，联手发掘出大量资料，对水门丑闻进行了大量第一手独家报道——译者注。

1970 两年期间对柬埔寨总共开展轰炸 3875 次，每一次空袭都得到了亨利·A. 基辛格的批准，经过基辛格亲自过目的还包括如何让这些空袭行动不被报界知晓披露”。

“这些轰炸行动并未如预期的那样，给谈判对手带来心理压力，”历史学家琼·霍夫写道，“轰炸并未摧毁民族解放阵线的司令部。”这场战役不仅未能实现公开宣布的两个目标，更加糟糕的是还成为诱因，导致战争愈演愈烈，难以收场。

截至 1970 年 3 月，长达一年的轰炸已经使柬埔寨的中立态势不复存在。轰炸引发的军事政变推翻了柬埔寨领导人西哈努克亲王。这场政变很可能是在得到基辛格与黑格首肯的情况下进行的①。柬埔寨将军朗诺废黜了西哈努克，精神十足地加入美军，共同作战。金边新政权不仅从华盛顿那里得到了 T—28 反叛乱攻击机，还和五角大楼的秘密作战人员保持紧密联系，把农村地区破坏得满目疮痍。也就是说，除了美国 B—52 轰炸机的狂轰滥炸之外，朗诺平叛力度日渐加大，同样使叛乱进一步扩散。按照美国大使馆某位文职官员的说法，叛军已经结成了一个广泛的“反法西斯”联盟，不仅包括“非共党分子”“西哈努克的支持者”，还有“红色高棉”。

距离朗诺发动政变才过去刚刚几个星期，人们（至少华盛顿方面如此）就已经很难找出理由来反对发动地面进攻，让战事升级。基辛格于 1970 年 4 月 22 日就入侵柬埔寨一事向总统和国家安全委员会阐述了自己的理由：越南战争在柬埔寨境内的扩散意味着越共的“庇护所”范围进一步扩大，进而“威胁越南化计划的实施，恐延缓美国从越南撤军的步伐”。有一份报告对基辛格的意见表示认同，写道：“基辛格的陈述极其详尽，与会者没有一个人对其阐述的事实或者推断表示怀疑。所有人似乎都达成了某种共识：为了保护在南越美国人的生命安全，美国应该采取某种

---

① 按照美国驻柬埔寨大使馆某位官员的说法，基辛格对西哈努克保持“中立”抱有一种极端的“个人恶意”。正是基辛格的军事助理黑格在政变背后推波助澜。国务院老挝与柬埔寨事务主管干事马克·普拉特（Mark Pratt）在报告中声称是黑格（通过越南军援司令部）赶走了西哈努克，扶植朗诺上的台：“越南军援司令部在华盛顿这边和朗诺讨价还价，要后者废黜西哈努克。”趁着西哈努克当时正在飞机上，飞往中国，“越南军援司令部迅速采取行动，朗诺接管了政局”。普拉特强调指出黑格之所以希望朗诺上台，是因为朗诺出身行伍，“美国军方一直都希望找一个‘自己人’……军方的确偏好具有军人思维方式的人，这一点当然恰恰是黑格认为朗诺所具备的”。

军事行动，阻止共产党在柬埔寨取得胜利。”为了防止战争进一步降级，就必须让战争升级。尼克松正是考虑到这一点才下令对柬埔寨发动地面进攻。可是，地面进攻不仅完全没有实现目标，“清除”叛军的藏身之地，反而把叛军逼得更加深入柬埔寨境内，让柬埔寨社会陷入更大的分裂之中。

美国扩大战事，从而导致军事政变的发生；政变进而引发军事入侵行动；而政变与军事入侵反过来又让叛军更进一步扩大势力，轰炸也随之升级。B—52 的轰炸目标已经不再限于北越和越共，不再局限在柬埔寨与南越交界的那一小块儿狭长地带。在接下来的两年里，轰炸空袭的范围几乎扩散至柬埔寨全境，在把目标对准飞速壮大的反叛力量的同时也彻底毁了这个国家。

距离尼克松宣布辞职已经过去了整整 40 年。尼克松之所以辞职，是因为他卷入了水门窃听事件。这一事件几乎被人们视为纯粹的国内事务。然而，与其他政策相比，正是柬埔寨——不管是 1969—1970 年间的秘密轰炸（这一行动在白宫内造成了一种受困心态），还是 1970 年春开始的入侵行动（由此引发的反战运动迫使尼克松采取措施来压制反对之声）——牵扯出来的一系列事件导致了尼克松日后下台。美国国内的民意裂痕在此之前就已经产生，那个时候台上坐着的还是约翰逊。用基辛格的话来说，尼克松入主白宫之际，“接手的是一个近乎内战的烂摊子”。基辛格此番话的意思虽然是指“权势集团”对这位新任总统缺乏信任，却为我们提供了一幅生动的场景，让我们看到了这个国家当时的社会面貌。而尼克松和基辛格二人的所作所为则把这场危机提升到了一个新的高度。

如果说尼克松入主白宫时，感觉自己仿若置身内战之中，那么发生在肯特州立大学与杰克逊州立大学的枪杀学生事件对他而言则堪比“维克斯堡的失守”①。参议院水门事件调查报告的结论是这样写的：“将印度支那战争扩大至柬埔寨境内，加上在肯特州立大学和杰克逊州立大学枪杀学生，让白宫进一步加大力度，扩大了

① “维克斯堡的失守”(Fall of Vicksburg)，维克斯堡地处美国密西西比州西部，港市，毗邻密西西比河，南北战争期间为南部邦联军战略要地，是关系南部物资运输的生命补给线。1862 年 11 月，联邦军将领格兰特率部展开维克斯堡战役。此役历时九个月，至 1863 年 7 月方告结束，联邦军最终成功占领维克斯堡，南部邦联被一分为二，南军从此失去了从西部地区获得粮食补给的重要途径，陷入东西不能相接的困境。维克斯堡战役也因此成为美国南北战争的转折点——译者注。

国内监听的范围，正是这些罪行导致了尼克松的下台。”霍尔德曼写道：“肯特州立大学惨案对尼克松而言是一个转折点，是他走下坡路，滑向水门的开始。”

不同的声音在国安会内部能够感受得到。威廉·沃茨是基辛格的下属，之前当过洛克菲勒的助理，拒绝参与为1970年春入侵柬埔寨的行动制订计划（因为这是一个中立国家）。基辛格为此大发雷霆：“你的那些意见说明你是东部权势集团的懦夫。”待到沃茨大声质问基辛格，基辛格却躲到了自己的书桌后面。沃茨最终辞职走人。基辛格还对手下另外一位持有异议的工作人员安东尼·雷克发飙，骂雷克“不是男人”。雷克后来也辞了职。

历史学家小阿瑟·施莱辛格是东部权势集团的一位优秀楷模，曾在肯尼迪政府任职，当时对美国进一步介入东南亚事务表示支持，可到了1970年已经成了一名温和的反战批评人士。下面是施莱辛格1970年5月6日日记中的一段，文中美国政治集团与知识精英的绝望之情一目了然：

> 上个星期，尼克松决定入侵柬埔寨。他的越南化政策显然已经失败，尼克松接受的这个计划参谋长联席会议围着华盛顿那班人已经闹腾了好几年，这个计划就连约翰逊都不敢答应——说到这一点，约翰逊倒是值得表扬。尼克松随后去了五角大楼，把抗议示威的学生骂成是“废物”。如果堂堂美国总统都是这种腔调，那么我想俄亥俄州的国民警卫队不分青红皂白地开枪杀人，人们也大可不必感到过于惊讶……人们的反应体现出了忧郁和愤怒——这种愤怒源于自己觉得自己无能为力……我们能跟今天的年轻人讲些什么？要他们等到1973年吗？天知道等到那个时候，还有多少美国人和越南人就算现在还活着，到时已经死了？

在此有必要指出的是施莱辛格之所以感到失望，他所担心的“只是”派遣地面部队进攻柬埔寨而已。施莱辛格和绝大多数人一样，还不知道尼克松和基辛格已经把柬埔寨这个国家偷偷摸摸地炸了一年多（这两个人还将继续这么炸下去，再炸上个三年有余）。

这场“内战”不断升级，已然失控。“互不信任的裂痕”已经扩大成为一条鸿沟。人们的异议催生出新的手段，来对付这些不同的声音。轰炸柬埔寨的行动让白宫失信于民，成了一个火药桶，一触即燃。1970年4月30日，尼克松公开宣布派遣地面部队，入侵柬埔寨。他在电视上的讲话前后矛盾，毫无头绪，显得目空一切，狂妄无礼，最终引燃了这个火药桶。示威游行席卷全国各地，首都华盛顿成了一座“兵营”。5月4日，肯特州立大学枪击事件发生。紧接着5月15日杰克逊州立大学事发。猜忌衍生出更多猜忌，犯罪引发更多犯罪。基辛格参与了这场早期谋划，不仅对自己的同事密友展开电话窃听，派人进行监视，还开会密谋策划。这个国家的最高官员不仅在会上公然诋毁持有异议的反战精英，污蔑他们扰乱视听，是叛国分子，还大言不惭地谈论该如何炸掉保险箱，动用准军事人员，进行“非法秘密搜查”行动。

轰炸仍在继续，一直持续到1973年8月。此时的柬埔寨和老挝已经满目疮痍，南越在劫难逃。基辛格的声望却与日俱增。即便到了这个关头，为时已晚，他仍然在利用柬埔寨做筹码，和国务卿威廉·罗杰斯继续斗下去。后者从来没有退让过半步，认为就这样偷偷摸摸地毁掉一个中立国家会有半点儿好处。基辛格以辞职相要挟，扬言倘若尼克松不把罗杰斯赶走，把国务院让给他，自己就走人不干。尼克松在犹豫。他在1972年11月赢得压倒性胜利、连任成功之后就已经在打算把基辛格从身边给弄走。“让他回哈佛去。”这是尼克松对手下某人说的话。

是亚历山大·黑格说服尼克松，让基辛格留下来，把国务院让给基辛格的。虽然，黑格和基辛格一直在较劲，可这么多年来参与策划这场不可告人的秘密战争，二人早已结成纽带，联系紧密[①]。罗杰斯最终在8月16日辞了职。就在前一天，炸弹终于不再落在柬埔寨人的头上。几天之后，尼克松宣布消息，任命基辛格出任国务卿。

---

① 历史学家道格拉斯·布林克利（Douglas Brinkley）在2007年曾经采访过黑格。布林克利问道：“你把亨利·基辛格称为天才，每次提到基辛格就显得很来神。是什么让你觉得亨利·基辛格有这样……”黑格：“我想你不会是在认为我和基辛格之间有什么事情吧。”布林克利：“我不清楚。有什么，你有什么……你和基辛格之间有什么联系？如果你是莱尔德和罗杰斯的中间人，那么你当时和基辛格的关系会是个什么样子？”黑格：“我和基辛格的关系很好。我们在外交政策上很少有分歧。我想我们虽然路线不一样，但能够得出共同的结论。不过，我俩都觉得自己在外交事务上还要有更多的热情。”

轰炸柬埔寨的行动就其构想本身而言就是违反法律的，在执行过程中遮遮掩掩，试图掩人耳目，最终导致的结局是滥杀无辜，生灵涂炭。这场轰炸行动令柬埔寨原本脆弱不堪的中立态势荡然无存。战争虽然就在隔壁打，可柬埔寨的领导人已经下了不少功夫，才能保持这种脆弱的中立态势。轰炸柬埔寨让华盛顿一头扎进了战争升级的游戏当中，1970 年甚至悍然入侵，加速了柬埔寨社会的崩溃。非但如此，这场轰炸行动并未达到对外宣称的两个目标。河内在面对基辛格最重要的要求，即北越从越南南部撤军这一点上从未作过让步。北越在越南南部开展军事行动的能力也没有遭到严重破坏。难道基辛格真的认为这些目标是现实可行的吗？证据表明基辛格应该不会有这样的想法，因为他早在 1965 年就得出结论：这是一场毫无胜算的战争。就某种程度而言，这本身就是一个离题的问题，因为基辛格对柬埔寨的关注过于强烈。这种关注太过强烈，让人隐约觉得这场轰炸已经超出了原本的合理范围，形成了一股无法逆转的势头，或者说有了自己的“宇宙节奏”。

早在 20 世纪五六十年代，那个时候的基辛格还是一名学者，一位国防知识分子。他的那一套循环推理（避免无所作为是为了让人看到有所作为是可能的；美国权力的目的就在于创造属于美国的目的）和道德相对论（一个人把什么当成目的，又把什么当成手段，主要取决于这个人意识体系的形而上学）常常让他提出的建议反倒成了自己一直以来都在时时告诫，需要提防的：为了权力而去获得权力。现在，基辛格有了公职，位居官位，又在重复自己的谬误：我们必须让战争升级，这样才能证明我们并非懦弱无能，我们越被证明无能，就越要让战争升级。基辛格让尼克松的狂人理论从做做样子，也就是说某种故作疯癫的姿态，变成了一场实实在在、道德沦丧的荒唐之举：毁掉了两个保持中立的国家。

轰炸柬埔寨——还有轰炸老挝，理由基本上如出一辙——得到的是一个人的唯一授权，这个人叫作尼克松；而这场行动同时得到了另一个人的怂恿与建议，这个人叫作基辛格。这场轰炸堪称美国历史上最惨无人道、令人发指的军事行动之一。某项研究表明，美国对上述两个国家（还包括越南）总共投下了 79 万枚集束炸弹，发射的榴霰弹差不多将近 100 万发——这些炸弹里面要么装着小钢珠，要么就是飞镖，上有倒刺，如剃刀一般，极其锋利。在柬埔寨和老挝两国投下的炸弹数量要超过“二战”期间在德国和日本的投弹量总和。至于柬埔寨，本·柯尔南与泰勒·欧文为我们提供了一份具体数据。二人在书中写道："毫无疑问，仅在1969至1973年间，美国就在柬埔寨投下了超过50万吨炸弹。不仅如此，这一数据还不包括南越共和国在柬埔寨的投弹吨位数，南越空军得到了美国支持，在1970与1971年也出动执行了多次轰炸行动。"在老挝投下的炸弹数量要更加惊人：平均下来，美军飞行员每隔八分钟就要出动一次，要向平均每一个老挝人头上扔上一吨炸弹，在总共60万架次的空袭行动中投下了总计250万吨的弹药。"美国之音"对此评论道："老挝成了历史上遭受空袭最为惨重的国家。"

造成毁灭的不仅仅只有炸弹。落叶剂等化学武器同样带来了巨大的灾难。1969年4月18日至5月2日，美军在短短两周之内投下的橙色剂造成的破坏难以估量。安德鲁·威尔斯—邓（Andrew Wells－Dang）长期参与东南亚地区的援助活动，对此写道："美国政府与独立调查小组均已证实，遭到化学物品喷洒的地区面积达到173000英亩[①]（占磅湛省面积的7%），其中24700英亩污染严重。受污染的橡胶园占柬埔寨橡胶园总面积的三分之一，意味着这个国家要蒙受12%左右的出口收入损失。"华盛顿当时同意为此支付1200万美金作为赔偿，但基辛格试图将这笔赔款延期，推到1972财年去，这样在付钱的时候就不需要提出特别要求，也就不必担心暴露美国越境入侵的行径。"我们应该尽一切努力，"基辛格写道，"避免提出特别预算要求，给这件事情拨款。"[②]

克莱顿·艾布拉姆斯是驻越美军司令，他曾在参议院就轰炸柬埔寨一事举行的听证会上作证，声称"空袭的主要限制在于平民"。事实并非如此。根据耶鲁大学历史学教授柯尔南的调查，"从1969至1973年，美军对柬埔寨全境展开空袭轰炸，造成超过10万柬埔寨平民丧生"。老挝被炸死的人数要少一些。之所以如此，只不过因为这个国家的人口没有那么密集。据估计约有3万老挝人死于这场战争。可是，谁又能说得准呢。尼克松在1972年曾经问过："我们在老挝到底杀了多少人？"白宫新闻秘书罗恩·齐格勒猜测道："没准有一万，要不有一万五千人？"基辛格表

---

① 英亩（acre），面积单位，一英亩相当于0.0047平方公里——译者注。

② 国务院的监察员业已查明脱叶现象是"由于有意直接飞越橡胶种植园而导致的"。包括参议员弗兰克·切奇在内的独立调查官与美国当局进行过磋商，他们的结论暗示中情局之所以将目标对准种植园，目的在于颠覆西哈努克政府。

示认同："老挝那一块，我们杀了差不多一万，或者一万五千人吧。"①

尼克松和基辛格说这些话的时候，这些罪行正在上演。美国的绝大多数炸弹都是基辛格在任期间投下的。这些炸弹里头差不多至少有30%没有引爆。据估计，在老挝差不多有8000万枚集束炸弹尚未引爆，就隐藏在薄薄的一层土壤下面，里面装着的全是小钢珠。除了直接死于轰炸的大约3万老挝人，这些爆炸装置每年还将夺走成百上千人的生命，死亡总人数在2009年达到2万人。还有更多人被炸弹炸伤致残。柬埔寨情况同样如此，那些尚未引爆的炸弹仍然在作恶杀人。

有一些地方属于特别打击目标，这些地方土壤肥沃，却难以通行。然而，老挝人与柬埔寨人生活困苦，极端贫穷，不种田，意味着只能等死。因此，不少人的犁耙常常会触碰到那些炸弹，对这些人来说，种田同样意味着死亡。2007年，老挝农民波万迪（Por Vandee）带着妻子和三个儿子在田里犁地，一个孩子的锄头不小心碰到了一枚尚未爆炸的炸弹。万迪被爆炸冲击波震得不省人事，醒来之后才知道自己的两个孩子被炸死，还有一个头部受伤。还有不少人在把炸弹收来，当作废铁卖钱的时候被炸死炸伤。

"老挝有些地方可以说没有哪一寸土地没有炸弹留下。老挝全国没有一个地方

① 正如人们所料，究竟有多少柬埔寨人在1969年至1973年间的轰炸行动中丧生，要想得出一个确切的数字是极其困难的（基辛格近来声称巴拉克·奥巴马执政期间利用无人机发动空中打击，造成的平民伤亡数目要远远高于空袭柬埔寨。"如果做一个老老实实的估计，"基辛格说道，"那么在柬埔寨的平民伤亡人数要少于无人机攻击的伤亡人数。"）柯尔南与泰勒·欧文一道，通过大量文件研究与实地调查才得出了这些统计数据。柯尔南还将研究重点放在了对柬埔寨人口密集区的轰炸上，这些地区在1970年至1973年间遭到的轰炸程度之甚、范围之广，令人咋舌。柬埔寨的多家新闻电台自轰炸最初，便相继报道了平民死亡的消息（美国对外广播新闻处对三家电台进行过录音）。1969年3月26日，也就是"菜单"行动刚刚开始一个星期，有一家无线电台就报道说："生活在柬越边境一带的柬埔寨人几乎每天都要遭受美军飞机的轰炸与扫射。死亡人数和财产损失都在不断上升。"该电台还广播道："美军最近几周已经发动了多次攻击，造成大量柬埔寨人死伤。遇难者的名字在不断增加。3月23日，侵略者又一次发动进攻。一架飞机从南越起飞，对边境的好几个村庄进行扫射。这些村子位于我国境内，距离边境只有大约1500米……这次空袭后果惨重。三名儿童被打死，还有九个柬埔寨人受伤，其中六人伤势严重。这又是一次惨无人道、毫无理由的进攻。这个地区人口稠密，根本就是不是越共（越盟）的集结点。据我们所知，越共（越盟）所在多为人迹罕至、人烟稀少的地区。可是，美国人的飞机从来就没有打过他们。美国人和南越喜欢挑柬埔寨人住的地方发动进攻，这些地方住的都是农民，过着安稳的日子，与世无争，美国人和南越这么干，就是为了在心理上打击他们。"

没有遭到过轰炸，”一位援助工作人员最近说道，“你如果今天去村子里走一走，还能看到证据。还能够看到弹孔。会发现有那么多金属、残骸和没有引爆的装置，多到你简直不敢相信，就这样丢在田间地头，直到今天还在祸害当地的人民。其中，40％的受害者是孩子。”

亨利·基辛格同尼克松一道让越南战争升级，把战火烧到了柬埔寨与老挝境内。基辛格此前早就对民主这个问题进行过深思熟虑，还把自己1954年在博士论文中提到的国内政治与外交政策“不相一致”也好好思考了一番。在当代的民主社会中，政治是建立在诸如公民平等、政治自由，以及法律程序公正等原则上的。人们将这些原则视为绝对正确、永远不变的东西，以为可以在任何时候、任何地方、适用于任何人。然而，外交却让人看到这些理想就其定义而言有待商榷，适用与否还得取决于在政治上是否有利可图。国与国之间的体制架构由不同的政治实体构成，这些政治实体彼此竞争，相互倾轧，代表着自身独特的文化价值观念，拥有各自不同的历史与利益诉求。战争、危机、紧张的外交关系，一切都可能因任何特定事件而引发。然而，只有当一个国家坚持把自己狭隘的“正义版本”当作标准放之四海而皆准，并将这样的标准强加于别国头上，国际体系才会面临持久威胁。“一个国家的国际经验是一种挑战，考验这个国家的正义观念能否成为普世大同的标准，”基辛格写道，“因为国际秩序的稳定依靠的是自我约束，依靠的是不同正义版本的相互调和。”

在基辛格看来，国内民意的绝对化与国际关系的相对性，二者不相协调，而这绝不只是一个牵涉旁枝末节的细小问题。这是一个基本问题，因为正是这个问题迫使各国必须正视事实，意识到自己“追求无限的意志”是有限的，明白自己直到今天还以为自己的理想顺应天意，其实不过是一己之私见罢了。

基辛格接着进行了一番阐述，提出如果政治家向自己的国民指出他们其实并非这个世界的全部，他们的理想并非没有边际，并非能够通行天下，指出这个世界上还存在着其他国家，其他国家的人民也有他们自身的利益与经验，那么政治家就将面临危险。国民倘若不愿接受这些限制，往往会“对外交政策表示出一种反感与抵触，这种反抗也许是下意识的，却也是近乎歇斯底里的”。基辛格认为，这种抵触情绪最常见的表达方式就是对外交家们提要求，考验他们是否纯洁，标准之高近乎不可能，并且限制他们的能力，使之难以与别国使节达成一致，有时甚至连坐下来磋商都无法办到，因为这些国家在国民看来统统道德败坏、违反人伦，不为天下所容。

外交政策的决策者们因为受制于此，结果无法履行自己的职责，变成好像“古典戏剧中的英雄人物，虽然对未来怀有远见卓识，却无法直接传达给自己的国民”。“外交人士往往落得和预言家一样的下场，”基辛格如此写道，“因为他们在自己的国家根本就没有荣誉可言。”之所以如此，是因为外交家的本职工作让他把自己国民最为珍视的东西当成了“谈判的筹码”，这是一种自视独一无二、永恒不变的理想情怀。如此一来，在国际领域打交道、做交易全都“代表着缺点，代表着动机不纯，会妨碍天下人的幸福”。国与国之间缔结的任何一份条约，只要在上面签了字，就可能成为记录，代表着这样那样的具体协定，也可以说是妥协。然而，干这种事情，或者说人必须妥协这件事情本身就是让人讨厌的，散发着腐败的恶臭，转瞬即逝，意味着某种极其短暂的存在。

正因为如此，政治家们才背负着双重负担。是的，政治家必须代表本国人民的理想，还要尽心尽力，不让自己的国民陷入施本格勒所说的没落之中。可是，他们同时还必须让国民接受事实，承认失败在所难免。他们需要发挥自己的聪明才智，帮助国民承认自身局限所在，接受自己怀有的理想并非永世不变，信仰的道德并非纯洁无上。“一个政治人物因此必须肩负起教育家的角色，”基辛格写道，“必须弥补人民在自身经验与视野上的差距。”

这些统统都是深奥晦涩的言论，全都是一个年轻人经过满脑子冥思苦想得出来的产物。用这个年轻人自己的话来说，他正在脑海里构建自己的“理性架构”。可是，最值得关注的是这些文字全部写于20世纪50年代早期，那个时候的人们在谈起美国外交时还充满着非比寻常的信任。基辛格写这些话的时候，也许想到了伍德罗·威尔逊，想到了威尔逊在将国联推销给自己的国民时是如何无能为力。可是，待到基辛格开始反思，构建民主与外交之间的关系时，距离威尔逊的失败已经过去了好几十年。罗斯福新政、第二次世界大战，盟军击败纳粹德国，赢得胜利，还有后来的冷战，这一切都让美国人民无比凝聚，前所未有地空前团结。无论白宫，还是制订外交政策的权力机关，开展活动时在自治权与合法性上几乎从未遭到过外界质疑（里克·珀尔斯坦[①]写道："从 1947 年开始，直到 1974 年，国会提出了大约 400 项法案，试图立法对情报部门实施监管，然而，所有这些提案最终都一一遭到了否决。"）。

换句话说，基辛格在 1954 年警告人们提防的问题基本上并不存在。像基辛格这样的保守派国防分析人士常常抱怨，说战后的美国国民无论对于打小规模还是大规模战争，都缺乏意志。可是，这样的说法与基辛格在博士论文中写的并非一码事，并不存在什么对外交人士歇斯底里般的阻挠。直至 20 世纪 60 年代中期，选民们始终抱有坚定的国际主义信念；政治家们"通过国会推行国内计划，并非什么棘手的难事"；新闻媒体也绝对谈不上处处作对，大多数社会学者都自视为帮手，愿意为冷战出一份力，而不是当拦路虎、做绊脚石；神学家和知识分子从道德与伦理的角度提出依据，对遏制政策予以支持；立法与司法部门在绝大多数情况下，但凡牵涉到外交政策，都会做好自己分内的事情。换句话说，外交家并没有像声名狼藉的预言家或者古希腊的英雄人物一样被自己的祖国弃之不顾。

可是，接下来就到了美国在东南亚打的这场战争。基辛格是在越战期间被任命为国家安全顾问的，因此美国冷战共识垮台，这个责任不能算在他一个人头上。然而，不管是在柬埔寨，还是在其他地方，基辛格执行起尼克松的战争策略来如此热情高涨，正是他加速了民意的瓦解。基辛格的确说过政治家好比预言家，他在某种程度上也实现了自己的预言：他在 1954 年提醒要注意国民共识的分裂，是他亲手让这一切变成了现实。不仅是轰炸柬埔寨。"1973 和 1974 年这两年造成的伤害太大了。"外交历史学家卡罗琳·艾森伯格不吝教诲，为我通读本章，对我说了这样一番话。"发生了太多事情，说了太多骗人的谎话，"卡罗琳评价道，"最大的谎言

---

① 里克·帕尔斯坦（Rick Perlstein），即埃里克·帕尔斯坦（Eric Perlstein，1969— ），美国历史学家、新闻记者，1969 年 9 月 3 日出生于密尔沃基市的一个犹太人家庭，在密歇根大学获美国学硕士学位，1994 年定居纽约，长于历史编年体，以描述 20 世纪六七十年代美国社会变迁及保守派政治运动而闻名，被誉为"非凡的现代保守主义历史记录者"，2001 年出版处女作《暴风雨来临之前：巴里·戈德华特与美国共识的瓦解》（*Before the Storm*：*Barry Goldwater and the Unmaking of the American Consensus*），随即赢得当年《洛杉矶时报》"最佳图书奖"，上述引文出自其 2014 年新著《看不见的桥：尼克松的垮掉与里根的崛起》（*the Invisible Bridge*：*the Fall of Nixon and the Rise of Reagan*）——译者注。

就是这帮人白白祸害了那么多生命，耗费了那么多钱财，最后得来这么一个和平协定，而这个协定他们其实早在四年前就可以得到。”①

基辛格抱怨没有哪一位美国政治家需要面对他所面对的批评与指责，承认自己在任的这段日子标志着一个转折点。基辛格曾经说过，对外交政策在意见看法上有所分歧，这是可以预见和理解的。可是，等到他上台主政，“对决策的批评本来是一件自然而然的事情，不同阶段有讨论和商榷的余地，这种批评竟然变成了一个道德问题，一开始是在整体上质疑美国外交政策是否道德充分，接着又将矛头对准了美国，无论美国执行任何一项传统外交政策，都怀疑缺乏充分的道德”。

基辛格为了解释这样的历史转折，多年以来总会时不时回过头来，说起自己1954年在博士论文中曾经提过的一些观点，谈到国内民意的绝对化与国际事务相对性之间难以避免的冲突。“越南战争的失利，”基辛格在2010年说道，“是美国头一回经历在外交政策上受到限制，这样的经历是痛苦而难以接受的。”基辛格这样解释这个问题，并不老实。的确，正如我们所见，越战失利引发了保守势力对基辛格的攻击。民间活动人士开始质疑基辛格“来自他乡的背景”和“国际身份”（也就是说，他是个犹太人）。令第一代新保守主义知识分子们尤为不满的是基辛格认为美国的权力有所“限度”。可是，这和基辛格抱怨国内对他执行的战争政策有所不满，和他嘴里所谓的“道德”非难并非同一码事。非但如此，那些对基辛格大肆抨击的批评人士，不管是抗议者、国会，还是诸如托马斯·谢林这样昔日的哈佛同事，恰恰是这些人告诫过基辛格，要他注意对柬埔寨、老挝和越南下手做事得讲求个限度。基辛格曾在1973年初对一位记者大倒苦水，特别是抱怨公众把自己在柬埔寨的政策盯得死死的：“如果有人串通好了，不管你是打算施压威胁，还是刺激

① 有不少人迫于无奈，只能面对这样的事实：自己的祖国居然可以在东南亚干出这样残忍野蛮的事情。许多参与过和平反战运动的积极分子就这样被推到了“存在的痛苦”边缘。诺玛·贝克尔（Norma Becker）回忆起自己“简直被这些惨状给惊呆了，感到无能为力——人怎么可以做出这么残忍的事情，这么极端、这么彻底，简直难以置信”。“发生的一切是那样野蛮残忍，那样泯灭人性。整个这一切就如同一场恐怖电影”。戴维·麦克雷诺兹（David McReynolds）出自军人世家，祖上两代都是共和党人。他说当自己得知美国政府在东南亚犯下的暴行之后，“心彻底碎了”。共和党代表保罗·麦克克罗斯基（Paul McCloskey）亲赴柬埔寨归来之后，认为美国“对这个国家犯下的罪行比在世界任何一个国家干过的坏事都要令人发指”。

鼓励，都要一门心思把你搞垮，我简直不知道到底该怎样执行外交政策了。”

基辛格从未承认过是他自己拒绝在东南亚做事有度，才让这场危机愈演愈烈；是他自己在处理入侵柬埔寨这件事情上的做法让旧有“传统”外交决策势力走到了尽头——冷战早期的国家安全事务靠的是由一帮精英制订计划，有问题就心平气和地坐下来一起好好谈一谈，国内睁一只眼、闭一只眼，表示默认，党派之间达成共识，统一调子。是基辛格改变了这种状态，让国家安全体制开始进入下一阶段。基辛格并没有利用自己在台上的时间去“指导”国民什么才是政治上的现实主义，而这是他早就明确写过政治家必须肩负的责任。非但如此，基辛格让至高无上的总统权力适应了新的时代要求，换来的代价则是国民变得更加骚动，民意日趋分化，台上在越发大张旗鼓地展示权力，台下在干着更多见不得人的勾当，仗越打越大，搬出来的理由也越来越多。

第四章　尼克松风格

因为，那是因为，你必须记住从现在开始所有的事情都是国内政治。还有……嗯……凡事都得从国内政治考虑。也许、也许、也许，亨利……让这些统统给我见鬼去吧。你懂我的意思吗？

——理查德·尼克松

近年来陆续有大量的文本资料公开解密。其中有电话录音，都是基辛格当年偷偷录下来和尼克松有关的录音带，现在都已经公之于众，还有些是白宫备忘录，以及霍尔德曼、黑格和其他人留下的一些文件和日记。在所有这些材料中，你几乎很难找到有哪一条外交政策当年之所以被提出来，目的不是在国内捞点儿政治好处，平息异议人士的声音，让竞争对手闭嘴，要么就是让尼克松在1972年竞选连任时有个好位置。当年那样急着赶着建立反弹道导弹系统，与其说是和苏联的实力有关，还不如说是和国会对着干，这样好确立尼克松在外交政策上的统治地位。这位总统在基辛格的辅佐之下，对苏联人的威胁大肆渲染（这种事情基辛格从20世纪50年代以来就一直这么干），结果赢得了这场争斗。总统先生接下来在胜利备忘录中不无得意地谈到自己“与国会打交道时的‘尼克松风格’”，对国防一事却只字未提。历史学家罗伯特·达勒克在《尼克松与基辛格：权力伙伴》（*Nixon and Kissinger*：*Partners in Power*）一书中写道：“在中东问题上，国内政治压倒一切。”尼克松虽然希望迫使以色列放弃核计划，却并不想因此得罪那帮支持以色列的国会议员，失去他们的选票，态度于是也软了下来。总统还认为自己在与莫斯科的战略武器限制谈判中“得到的政治利益应该会大于国家安全利益”。

“我们非得让这一拨民主党的头儿吃不了兜着走。”基辛格说这话，指的是在国防预算和武器控制条约上好好做文章，让尼克松的国内政治对手名誉扫地。尼克松作出回应：“我们必须好好打一打美国权势集团那帮人的信心。”

“说得不错。”基辛格答道。

尼克松：“我们肯定做得到。”

这个星球上没有哪一个国家比美国更让基辛格念念不忘。基辛格之所以如此关注美国的国内政治，那是因为他的顶头上司理查德·尼克松一门心思想的就是国内政治。基辛格深知自己的位置能否坐得牢靠，完全取决于自己是否和尼克松站在同一条战壕里。“那样的话，我就连唯一一个挺我的人都没有了。”基辛格谈起自己一旦惹恼了尼克松，下场将会如何，说过这样的话。

不过，将外交政策置于国内政治考量之下，基辛格这样做绝不仅仅只是为了拉尼克松当靠山这么简单。越南战争让美国社会走向分裂。这场战争一方面催生出一种文化，凡事总要唱反调，打问号；另一方面兴起了一股保守运动，二者最终将在罗纳德·里根上台之后合而为一。随着裂痕越来越深，政客们也越来越频繁地把战争拿出来，要么至少打着开战的幌子，抑制反传统文化的发展，把保守主义拿来为己所用。罗斯福、杜鲁门、艾森豪威尔、肯尼迪、约翰逊等历任总统都在玩弄外交政策，都是为了在政治上获利（当然吃亏的也有，想想林登·约翰逊和越南就知道了）。只是，尼克松入主白宫之后把玩的筹码提高了。

时间过得真是快得吓人，1968 年才刚刚过去，1972 年就进入视野之中；还没等到 1972 年到来，1976 年似乎又已经近在眼前。人们常说，总统四年选一轮，这个轮子这几年似乎转得越来越快了。可是，就在差不多半个世纪之前，尼克松和基辛格表面上是在东南亚打仗，眼睛瞄着的却是尼克松的连任竞选，要知道这个时候二人才刚刚上台，时间不久。

下面是基辛格1969年初对参议员乔治·麦戈文[①]说的一番话，内容与越南有关，时间就在尼克松宣誓就职后不久：

> 我想现在大家都明白，我们根本就不应该到那个地方去，我也根本看不出来这样做有什么好处。可是，我们没法照你说的去做，就这样撤出来，这样做的话支持老板的那些人就会垮了。那些人都投了他的票，都是支持打这场仗的，有南方的，还有北方那帮民主党的蓝领。投尼克松票的都是支持打仗的。我们要是就这么从越南撤了，这里肯定会出乱子，政治上会出大乱子，国内会出大乱子。

1969年的总统大选自始至终都是一场三方角力，尼克松获得了43.4%的选票，

---

① 乔治·麦戈文（George McGovern，1922—2012），美国历史学家、作家、参议员，1922年7月19日出生于南达科他州，1941年美国参加“二战”之际即志愿报名参军，成为一名飞行员，赴欧作战，战后重回母校达科他卫斯理大学，继续未完的学业，并于1946年6月本科毕业，1949年又在埃文斯顿的西北大学拿到历史学硕士学位，随后重返卫斯理大学，教授历史与政治学。出于“二战”期间对富兰克林·罗斯福的崇拜，麦戈文的政治信仰从共和党开始向民主党转变，并在20世纪50年代走上政坛，1956年参选南达科他州众议员，成为22年以来首位从南达科他州走出来的民主党国会议员，1958年连任成功，虽然1960年竞选参议员未果，却在第二年成为肯尼迪“粮食换和平”计划负责人，也为自己的职业政治生涯奠定了基础，一生致力于发展农业，反对饥饿，改善人类营养状况。麦戈文是20世纪60年代最早站出来反对越战的参议员之一，1968年宣布参加总统竞选，不过位列汉弗莱与麦卡锡之后，未能赢得民主党提名，1972年二次参选，虽然初选胜利，最终还是输给了尼克松，1980年在结束参议员生涯后继续活跃在政界与教育界，1998年作为美国驻联合国粮农组织大使，重回公职，2001年又成为联合国粮食计划组织的首任全球反饥饿大使，2008年因其贡献获得“世界粮食奖”。麦戈文晚年坚持反战立场，对伊拉克战争提出批评，2012年10月21日去世，享年90岁——译者注。

汉弗莱的得票率为42.7%，再加上宣扬种族隔离的乔治·华莱士①拿了13.5%。有差不多1000万选民之所以投华莱士的票，并非冲着华莱士本人，而是其竞选伙伴柯蒂斯·李梅将军②去的。李梅在竞选期间发表过好几次讲话，次次让人听得振聋发聩。“我从来没有说过应该把他们炸回石器时代，”李梅面对外界针对自己打赢越战计划的批评，作出回应，“我只是说我们有能力这么做。”③

如果华莱士和李梅没有参选的话，二人赢得的那一部分选票绝大部分应该会投给尼克松。尼克松希望确保自己能够在1972年得到这些选票。他为了达到这个目

---

① 乔治·华莱士（George Wallace，1919—1998），美国政治家，1919年8月25日出生于阿拉巴马州东南部的巴伯县，为家中长子，自小酷爱政治，1935年年仅16岁便在阿拉巴马州参议院当了一个青年听差，并且预言自己日后肯定能够当上州长，1937年进入阿拉巴马州法学院攻读法律，“二战”期间曾经参加航空兵，赴日本执行过任务，1945年末被任命为阿拉巴马州检察长助理，翌年首次当选州众议员，1952年任区法官，此时的华莱士并未表现出种族歧视倾向，还因对黑人被告判决公正而赢得声誉。1958年，华莱士首次参选阿拉巴马州州长，未果。此次竞选失败使其改变立场，改走强硬的种族主义路线，1963年首次当选，成为阿拉巴马州第45任州长，1970年再次当选。华莱士一共四次参加总统竞选，1964年、1972年与1976年三次参选均获得了民主党提名，1968年则是以“美国独立党”候选人身份参选，这也是最后一次有第三党派赢得一个州的选区投票。1972年，华莱士遇刺，此后一直在轮椅上度过余生，直至1998年9月13日在蒙哥马利的杰克逊医院病逝。华莱士虽然晚年宣称放弃种族主义，但他在美国黑人民权运动高涨年代摆出的那副强硬种族主义姿态始终没有被人忘记——译者注。

② 柯蒂斯·李梅（Curtis LeMay，1906—1990），美国空军上将，美国战略空军司令部的设计师，1906年11月15日出生在俄亥俄州哥伦布市，高中毕业后进入俄亥俄州立大学学习土木工程，成为预备役军官，后加入国民警卫队，并于1929年10月成为飞行员，被分配到密歇根塞尔弗里奇机场的驱逐机中队。李梅在完成大学学业，获得学位之后参加了陆军地方资源养护队项目和1934年的陆军空邮行动，美国加入“二战”之际已经在阿拉巴马州陆军航空兵战术学校完成进修，担任轰炸机大队指挥官，1942年晋升空军中校，指挥第305轰炸机大队赴英国作战，1943年作为第3轰炸机大队司令，亲自指挥了同年8月的雷根斯堡轰炸行动，1944年荣升少将，被调往中缅印战区指挥第20轰炸机航空兵部队，1945年1月出任第21轰炸机航空队司令，利用B—29轰炸机空袭日本本土，战后出任美国驻欧空军司令，指导了1948—1949年的柏林空运行动，后被空军参谋长霍伊特·范登堡召回，负责重建战略空军司令部，任职达九年之久（1951年成为继尤里西斯·S. 格兰特之后最年轻的四星上将），令战略空军司令部重获新生，1961年成为美国空军参谋长，1965年退休。李梅曾与肯尼迪和约翰逊政府班子，尤其是与时任国防部长罗伯特·麦克纳马拉在总体决策与战略，以及越战具体政策上存在分歧，对国家政策倍感失望，1968年接受提名，成为乔治·华莱士领导的美国独立党副主席，参加总统竞选，1990年10月1日病逝于加利福尼亚州马奇空军基地医院——译者注。

③ 李梅在《李梅的使命》（*Mission with LeMay*）中写道：“北越必须懂得收敛，停止侵略，要不然我们就把他们炸回石器时代去。我们会让他们滚回石器时代里去，用我们的空军，或者海军，但不会动用地面部队。”

的，有意推行他有名的“南部策略”。诚然，尼克松为了赢得南部选民支持，煽动种族仇恨，这件事情尽人皆知。不过，有一点知道的人就没那么多了。尼克松此计背后还包含外交政策上的考量，即在东南亚动用最大的空中力量，说白了就是李梅的“石器时代”战略，说得更明白点儿，就是要把对手炸到认输。“局势很明显，”乔治·麦戈文谈起当年与基辛格的谈话时说道，“他们已经开始制订所谓的南部策略，打算找一条路子，把南部从华莱士那边拉过来，拉到尼克松阵营里头去……我从来没有对他们的越南政策表示过认同。我觉得他们还打算继续杀那些亚洲人，牺牲美国年轻人的生命，就为了他们嘴里说的美国会怎么怎么样。”

尼克松必须先下手为强，安抚保守派，这样才好阻止另一场三方争斗。而基辛格在这中间已经确立了形象，俨然成为“鹰派中的鹰派”，作为特使，大有价值可用。在接下来的五年里，尼克松和基辛格联手干了那么多极端行径，比如说在越南北部海港布雷，发动圣诞大轰炸，展开“后卫行动”，把湄公河三角洲地区，当然还有柬埔寨与老挝这两个国家破坏得满目疮痍，几成废墟。这些无一不是血淋淋的祭品，只为供奉给羽翼日丰的美国右翼。

尼克松派基辛格去跟一些地位显赫的保守派要人好好谈了谈，其中就有时任加州州长罗纳德·里根、“比利”牧师格雷厄姆[①]、威廉·巴克利，还有喜剧演员鲍勃·霍普，去跟他们说：“总统要我跟您打个电话，把情况简单说一下，告诉您看见电视上那么多情绪激动的画面，还有关于老挝局势的新闻，我们觉得准备要做的事情已经全都做到了：破坏的补给要比去年在柬埔寨破坏的要多，让他们倒退回去好几个月……我们已经做到了我们想要做的。”

---

① “比利”·格雷厄姆，又译“葛培里”，本名威廉·富兰克林·格雷厄姆（William Franklin Graham，1918— ），美国牧师、福音布道者，1918 年 11 月 7 日出生在北卡罗来纳的一个农场家庭，1936 年高中毕业后进入鲍勃琼斯学院读书，一年后转学至佛罗里达圣经学院（今佛罗里达三一学院），1943 最终毕业于伊利诺伊州的惠顿学院，获人类学学位。格雷厄姆在惠顿学院求学期间，开始完全接受《圣经》为神的谕言，并且成为一名牧师，1944 年开始在电台做基督福音传道广播，赢得不少信众，1947 年年仅 30 岁即应聘成为明尼阿波利斯西北圣经学院的院长，同年 9 月发起“比利·格雷厄姆十字军”运动，进行宣道演讲，1949 年在洛杉矶举办陪灵会，红遍全国，尤其赢得保守派欣赏。格雷厄姆属于温和的保守派，堪称多位美国前总统的精神顾问，与艾森豪威尔、林登·约翰逊以及理查德·尼克松关系尤为密切，他强调将宗教复兴与改革积弊的十字军运动融合，福音传道，20 世纪 60 年代甚至出面为人权运动领袖马丁·路德·金做保，被人誉为“美国牧师”——译者注。

尼克松和基辛格其实什么也没做到。北越从来就没有作出过让步。尼克松要北越把军队从南越撤走，这样美国才会撤军，可北越从来没有在尼克松的要求面前退让过一步。不过，这并无大碍，因为轰炸的目的其实只在于在国内赢得胜利。

尼克松尤其感到不安的就是里根，而基辛格火上浇油，让尼克松变得越发担心起来。

“里根说您和那帮保守派之间有问题。”基辛格 1971 年 11 月跟尼克松说起自己之前和里根谈过一回。

“哦，这个我知道。”尼克松回答道。

基辛格接着说道：“里根说您最终会连一个朋友都找不到，因为不管您做什么，都没法把自由派拉过来。”

“上帝啊。”尼克松说道。

基辛格告诉尼克松他已经把这届政府里保守派干出来的成绩清点了一下，全都算在了里根头上，包括不顾自由派反对，部署分导式多弹头导弹，也就是分导式多弹头重返大气层运载核导弹也算在了里面。“我们本来不需要柬埔寨的，”基辛格说的是 1970 年入侵柬埔寨那回事，“本来也不需要老挝……国防预算本来也不需要搞出 800 亿那么多。”

尼克松听着听着，突然插了一句：“我们本来也不需要安奇卡的。”“我们本来也不需要安奇卡的。”基辛格喃喃地重复着。

安奇卡是一座小岛，位于阿拉斯加外海。关于这座小岛的故事现在已经被人忘得差不多了，可尼克松和基辛格谈起这件事来，语气听上去还以为岛上发生过何等大事，简直堪比温斯顿·丘吉尔 1940 年在下院发表“热血、辛劳、眼泪、汗水”演讲一般惊天动地。安奇卡岛在 20 世纪 70 年代初期其实是一场争斗的焦点所在，军控和环保组织当时正同白宫斗得不可开交。白宫计划在岛上开展一场核试验，当量极高，放射性极强。可是，这次核试验一无军事利益可图，二无科研价值可言，只是被右翼视为某种象征性的仪式，借以庆祝约翰逊在白宫的日子终于到头，要知道在不少鹰派人士（比如说李梅）看来，约翰逊执政期间美国已经在核武器发展方面落在了后头。于是乎，随着公众反对核爆之声日渐高涨，尼克松也有了机会，让保守派们好好看看自己会在“自由派”面前毫不退缩。他要让大家知道，就算最高法院颁布禁令，禁止核试验，自己也会毫无顾忌地继续干下去。

当然，最高法院并没有阻止开展核试验。不过，霍尔德曼告诉基辛格，为了政治上的考量，无论如何都得把这出戏给唱下去。“你去告诉里根，我们为了继续搞这件事情，承受的压力实在太大了。我们需要右翼的全部支持”。后来，待到核试验结束，尼克松与参议员巴里·戈德华特碰面，对环保人士的担心大加挖苦：“那些海狮不是还在海里游着吗?”“我真替你感到有脸!”戈德华特对尼克松说道。

后人口中的“里根革命”此时还在酝酿之中，而尼克松已经在保守派中赢得了多数（当然，前提是这一拨人不会内部分裂）。尼克松的左膀右臂们早就做了精心算计，既然副总统斯派罗·阿格纽在谈到美国社会分裂时都说了，这是“具有积极意义的两极分化”，那么何不好好加以利用。“保守派的人数要比共和党多出两倍”，霍尔德曼说过这样的话。白宫也在越来越有意识地把越战变成一个“社会事件”，这一点自竞选期间入侵柬埔寨以来，直到20世纪70年代中期表现得尤为明显。白宫开始变得越发处心积虑，把这场战争与国内的犯罪和抗议相提并论，给异议人士贴上不爱国的标签，把示威者遭到杀害的责任推到示威者自己头上，归罪于“激进的自由主义”“哭哭啼啼的孤立主义”，还说什么“在牵涉法律与秩序的关键问题上优柔寡断、缩手缩脚”。

然而，除非等到保守派成为一个靠得住的投票群体，否则尼克松没法单凭右翼支持就上台执政。自由派和左翼的时代虽然已经过去，可尼克松还是得好好掂量掂量这帮人的分量。这些人里头不乏罗斯福新政的支持者，还在认为“富兰克林·D. 罗斯福才是总统”，尼克松对此可没少抱怨。此外还有教会、反战示威人士、民权运动、反贫困和环保组织，以及一些更为激进的团体。

尼克松要想牵制住美国政治力量的这一派，哪怕自己正在努力将所谓“沉默的大多数”培养成竞选联盟，还得指望基辛格出手，毕竟后者多才多艺，无所不能。“我们都知道亨利是总统办公室里头‘鹰派中的鹰派’，”霍尔德曼回忆道，“可是一到了晚上，他就会像变魔术一样换了个人。在聚会上和自由派的熟人朋友们交杯换盏，那个好战成性的基辛格好像一下子变成了一只鸽子……媒体被基辛格的个人魅力和风趣幽默迷得晕头转向，一个个全都买他的账，说什么也不相信‘亨利 K’如此才华横溢、微笑友好、幽默风趣，怎么会是好战分子，怎么会和那个‘狗杂种’

尼克松是一路货色。”

基辛格对付自由派的批评拿手得很。倘若碰上的是宗教界人士，他会拿出自己当年纳粹大屠杀的经历来说事；若是碰上记者，则会先捧上一番，再透点儿口风出去，把那些记者说得一个个自以为成了大人物；碰上学生，又会极力营造出一种半带挖苦、半带坦承的氛围，由不得你不信。有人还记得基辛格有一次在麻省理工学院的表演，那还是1971年1月底的事情。基辛格一开口讲话就“给人一种敞开心扉的感觉”，告诉听众尼克松从来就不是他心目中总统的“第一人选”。基辛格接着故意停了一下，然后承认“自己也有疑虑，也感到困惑，但对本届政府抱有信心，相信政府选择的道路是唯一合理的道路”，也就是说，逐步撤军和“越南化”才是正道。至于风传政府考虑动用核武器（这些传言后来证明都是真的）的事情，基辛格“认为这些谣言简直不值一提，这些荒唐的设想只有五角大楼那些级别低下的部门才想得出来，真正的决策者是绝对不会使用这些恐怖的武器的”①。有位学生对基辛格的话表示怀疑，问基辛格要发生什么事情才会辞职。基辛格答道：“只有在我看来，整个政策的发展走向在道德上应当受到谴责。”不过，基辛格随后补充说他不会在公开场合批评总统，“除非他盖了间毒气室，或者干了些道德败坏、伤天害理的坏事”。

这名学生并未就此相信基辛格，后来回忆起当年这段对话时依旧表示疑惑：“如果说……根本就没有必要建毒气室？如果说……毒气室就是凝固汽油弹，或者是B—52投下的炸弹的话？”

基辛格差不多把这一群年轻人都给争取了过来。有一位学生回忆道：“基辛格说的话让人听起来觉得非常真诚，充满同情心，感觉简直就像是我们的一员。”不

---

① 基辛格事实上的确考虑过在越南战术运用核武器。他还帮助制订了一个计划，代号“巨矛”，让美国的核力量处于扩大警戒的状态，也做个样子给苏联人看看，让对手明白“尼克松这个疯子，为了打赢越战，什么都干得出来”。不过，此举在很多时候似乎并非虚张声势。尼克松1972年春在谈到该如何应对北越进攻时，对基辛格说过：“我们就要这么干。我就要把这个狗屁国家给毁掉。你看着，只要有必要，我说到做到。要我说，只要有必要，用核武器也不怕。不过，现在还没到那一步。你知道，我的意思是要让你看看我的决心有多么大。要是用了核武器，我的意思是我们就要把北越给活活炸死。要是哪个胆敢指手画脚，我们一样给他们核武器试试看。”“亨利，我就是要你把胆子放大一点儿。”尼克松在另外一个场合说道。

过，就在基辛格满口谎言地说自己正在结束战争之时，B—52依旧在老挝南部狂轰滥炸，好为发动地面进攻作准备。而地面进攻在周一，也就是基辛格周六在麻省理工学院发表这番演说之后便拉开了序幕。

基辛格对于和自由派知识分子打交道同样在行，只要让这帮知识分子相信自己说的话有人在听，就能够把他们拉过来。基辛格经常和小阿瑟·施莱辛格共进午餐，每次都会在餐桌上给这位历史学家透露一个不为人知的秘密：自己正在考虑辞职。“我一直在想辞职的事，想了很多很多，”基辛格在入侵柬埔寨之后说道，“其实，早在打柬埔寨之前我就已经想过这个问题。”同样，施莱辛格并不知道轰炸柬埔寨的事情，也搞不清楚基辛格在策划这场入侵行动中扮演了怎样关键的角色。施莱辛格同样没有想到基辛格竟然在和总统一同谋划，“要摧毁民众对美国权势集团的信心”。因此，施莱辛格很有可能把基辛格的话真的当成了一回事，说自己会坚持下去，尽力阻止“权威体制”遭到进一步破坏。

而且，即便基辛格没法说服那些自由派和左翼知识分子，让他们相信尼克松的政策是如何周全周到，也可以向他们一再保证白宫里有人不会去计较什么“小资社会”、“客观条件”和“结构危机”这些概念。基辛格的人生导师弗里茨·克莱默就说过，基辛格“在灵魂深处是个保守派”。克莱默说这话的意思是基辛格非常看重级别高低、尊卑有序。可是，影响基辛格思想的并非一家，其中不少思想都源自新左翼，比如说个人自由意志是一种快乐的存在便是其一。基辛格看重历史的变迁，具有某种辩证的本能，在某种程度上可以与黑格尔相媲美（“亨利的思想总是处在一种理论框架中。每次海滩的东边泛起一丝波澜，他都会把这和西岸联系起来”）。“西方世界”，基辛格在本科论文中如是写道：“自马克思以降，就再也没有诞生过哪怕一位政治理论家能够触及人类灵魂的深处。”基辛格就其本质而言，在思想上属于新左翼，在道德上则是一个旧派右翼分子，这一点没有逃过亚历山大·黑格的眼睛。黑格在谈起基辛格的本性时曾向尼克松说道：“这家伙虽然路线强硬、态度坚决，可是……和那帮左翼还是一路货色。”

基辛格若是江郎才尽，耍手腕，尝甜头都不管用，就会挑起对方对右翼复仇主义的恐惧，煽动起来可谓轻车熟路、驾轻就熟。“那些人对我们批评起来嗓门比谁都大，如果我们第一年听了那些人的话，按他们的要求去做了，”基辛格对麻省理工学院的听众们说道，“那么那13%投票给华莱士的人就会变成35%，甚至40%。尼克松总统要做的第一件事情就是要把这个百分比给降下去。”

基辛格的童年曾经亲眼见证过魏玛共和国是如何垮掉的，他把自己装扮成一副反对右翼的中间派别面目示人，告诉自由派如果自己辞职不干了，那么就将轮到斯派罗·阿格纽来制订外交政策。基辛格警告如果美国要爆发革命的话，领导革命的恐怕不会是“学生争取民主社会运动”①，不会是汤姆·海登②，不会是反战的贵格会教徒，也不会是主张社会公正的天主教徒和犹太人。“一个社会要是真的垮了，”基辛格说道：“那些真正强硬的家伙……这个国家最心狠手辣的那帮人就会上台掌权。”“我们是在拯救你们，不让你们落到右翼手里。”这是基辛格对国安会工作人员说的话。这几位工作人员全都辞了职，以此抗议1970年入侵柬埔寨。“你自己就是个右翼！”这是他们的回答。

1971年入侵老挝是另一场灾难，美国不仅动用了17000人的南越部队，还发动了大规模空袭。打这场仗的意图在于切断人们俗称的“胡志明小道”，河内正是通过这些小道来为越共提供补给。没想到的是，北越军队把南越打得溃不成军，将来犯之敌打死打伤8000人。美国损失直升机超过100架，另有215名士兵阵亡。然而，尼克松却开始编造故事，把这场入侵说成大获全胜。他对霍尔德曼说：“那些拿什么爱国主义，救救美国人这些由头说事的反对派，我们要狠狠地打。”眼看媒体开始一五一十地报道正在上演的这场灾难，基辛格瞅准机会，在尼克松的怒火上浇了一桶油。媒体对老挝的报道简直“恶毒”，基辛格是这么说的。基辛格从不忘记把历史类比拿出来派上用场，他对尼克松说“如果英国媒体“二战”期间也像

---

① “学生争取民主社会运动”（Students for a Democratic Society），美国新左翼学生运动组织，成立于1962年，在20世纪60年代中期发展壮大，1968年之后分裂，翌年瓦解——译者注。

② 汤姆·海登、即托马斯·海登（Thomas Emmet Hayden，1939—　），美国社会活动人士、作家、政治家，1939年12月11日出生于底特律，祖籍爱尔兰裔，本科就读于密歇根大学，当时已经在《密歇根日报》做了一名编辑，受当时的社会思潮影响，成为“学生争取民主社会运动”组织的创始人之一，起草了该组织的宪章，1962年至1963年间任主席，越战期间多次亲赴越南北部与柬埔寨实地采访，20世纪70年代发起“印度支那和平运动”，因其在60年代社会影响巨大，被后人称为“美国最大规模群众示威运动之父”，70年代后半期开始涉足政坛，80年代进入加州议会，90年代又进入加州参议院，20多年来一直遭到保守团体的抗议与攻击。海登同时还在多所高等院校教授与社会运动有关的课程——译者注。

这个样子，那么英国人早在1942年就投降了”。

外交政策被完全反了过来，尼克松和基辛格如此处心积虑替自己的行为定调子、作解释，不是为了应对外在的现实，而是为了满足自身需要，操控国内舆论。在真实的世界里，入侵老挝的行动失败了。可是，正如尼克松对基辛格说的那样，真实的世界是个什么样子，并不重要。“亨利，老挝这件事最主要的是，”尼克松说道，“我根本就不在乎那边打成个什么样子。总之就是赢了。你懂我的意思吗?”

“你只要听一听哪怕就几盘尼克松的录音带，”历史学家弗雷德里克·洛格瓦尔与安德鲁·普雷斯顿写道，“都会感到震惊，他们居然能够如此明目张胆，把外交政策对自己国内政治地位可能产生的影响拿来评估到底该采取怎样的外交政策。”这里有两个例子。第一件事情还要从1971年3月说起，基辛格当时跟尼克松讲“我们必须保证有足够的时间退出来，必须确保那帮家伙不会把一切都给搞砸了”(也就是说，要确保北越不会等美国刚一撤走部队，就把南越给端掉了)。“说得严重一点儿，大选没开始之前，我们不能让他们就这样给活活打垮了”。接着到了1972年8月3日，轮到尼克松发话了：“我看了看那边的情况发展，南越恐怕怎么也撑不下去。我话说得很实在……我们还得考虑考虑，亨利，大选一定要赢，这个太重要了。今年这个事情实在是太重要了，就不能找一条行得通的外交路子吗?哪怕从现在开始等上一两年，等到那个时候北越再把南越吞掉也不迟啊。这可是个实实在在的大问题。”基辛格答道：“如果是过一两年才吞掉南越，我们还是能够找得出路子来的，只要让人看上去以为南越是因为自己没用才被端掉的就行。”基辛格接着又说：“我们必须找个法子，让状况维持一到两年，等到过了……过了这一年，总统先生，越南就会成为一潭死水了。”基辛格当年为了让尼克松上台，想方设法让战争拖延下去，现在又故技重施，要让这场仗继续打下去，直到他能够签订一份协议，保住自己的颜面，直到能够让那位总统先生再次当选，连任成功为止。

虽然如此，尼克松却在担心，生怕基辛格按捺不住，达成协议，如此一来就将赢得人们的赞誉，戴上和平缔造者的头衔。尼克松于是叮嘱黑格，要他看紧点儿。霍尔德曼在日记中写道：“这位总统想要确保万无一失，要黑格绝不让基辛格达成和约的愿望得逞，因为这样做我们就会输掉大选。我们必须在越南问题上站直了，保持立场坚定，绝对不能软下来。”基辛格绝大部分时间立场都很坚定。可是，局势到了 1972 年初已经更加明朗。尼克松和基辛格一方面希望撤出部队，一方面又要让轰炸升级，这样的战略根本就行不通。拉里·伯尔曼对巴黎和谈有过详细描述，在著作中如是写道："白宫很快就将在河内坚持的几乎所有重要问题上举手投降，其中包括只要停火，就必须是'就地停火'这一条，也就是说，北越的部队如果已经在南越境内，那么就可以留在那里，原地不动。"

仗还是一如既往地继续在打。北越在 3 月底发起大规模进攻，尼克松则用大规模空袭作为回应。霍尔德曼在日记中写道："尼克松召集了大批进攻力量，哪怕所有证据都表明已经没有胜算，他还抱着希望，指望着再狠狠打一次，'能够带给我们一个好一点的机会，和对方坐下来谈谈'，逼着河内作出让步。亨利也持同样的看法。"

仗打到这个节骨眼儿上，轰炸能够起到的作用，既可以说是为了安慰白宫里紧紧围在尼克松身边那一小撮深信不疑的人，也可以说是为了安抚更多右翼，二者的意义其实是一样的。"我就不相信一个北越这样的四流国家就找不出一个临界点来。"基辛格很早以前就说过这样的话，当时他还在制订计划，准备展开疯狂打击，以为这样就能结束战争。基辛格告诉苏联大使越南已经成了"重要的国内问题"。他接着说道："我们不可能坐视不管，看着我们的国内体制被一个一万英里①之外的国家就这样折腾来折腾去。"基辛格这一回碰上的对手连他也无法击垮，只好开始把美国想象成一个受到折磨的受害者。

春末已至，谈判的天平开始向北越倾斜。5 月 2 日，基辛格和北越主要谈判代表黎德寿在巴黎面对面坐了下来，基辛格在形容双方的会晤时用上了"野蛮"二字。"黎德寿甚至连敷衍的话都没有说一句，"基辛格说道，"我们谈什么都意义不大，他早就把条件订好了。""黎对待我们的那份老练，就像外科医生用起手术刀来一样驾轻就熟。"基辛格若干年后回忆起当时的场景不无感慨。

河内谈判团的一位成员描绘起基辛格来，认为他已然是个输家："基辛格的神情看上去已经不像一名大学教授，在长时间演讲之后还能继续开玩笑，倒像是换了一个人，开口不多，显得十分尴尬，似乎在琢磨什么。"黎德寿则在一次次地引诱

① 英里（mile），英制长度单位，一英里等于 1.6093 千米——译者注。

基辛格，时不时提起一个尤为敏感的话题：美国国内反对的声音越来越大，民众的反战情绪越来越高。基辛格试图解释，说这个话题和谈判无关，简短地告诉北越方面他不打算在这里讨论国内政治。可黎德寿死死抓住这一点不放，甚至拿出丹尼尔·艾尔斯伯格披露的五角大楼报告“作为美国干涉他国，侵略他国的罪证”，用来表明基辛格在国内已经骑虎难下，陷入困境。

“基辛格的脸色明显看得出非常难过，”黎德寿后来回忆道，“我们并不知道他当时在想些什么，不过他后来不止一次写过，是美国民意的分裂让他感到非常痛苦。”

基辛格很快又恢复了平日里的那副潇洒神态。“我们炸了他们，”基辛格会谈之后不久曾在私下场合对几个亲信这样说道，“结果却让我们接受了他们提出的条件。”这句话虽然说得很生硬，却说到了点子上。

剩下唯一要做的事情便是把黎德寿提出的条件重新编一遍，这样公布出去就不会危及尼克松遥遥领先的票选优势。“我的老朋友亨利·基辛格前几天召开了一次新闻记者会，向大家解释了他在外交上赢得的胜利，”小阿瑟·施莱辛格 1972 年 10 月写过一篇报道，当时距离宣布与河内达成协议刚刚过去不久，“他的话还是像往常一样叫人难以捉摸，让人没法生气，也听不出真意。让人最能听得明白的是我们作出了让步，幅度之大，史无前例。不过，那些媒体照着基辛格的意思写，看上去似乎我们根本就没有作任何让步。最叫人难过的是‘尼克辛格’（换成艾赛亚·伯林就会这样称呼）如果早在 1969 年有意作出让步，那个时候我们就可以达成协议。现在又死了 20000 美国人，天知道还有多少越南人。如果真是那样的话，这些人现在都还会活着。”

11 月，尼克松获得压倒性优势，以战时总统，同时也是和平候选人的身份成功连任[①]。尼克松在东南亚玩的这一手“南部策略”虽然对于动摇河内没有起到丝毫作用，却在国内大获成功。然而，胜利的代价是高昂的。正如历史学家肯·休斯写的那样，这场胜利的代价还包括“这四年里失去的那些生命，尼克松用这四年时间虚构出了一场‘光荣的和平’，用谎言与欺骗隐瞒了失败的真相”。

后来，待到尼克松第二次宣誓就职之后，国会助理向国务院负责东亚与太平洋地区事务的助理国务卿威廉·沙利文提了一个问题：轰炸柬埔寨到这个时候已经持续了四年，白宫到底是凭借哪条宪法规定，能够给这场轰炸找一个说得过去的理由？沙利文想答案想了老半天，最后回答了一句：“到了现在嘛，我会说理由就是尼克松再次成功当选总统。”“就凭这个理论，”《华盛顿邮报》评价道，“他大可把波士顿也炸平了。”[②]

《巴黎和平协定》虽然在 1973 年 1 月就已签署，却无法维持。西贡不会容忍公正的选举存在，而河内自 20 世纪 40 年代以来就在为争取全体越南人民的独立而战斗，当然不会接受一个分裂的国家。可是，问题在于，如果尼克松和基辛格指望在西贡落入敌手之前能有一个“体面的间隔”，可以稍微缓一缓，那么越南到底到什么时候才会被人遗忘，成为基辛格口中所说的“一潭死水”？或者说他们莫非在暗

---

① 协定是在 10 月达成的，可在 12 月就差一点儿泡了汤，基辛格当时还在尽最后努力，推北越一把，因为有几件事情还是能够给白宫在国内政治上打打掩护，比如说战俘的事情就是一个敏感问题（这个问题之所以被弄得这样敏感，主要是因为尼克松试图利用这件事情做文章，在国内谋得政治利益。随着对水门事件的调查展开，人们发现尼克松和归国战俘合影留念的次数越来越多，他在蓄意夸大落在北越手中美军战俘人数）。基辛格依旧感到沮丧：“河内可以说根本就看不起我们，因为我们根本就没有拿得出手的东西来讨价还价。”12 月 18 日，“后卫二号”行动，也就是臭名昭著的圣诞大轰炸拉开帷幕，这一次目标对准的是民用建筑，就连医院也不放过。尼克松说道：“这帮狗杂种，这一次要让他们尝尝从来没有被这样狠狠炸过的滋味。”这次轰炸的确狠毒，目的就是制造“最大的平民灾难”。“我要让河内的人听见爆炸的声音。”某位海军上将如是说道。这是美国历史上最为密集的轰炸行动，超过 1000 越南人在这场空袭中丧生。和以往一样，这一次轰炸依旧没有达成任何目的（除了让南越放心，美国不会就这样抛弃他们）。合约最终在 1 月签订，里头的内容和 12 月初摆在谈判桌上的那份几乎一模一样。

② 波士顿是马萨诸塞州的首府，也是该州最大城市。马萨诸塞州堪称美国历史上最忠于民主党的州，即所谓的“Democrat State”。没有任何一位共和党总统候选人能够在波士顿赢得选票。即便尼克松 1972 年拿到了美国总统竞选史上最具压倒性优势的胜利，以 60%的选票完胜麦戈文，也依旧未能拿下波士顿。马萨诸塞州也与华盛顿特区成为尼克松当年仅有的两个未能胜选的地区。《华盛顿邮报》这句话的意思在于，如果你尼克松可以拿连任做由头，为轰炸柬埔寨正名，那么不如干脆把波士顿也一并炸了，这样岂不更加有助于赢得连任？——译者注。

中谋划，打算利用河内迫不得已，违反协定，好名正言顺地再来一次大轰炸？

拉里·伯尔曼对后一种看法表示认可，认为“尼克松有意让南越继续从美国获得空中支援，一直等到1976年”，这样他就可以确保自己名垂青史，而继任者这个时候也选出来了。“录音表明，”伯尔曼写道，“美国希望这份草签的条约很快就会遭到破坏，这样就可以引发强烈的军事反应。用能够接受的代价去打一场永久性的战争（是空中战争，而非地面行动），这才是尼克松和基辛格从这份所谓的和平协定中所期望的。”

大选赢得了压倒性胜利，和平协定也没有遵照执行，换句话说，有了这两件事情，基辛格原本能够抽身，把注意力从轰炸柬埔寨（轰炸最初是偷偷进行的，因为白宫担心在国内引发反应）转向空袭北越，来一场合情合理、彻底名正言顺的空袭。“众神的黄昏”（西摩·赫什用这个词来形容尼克松和基辛格自打第一天进入白宫，就打算对北越发动毁灭性打击，好一了百了）终将拥有属于自己的证明①。其实，当北越开始调兵遣将，对付南越时，基辛格真的很想好好报复一番。尼克松新任命的国防部长埃利奥特·理查德森曾对基辛格说过，即便继续加大轰炸力度，也起不到任何战略效果。基辛格听后，说道：“这不是关键。关键是我们必须找到一个点，好在心理上进行报复。”

然而，国内政局混乱依旧。“水门事件一曝光，我们就无力回天了，”基辛格后来说道，“我们就无权再去执行协定……我想你如果认为他（尼克松）原本打算把他们狠狠炸一顿，也是说得过去的。”

---

① 对北越进行惩罚并非唯一被水门事件搞砸的事情。按照里克·帕尔斯坦的说法，尼克松本来打算利用自己获得的压倒性胜利，同新政还有“伟大社会”计划彻底划清界限。他在1973年初提出了一项紧缩开支的预算，打算取消好几百项政府计划，不仅包括约翰逊“向贫穷开战”的全部项目，还要削减教育、住房及卫生保健方面的资金，在数百万医疗保险和公共医疗补助受益人身上挤出一大笔费用来。

第五章　反基辛格派

你也许会问，到底为什么要花这么大的功夫，去玩这样一场游戏？

——丹尼尔·艾尔斯伯格，1956 年

尼克松与基辛格之所以要对柬埔寨进行如此猛烈的轰炸，之所以如此强烈希望给北越造成极度的痛苦，个中原因不止一个。这里面既有表面上的原因（逼迫河内作出让步；扰乱民族解放阵线的补给和指挥控制线），也有背地里的原因（击败政府内部的对手；让自己看上去很坚强，证明自己绝对忠诚；安抚右翼）。“在讨论到底该在东南亚做些什么的时候，‘狠’这个字可是用了一遍又一遍，”基辛格的一位副官回忆道，“给我把北越狠狠地打，不要停，直到打到他们清醒为止。”不过，除了采用这些野蛮之极、没法记录在案的方法发动空袭之外，“狠”这个字还会让人联想到些别的什么。

与这场秘密行动有关的一切事情似乎只是为了针对一个人。这个人被亨利·基辛格认定为技术治国派的头号人物，这个人就是先后在肯尼迪与约翰逊两任总统手下担任国防部长的罗伯特·麦克纳马拉[①]。麦克纳马拉1961年上任，1968年离职，最为出名之处便是将他那一整套统计分析方法原封不动地搬到了国防部身上，十年之前他正是靠着这一套统计分析方法挽救了福特汽车公司。“麦克纳马拉的革命”使自“二战”以来开始的改革保持了延续，只不过力度更大，步伐更快而已。麦克纳马拉手下的那帮“奇才小子”一门心思要把控国防政策的方方面面，管他是臃肿的官僚体系，还是庞大的设备使用预算，是军事原则，还是战略战术，是指挥渠道，还是后勤补给、战场调度，总之一切都要置于经济建模的抽象框架之下。雷·西顿当时还是一名空军上校，正在想方设法帮助基辛格掩盖轰炸柬埔寨的事实。西顿有一天“去了五角大楼三楼，跟那里工作的系统分析师说自己不知道该怎样量化分析”B—52轰炸机的轰炸效果，结果从分析师那里得到的答复却是两个字：“蠢货！”“任何东西都可以量化分析。”这是分析师们的答复。西顿在B—52轰炸机方面是有名的专家，专门负责利用图表计算每个月B—52出击的“成本效益”。这个主意的目的在于为那些只有处于曲线上升部分的空袭行动提供预算。一旦“效益”下降，费用就要马上削减。西顿对此评价道：“我跟他们解释说如果你是战场上的指挥官，那么最重要的飞行任务很可能就是在快要接近曲线零点位置之前的那一次，可他们从来没有一回听进去过。”有一些非量化因素，诸如意志、意识形态、文化、传统和历史，这些都是不能通过图表或者数据去做成经济模型的，却统统遭

---

① 基辛格在回忆录中描述的麦克纳马拉正是施本格勒笔下警告需要小心提防的那一类理性至上论者。这种人出现的时候正值一个文明业已成熟，即将陷入衰败的时期。那位国防部长与他的那帮奇才小子们迷失在了错综复杂的事实与数据当中，无法分辨出究竟什么是知识，什么才是智慧，满以为自己掌握了数据，就能够征服整个世界。“麦克纳马拉这个人，”基辛格写道，“在制订防御计划时过于强调能够量化的层面，忽略了心理、政治因素这些难以捉摸的变量，结果让自己口口声声做到要有把握，到头来反而成为一场空……他那一帮初出茅庐的毛头小子们失去了自己的道德信念，只知道拿出一大套分析方法。这些方法看似客观，却模糊了问题，而问题的答案往往早就摆在那里。”麦克纳马拉让基辛格感到不悦的还有其他一些事情。比如说，那位国防部长过于看重事实，结果导致信念缺失，让自己陷入多愁善感和负罪心理中去。既然看不到目的，那么也就会被手段抛弃。“他这个人根本就没有胆量，去打一场永无休止的战争。”基辛格如此评价麦克纳马拉。麦克纳马拉晚年曾经公开表示忏悔。“我们那时犯了错误，犯了严重的错误。”麦克纳马拉谈起肯尼迪与约翰逊的越南政策时如是说道。麦克纳马拉的公开致歉让基辛格尤为恼火。记者斯蒂芬·塔尔伯特(Stephen Talbot)不久前刚刚采访过这位心怀愧疚的原国防部长。基辛格在和塔尔伯特交谈的时候，故意揉了揉眼睛，装出一副要哭的样子：“呜呜，呜呜。”“他是不是还是那样捶胸顿足，是不是？”基辛格向塔尔伯特问道，“还是感到问心有愧，对不对？”

到了无视（麦克纳马拉甚至尝试让武装部队各军种的人员穿同一款式的标准化军装。不过，这一点他没能做到。）

你或许已经猜到，如此大张旗鼓追求“成本效益”，势必极大增加书面工作。每一次行动的细节都必须记录在案，这样回到华盛顿，由经济学家和财会人员组成的各个小组团队才有可能找出新的途径，让行动进一步趋于合理。财务和预算都被置于特殊的严格审查之下。麦克纳马拉早期进行的重大改革措施中有一项就是“开发新的方法，将五角大楼军事行动的成本以任务为单位表现出来”。这样做对战略空军司令部来说意味着每使用一加仑燃料都得解释用途，每一个飞行小时都得进行记录，就连用过的每一个零部件，投下的每一枚炸弹，都必须做到有案可查。

基辛格想出来轰炸柬埔寨这个计划——这个计划是他和西顿一道琢磨出来的——其实与麦克纳马拉的官僚做派并非完全背道而驰，倒更像是麦克纳马拉官僚做派的影子版本，或者说是某种旁门左道的做法。按照西顿的说法，基辛格授意采用极其高超精妙的蒙骗手段，借以绕开战略空军司令部的常规指挥控制系统行事。这一套指挥控制系统本身便是高度机密，专门用来监控某些项目的预算要求，比如燃料消耗，投弹吨位之类。如此一来，就形成了一套“双重汇报制度”。给飞行员下达的作战指令完全集中在南越境内的目标上，可一旦战机升空，雷达站就会重新发出指令，指引一定数量的飞机飞往柬埔寨境内，那里才是真正的目的地。任务将“按时汇报给五角大楼的秘密指挥与控制系统，跟向南越境内的指挥部汇报一模一样”。燃料消耗、零部件损耗、投弹数量等真实数据会被记录在“打击后”评估表中。参谋长联席会议主席、四星上将厄尔·惠勒在骗局最终披露之后，向参议院坦承“文员和行政人员”需要他们的文案材料，好编造理由，解释这些东西都用到什么地方去了。不过，所有文档记录，比如地图、计算机打印出来的资料、文电，等等，只要是有可能暴露真正轰炸目标的，一律烧毁。

“每一张纸，哪怕是一张草稿纸，只要纸上可能留有电脑计算的数据，哪怕是一张便条纸，都要全部收集起来，”哈尔·奈特少校在南越专门负责在地面造假的工作，他 1973 年在国会作证时说道，“我会一直等到天亮，天一亮就出去，把这些烧掉。烧掉的纸上面写有轰炸目标的坐标，有些纸是标航线盘里出来的，上面看得出飞机航迹，也会烧掉……我会把计算机的磁带销毁，这些磁带能够把目标坐标和

UTM坐标转换成数据，以便轰炸计算机使用。要是发现有任何便条和这些有关系，还有刷图记录，也会统统烧掉。”克莱顿·W.艾布拉姆斯将军向国会证实当时建了“一个完全不一样的炉子”，用来处理那些和轰炸目标有关的记录，“一天下来，可能要烧上12个小时”。

“火，”施本格勒曾经写道，“对战士来说是武器；对工匠来说是自己的一种工具；对牧师来说是神的示意；而对科学家来说则是一个问题。”对基辛格和其他人来说，在柬埔寨狂轰滥炸四年之久，他们这样做是一种方法，针对枯燥无聊、疲软乏力的“系统分析”，反其道而行之；是为了将战争从那一帮政府官僚的手中夺过来，交还给真正的战士们①。

我之所以反复提到施本格勒对基辛格在批判外交政策管理机构上的影响，是因为尽管施本格勒的确影响到了基辛格，却同时反映出基辛格拥有某些属于自己的特别之处。我认为基辛格与其他大多数战后国防知识分子相比，要更加注重自己所处位置的哲学理据。诚然，至少从理解国家安全事务发展的角度出发，基辛格的评判到底是如何反映出美国历史更深层次的发展趋势，这才是更加重要的一点。一个社会如果变得“过于文明开化”，“过于讲求理性”，过于依赖逻辑、工具、信息和数学这些东西，就应该让其重新恢复精神与直觉。这样的理念究其历史，至少可以追溯至19世纪末期。“生命好比描绘一幅图画，而非计算一个数字。”这是小奥利弗·温德尔·霍姆斯②1911年在哈佛大学演讲时说过的话（这句话也被基辛格引用在了自己的本科论文里）。

纵观整个20世纪，直至21世纪，几乎每一代都会出现一批新的“宣扬社会退

① 轰炸柬埔寨的战役规模过于庞大，以至于需要一整套秘密管理机构才能使之得以成功运作。下面是驻越美军司令克莱顿·艾布拉姆斯将军在国会作证时的发言：“仅仅从单纯的管理角度出发，你就能够看出，整个这些事情已经非常复杂。我没法把所有事情都记在脑子里，所以只好找专家来打点，这种情况该怎么做，那种情况又该怎么做，这样那样。单从管理的角度来看，需要效率，如果你想这样说的话，我当时建议搞一个通用系统，这个建议我不止提出过一次。只是这样做效果不太好——我现在说的不是你们想要谈的那码事，我现在说的只是想把这些事情做到位。问题出在我身上。那些事情太复杂了。”

② 小奥利弗·温德尔·霍姆斯（Oliver Wendell Holmes，Jr.，1841—1935），美国法理学家，出生于波士顿，1902年至1932年担任美国最高法院法官达30年之久，其父老霍姆斯（Oliver Wendell Holmes，Sr.，1809—1894）同样声名显赫，是医生、诗人、学者、教授，也是美国医疗改革的先驱——译者注。

化的人”和好战分子，这些人时刻不忘告诫人们提防当权者过于依赖数据和专家，抱怨官僚主义太重，要提高警惕，大声疾呼抵制信息过多导致的衰弱。要想解决这样的社会疲软，唯一的方法当然毫无疑问是打更多的仗，或者说至少要有更加强烈的意志去打仗，而这往往会导致更为频繁的战争。基辛格在 20 世纪 50 年代和 60 年代就是这样一群人中的一员。这帮人对于那个年代国防理念突然右倾，主张应该坚定决心，在灰色区域打一场小规模战争，起到了不小贡献。令人意想不到的却是，待到进入 70 年代中期，基辛格自己反倒落在了罗纳德·里根和第一代新保守主义者的手中，成了这种观点的头号抨击对象。

不过，在我们开始谈论这颇具讽刺意味的一幕之前，还有另外一件事情值得思考——罗伯特·麦克纳马拉留下来的那一帮人中间有那么一位经济学家，名叫丹尼尔·艾尔斯伯格。此人向来喜好数据计算，在对这个世界运转规律的理解上可以说与亨利·基辛格的形而上学背道而驰，完全可以被视为反基辛格派的一员，那么这个人在把尼克松从总统宝座上拉下来的过程中，究竟起到了什么样的作用呢？

亨利·基辛格和丹尼尔·艾尔斯伯格在哈佛大学读本科和研究生差不多是在同一个时间段。两个人都年纪轻轻，都是退伍之后拿的奖学金，都属于天资聪颖、少年老成的那一类。艾尔斯伯格提交本科论文要比基辛格晚两年。不仅于此，基辛格当年头一回造访南越，正是艾尔斯伯格在西贡美国大使馆向他作的情况汇报。

艾尔斯伯格与基辛格相仿，也对人生在世面临的意外突然、人生抉择颇感兴趣。不过，艾尔斯伯格是以经济学者的视角去研究这些问题的。他先是读了研究生，后来进了兰德公司，干的都是博弈理论和抽象建模方面的开拓性工作。这些方法将重点置于孤立分割的个体之上，研究在参与和合理成本效益有关的一系列事件时，为了获得最大程度的利益，应该对这些个体如何处理，与基辛格在历史、理念和文化上的形而上学观念可以说大相径庭。

基辛格的脑袋里其实也曾经装着与艾尔斯伯格相类似的观点。他在当年的本科论文中就批评过美国社会科学，还有“实证主义”，也就是说通过逻辑假设或者数学公式就能推导得出真相或者智慧这种观念的渺小狭隘。艾尔斯伯格使用的语言是由公理、定理和证明组成的，他认为凭着类似下面这样的句子，就能够帮助国防战略专家制订计划，打一场核大战：“假设概率分布已知，那么行为Ⅲ产生结果 a 的概率为 p（A∪C）＝PA＋PC。行为Ⅳ产生结果 a 的概率为 p（B∪C）＝PB＋PC。……这意味着必定存在着一种概率分布，即 PA、PB、PC（0≤pi≤p∑pi＝1），那么 PA＞PB 且 PA＋PC＜PB＋PC。可是，并不存在这样的概率分布。”

相比之下，基辛格却是一个以形而上学思考的人，他笔下的东西会是这个样子：“仅凭逻辑推导出来的定理，就想拿来作为绝对的证明，来证明事物正确与否，这显然是不够的。肯定还存在一种关系与内在经验的普遍性有关，而这种内在经验要凌驾于通过表面现象即可感知的现实之上。这是因为纵使人是一种具有思维能力的生物，却并不等于说非得把自身完全消耗在思考之中……小宇宙包含着张力与对立，包含着一个充满陌生意义世界当中个体的孤独，在这个世界之中，他者的完全内在意义仍然是一个永恒的谜。节奏与张力并存，渴望与恐惧同在，这才是小宇宙与大宇宙关系特征的真实写照。”

这是关于人类经验的两种不同思维方式，二者之间的冲突将在基辛格走马上任，成为尼克松国家安全顾问的头几个月里显现出来①。

就在尼克松宣誓就职前不久，艾尔斯伯格在位于曼哈顿皮埃尔酒店的当选总统总部与基辛格碰面，进行了一番会谈，还给后者提供了一些建议。艾尔斯伯格谈起了罗伯特·麦克纳马拉的一段旧事。麦克纳马拉当年作为国防部长，走马上任不久便很快给五角大楼的官员和工作人员发放了大量调查问卷，以此作为手段重新改组政府机构。收回来的问卷上面写着的答案是什么，并不重要。真正重要的是给的最后期限实在太短，要想在如此短时间之内给出一份详尽的答复简直不大可能。麦克纳马拉这样做旨在树立威信。问题设计的方法也是为了让人明白这位国防部长对哪

---

① 美中不足的一点在于：基辛格与艾尔斯伯格在方法上相互重叠的部分要比各自方法表面看上去的要多。艾尔斯伯格事实上是单纯的理性选择与博弈理论的批评者，他认为在谈判与决策上存在一定程度的非理性。根据后人所说的“艾尔斯伯格悖论”，人对于模糊有着一种强烈的、非理性的反感，哪怕模棱两可的决定也要比明明白白的选择能够带来更大的褒奖。同样，基辛格虽然对“实证主义”持批评态度，可只要看看基辛格是如何剖析艾森豪威尔的核防御战略，就会明白博弈论对他起到了多么重要的影响。艾尔斯伯格有一次应邀在基辛格的研讨会上就“装疯发狂在政治上的作用”作过演讲，认为非理性行为可以作为一种有效的谈判工具。“在讨价还价这件事上，我从丹尼那里学到的，”基辛格有一回说过，“要比其他任何人都要多。”艾尔斯伯格用的是公式，尼克松和基辛格用的是“狂人理论”，二者之间的相似之处一目了然。基辛格虽然从思想上反对用经济学的方法进行系统分析，对不少这样做的人表现出来的傲慢自负嗤之以鼻，可他在战略上仍然采用了系统分析的原理，来重组各部门之间的情报流动，借以增强国安会的权力。

些地方存在争议，哪些人是对手，心中早有分寸，让人知道他在国防部里头早就安插了自己的线人。

艾尔斯伯格建议基辛格也依葫芦画瓢，找几个有争议的话题设计一些问题，然后在整个政府机构内部分发问卷，每个部门和办公室都要发到。艾尔斯伯格预计就每一个特定主题，主管部门都会给出一个意见，二级部门又会得出另外一个结论。只要把两种意见拿来比一比，看看有什么不一样，心里就可以明白政府内部哪些地方存在暧昧不明和猜忌质疑。了解这些相当管用。不过，艾尔斯伯格也说了，搞这样一场调查还有另外一个原因，目的要更加阴险一些。“要是看到有人表示异议，某些主管部门的立场让人极其难以信服，”艾尔斯伯格说道，“一旦出了这种事情，对整个政府机构来说肯定是脸上无光的丑事。这么做会让政府内部失衡，对问题源产生一种戒备心理，而这个问题源就是基辛格本人。”

“基辛格，”艾尔斯伯格回忆道，“一听到这个就特别来神。”于是，这位新上任的国家安全主管在1969年初向艾尔斯伯格开口，要后者帮他拟设问题。按照马尔文与伯纳德·卡尔布兄弟的叙述，“基辛格1969年1月20日走进自己在白宫的办公室之后，所做的第一件事情便是向政府机关开火，抛出一份（由艾尔斯伯格拟定的）带有50个问题的问卷。此时的政府部门正处在从约翰逊向尼克松的过渡交接期，一个个全都忙得焦头烂额。”基辛格设定的“交卷期限简直没法做到”，要求“国务院、国防部、中央情报局、商务部和财政部，还有预算局，全都要作出详细答复。问题包括：美国与中国的关系现状如何？美苏关系如何？与印度、南北越南以及印度尼西亚的关系又如何？”问卷上的问题“一个接一个，没完没了”。这些问题一如艾尔斯伯格所预测的那样，立即引发了强烈反应。“这家伙到底以为自己是谁？”很快，一份要求围绕国务院重组国安会的反提案开始浮出水面，四处流传。这给了基辛格绝佳的机会，找出谁是自己潜在的对手。这份提案后来遭到撤销，其始作俑者也就此失势，被踢了出去。

虽说，这样做在刚刚开始的第一阶段效果还令基辛格颇为满意，但接下来就没有那么顺心了。基辛格要求艾尔斯伯格对与越南战争有关的问题答案进行整理、分析，加以评估。这些答卷加起来足足有500页之多。此次调查暴露出来的信心不足等问题令人吃惊。即便是那些对平定越南持“乐观态度”的鹰派人物也认为至少得需要花上 8.3 年，才能打赢这一仗。所有受访者一致认为“敌人在人力资源与渗透能力上，足以和盟国一直无限期消耗下去”。除了永久驻军与空中轰炸，没有任何方法能够挽救南越。

当调查结果被摆在基辛格面前时，他应该很快发现自己已经落入圈套之中。尽管，基辛格已经再三警告过，像艾尔斯伯格这样的技术治国派一旦“收集事实”，势必会削弱政治意志，可他还是愚蠢地给了对手自由，让对手能够有效地对政府机构进行数据挖掘，给了对手确凿的证据，证明外交机构的绝大多数人员都认为这场战争要么根本无法打赢，要想打赢就只能采取永久占领，或者彻底消灭这些手段，而这些手段在政治上根本就行不通。

艾尔斯伯格调查产生的负面影响让尼克松政府的境遇变得更加窘迫难堪，要知道，后者马上就要身陷围城，无力自拔。难怪尼克松在谈到该如何对付北越时，总会一而再、再而三地按捺不住，使用“狠”这样的字眼来形容内心的愤怒。基辛格也许早已心中有数，知道自己无力迫使河内屈服，按自己的意愿行事。这一点也将很快得到证实。只不过，他在此之前以为只要像念咒语一般反复使用这个字眼，就能够让艾尔斯伯格奉为神灵的证据与事实离得远远的，莫要近身。

艾尔斯伯格后来提出再作一次后续调查。基辛格的回答是：“我们现在的问题已经够多的了。”①

基辛格是一个政治人物，而艾尔斯伯格是业内专家。按照基辛格的世界观，艾尔斯伯格这样的人物根本就不应该存在，或者说至少不应该干他干过的那些事情。那些专家和分析人士一个个中庸无为，本来就只配坐在办公室里当官，只知道逃避风险，比那些保险精算师好不到哪里去。艾尔斯伯格就是基辛格当年在本科论文中所说的“事实的人”。像他这样的人对数据深信不疑，以为凭着一堆数学代码就能把握人类行为的变幻无常，再把这些代码拿来制定决策，这样的想法即使无法让他陷入无所作为的瘫痪状态，至少也会变得墨守成规。正如基辛格日后所写，“大多数伟大的政治家终其一生，都在外交事务上与那一帮专家做斗争，因为政治家的思

① 艾尔斯伯格把这些调查问卷的结果都带回了兰德公司，经过兰德公司分析人士的分析，进一步证实了此前得出的结论——越战必败无疑。艾尔斯伯格还把这些结果透露给了马里兰州参议员查尔斯·马蒂耶斯。

维视野总是在不断挑战专家们尽量规避风险的心态”。

可是，正是艾尔斯伯格站了出来，高呼反战的口号，后来又冒着巨大风险，哪怕可能锒铛入狱也在所不惜，把牵涉到最高机密的文件给捅了出去。正是如此胆大妄为的行为，让这个人改变了历史的进程。

要想了解艾尔斯伯格与基辛格到底有何不同，看看五角大楼的那份报告便可一目了然。在艾尔斯伯格看来，如此大规模调查研究得出的“主要经验”就在于“每一个人都在决策时重复同样的模式，执行的政策与自己的前任几乎没有什么区别，却对此浑然不觉”，还以为“历史是从自己走马上任这一天才开始的，以为自己从之前那套班子身上什么也学不到”。艾尔斯伯格身为一位经济学家，相信如果将历史分割成一个又一个互不相干的片段，对决策的过程，包括这些决策产生的后果加以研究，那么就能找到机会，打破这一毫无建设意义的模式。

可是，艾尔斯伯格并非没有努力过。他在把五角大楼文件捅出去之前，与基辛格最后一次会面时也曾试着说服基辛格好好看一看这些文件，却遭到了后者的无视。基辛格刚刚走马上任，成为国家安全顾问的那会儿，就得到了这份研究报告的复印件，因此他知道里面写着什么——那上面写的历史正是他一直以来警告人们要小心提防的，这些东西旨在让当政主事者陷入圈套，相信这世上真有什么事情是无法逃避的，结果陷入永无止境的因果循环之中，导致信心动摇、心生愧疚，最终成为输家。五角大楼文件是由一个委员会分析整理得出的，这个委员会的构成形形色色，有专家、分析人士，也有政府官员。正因为如此，这样的研究报告才会危言耸听[①]。“作研究，”基辛格在1966年写道，“往往会变成一种手段，既可以拖延时间，又能够安慰良心。研究一个问题反而有可能会变成一种逃避，让人不会想要找到问题的真相。”

“这个报告里头，我们真的能够学到什么东西吗?”基辛格按捺不住，终于开口向艾尔斯伯格问道。“我的心当时就沉了下去。”艾尔斯伯格回忆道。

1971年6月14日是星期一，也就是《纽约时报》首次披露五角大楼文件的第二天，基辛格终于发作了。那是在一次高级官员的会议上，尼克松当时也在场。基辛格挥舞着胳膊，跺着脚，手重重地捶打在齐彭代尔餐桌上，大声叫着：“这样做会彻底毁掉美国的声誉的，会永远毁掉的……这会毁了我们，让我们再也没有信心去执行外交政策……再也没有哪个国家会相信我们。”“亨利简直是在上蹿下跳。”尼克松回忆起当时的情形说道。按照某位传记作家的说法，那番场景就连平日里见惯了基辛格发火的人都被吓了一大跳。这下可好，基辛格的出名之处又多了几点：“脾气坏，心眼小，还精神抑郁。”“这个可怜的家伙，太情绪化了。”尼克松1971年末对约翰·埃里希曼说起这件事。“我们得想想法子，让他去看看心理医生。”埃里希曼答道。

---

① 五角大楼文件说白了，其实就是基辛格反官僚体制狂热迷梦的产物。这是一个耗费巨大人力的项目，由一个匿名委员会执笔而成。委员会中的好几十位成员，借用罗伯特·麦克纳马拉的话来说，个个堪称“博学之人”，全部选拔出自各中级国防部门、大学高校和社会科学的智库机构。委员会由两位演绎推理方面的“专家”牵头，一位是莫顿·哈尔佩林，另一位是莱斯利·盖尔布。委员会经过数年努力，对各部门单位的大量文书工作进行研究，才最终得出研究报告。而在基辛格看来，这份报告不过是他当年在本科论文中斥为历史“表面数据”的东西。正因为如此，换成是年轻时的基辛格，他会认为这样的研究结论缺失，也许会将其描述为一种内在的可能，一场意外，一种直觉，是深入每一个抉择要点的“自由”。整个五角大楼文件项目的的确确出自一种负罪感与疑惑。戴维·鲁登斯坦（David Rudenstine）在《印刷机停印之日：五角大楼文件始末》（*The Day the Presses Stopped*：*A History of the Pentagon Paper*）中写到，麦克纳马拉当年之所以下决心，做出这样一份后人所说的“五角大楼文件”，内心参杂着种种情感，有责任、悔恨、负罪，还有悲伤。至少尼古拉斯·卡岑巴赫是这么认为的：“我想事实的真相就在于越战是麦克纳马拉一生中最为糟糕的经历。他看着自己在五角大楼所做的一切全部付诸东流。他在越南耗费了那么多财力物力，却找不到方法脱身……他真的不知道自己为何会犯下如此大错，自己究竟错在哪里？我想他之所以下令，进行这样一场研究，一定是为了平复内心对于越战的负罪感。”基辛格身为哈佛大学教授，对五角大楼文件项目并非不知。他还和盖尔布及哈尔佩林一起讨论过这些文件。而当他日后当上了国家安全顾问，便和黑格还有莱尔德一起，成了尼克松政府内部为数不多能够接触到这些文件的人。

在接下来的日子里，更多的电话和会议接踵而至，尼克松和基辛格、霍尔德曼、米切尔，还有埃里希曼这一帮圈内人紧急磋商，商讨对策，该如何回应才能确保万全。五角大楼文件堪称一份官方历史记录，记录了截至约翰逊上任以来，美国介入东南亚事务的来龙去脉。这件事情其实对尼克松并没有什么特别利益损害。让尼克松下定决心，认真处理这件事情的其实是基辛格的“暴怒”。“要不是基辛格添油加醋，”约翰·埃里希曼说道，“总统还有我们其他人都会认为五角大楼报告只是林登·约翰逊的事情，跟我们没什么关系。是基辛格煽风点火，才让理查德·尼克松怒不可遏的。”

基辛格这样做，原因何在？这次泄密事件对基辛格来说，有好几个方面极其不利。基辛格当时正在和中国谈判，试图重建两国外交关系，因此担心一旦丑闻败露，恐导致谈判破裂。基辛格还担心艾尔斯伯格与国安会内部其他唱反调的串通一气，破坏秘密情报圈，要知道这个秘密情报圈可是他花了好大工夫才建立起来的，更何况艾尔斯伯格之流还有可能拿到有关柬埔寨的绝密备忘录①。

不过，基辛格之所以如此大发雷霆，原因既在于泄密事件本身，也在于泄密者其人。这一点只要看看基辛格是如何形容艾尔斯伯格的才智与野心，便可一目了然。基辛格用的那些词可以说是在敬畏与愤恨之间摇摆，把对方描绘得简直如同普罗米修斯下凡一般。“狗杂种，这家伙我清楚得很”，基辛格有一回在总统办公室开会，来了这么一段开场白：

> 这家伙是个天才……他是态度强硬。他跑到……他是自告奋勇跑到越南去当兵的。他纯粹就是个疯子，那个时候拿着一把卡宾枪，满越南到处跑，那个鬼地方哪里没有游击队？他还会开枪打……他要真做了，就跟美

① 此外，尼克松与霍尔德曼的言行举止总会让基辛格想起自己是个犹太人，而犹太人生来就应该是“奸细”（就像尼克松和霍尔德曼猜测艾尔斯伯格应该是个奸细一样）。从学界调查来看，基辛格感到了压力，需要证明自己忠心耿耿。尼克松说过：“好吧，只要是那些有犹太人参与的敏感地方，我都要看一看……这个政府里犹太人到处都是，无孔不入。我们必须好好查一查这些地方。必须找一个负责的来管一管这帮犹太人，但这个人不能是犹太人。”后来，五角大楼文件事发，这一段插曲让尼克松开始欣赏起非洲裔美国人来，认为他们忠诚可靠：“还真别说，那帮黑鬼，你有没有注意到？好像还真没有几个他妈的黑鬼是当间谍的。”

莱村那件事一样……他会朝田里的农民开枪，说什么只要是穿黑衣服的就打……这个人是个天才，是我见过最聪明的人。

基辛格还在其他场合说过艾尔斯伯格是如何坐着直升机，朝越南农民开枪的，说他不单嗑药成瘾，还是个性虐狂。“他就是个卑鄙的杂种。”这是基辛格的原话。“基辛格骂起丹尼尔·艾尔斯伯格来，总是特别来劲。”埃里希曼回忆起基辛格来总不会忘了这个。基辛格之所以要演这么一出戏，目的就是激起尼克松的种种愤恨，将艾尔斯伯格描绘成那种耽于自由、纵情享乐的超人式人物，不仅才华横溢、叛逆不羁、放浪形骸、不循常理，而且还鲤鱼跳龙门，进了上流社会。“他刚刚娶了个富家女，家里特别有钱。”基辛格跟尼克松说起这事。“尼克松对这些很感兴趣。”埃里希曼回忆道。

“是亨利吊起了尼克松的胃口，”霍尔德曼回忆道，“到了后来，他们俩开始互相吊对方的胃口，直到两个人都变得激动不已。”“基辛格，”霍尔德曼还说，“真的很生气。他既然有能耐做到别人做不到的事情，也就能把总统弄得跟他一样怒不可遏。”黑格也说过“是基辛格促使总统去关注泄密这件事情的”。

“这件事情会让人看扁你的，总统先生。”基辛格警告尼克松如果他就这样放艾尔斯伯格一马的话。

基辛格从来没有像在那次会议上（就是基辛格承认自己在1968年秋把机密情报透露给尼克松，暗中帮助后者竞选的那次会议）那样，把艾尔斯伯格给如此具体地好好描绘一番。也正是在那次会议上，尼克松下令开展一系列非法秘密行动。“把保险箱给我炸了。”尼克松说这样的话，是希望能够拿到停止轰炸的文件，这样就可以“敲诈”约翰逊，要约翰逊站出来，说艾尔斯伯格的不是。“这件事情要做，就要偷偷摸摸地去做。”总统下令道。同样是在那次会议上，尼克松授意成立“水管工”。这是一个秘密单位，由霍华德·亨特和乔治·戈登·里迪二人为头儿，专门干一些翻墙入室、窃听监视的勾当，其中就包括在水门大厦民主党全国委员会办公室干的那桩丑事。

闯进艾尔斯伯格的心理医生在加州办公室的那桩事情也是“水管工”干的。之所以会有这次行动，直接原因就在于基辛格说艾尔斯伯格神志不正常。按照霍尔德曼的说法，“之所以打算去拿艾尔斯伯格的心理医生的病历记录，主要是因为基辛格总说艾尔斯伯格有一些变态怪癖，说得跟真的一样，所以想找一些证据来证明基辛格的话是否属实”。要把这些资料拿来“诋毁艾尔斯伯格的人格”。

“他是个疯子，是不是?”霍尔德曼有一次开会问基辛格。

“他就是个疯子!”基辛格回答道。

艾尔斯伯格在早先的一次会议上曾经警告基辛格，要基辛格注意，知道的事情太多，恐怕会招来危险，毕竟艾尔斯伯格在非常年轻的时候，就获得了最高级别的安全许可。同样是在那次会议上，艾尔斯伯格建议基辛格在政府部门内部作个调查，好树立自己的威信。艾尔斯伯格当时说了很多，值得全文引述，如下：

> 亨利，有些事情我得告诉你，这些话还是有必要说一说。换作是我，如果好几年前有人跟我说这些就好了。你当顾问也有一段时间了，接触的绝密情报也不少。不过，你马上要拿到手的这些全都是特别许可，可能有15个或者20个，级别比最高机密还要高。
>
> 我自己也拿过一些，我还知道有些人才刚刚拿到。一个人要是之前甚至连有这些许可存在都根本不知道，那么拿到这些许可之后会产生什么影响，我十分清楚。还有，这些许可能够让你接触到一些情报，看到这些情报会有什么影响，我也清楚得很。
>
> 你刚开始拿到这些新的情报，而且是一下子全部到手，肯定会感到特别高兴，会觉得自己居然能够拿到这么多，简直太不可思议了！但是，接下来，你应该很快就会觉得自己像是一个傻子，围着那些题目又是搞研究，又是写文章，发评论，对总统的决策批评分析了那么多年，结果根本就不知道还有这样的情报摆在那里。这些情报总统和其他人都有，唯独你没有。这些情报肯定会对总统他们作的决定产生影响，而你连这一点猜都猜不到。还有，你和那些官员、顾问打了十多年交道，这些人个个都有办法拿到这些情报，可你连这些情报是什么都不知道，更别提知道这些人手头有这些情报。这些人把你蒙在鼓里这么久，你肯定会感到难以接受，肯定会觉得自己上了当，受了骗。

你会觉得自己就是个傻子，这种感觉一般会持续两个星期左右。然后，当你开始每天读这些送来的情报，开始习惯利用这些情报，要知道这些情报比得上一整座图书馆里藏着的东西，比那些最高机密数据还要藏得捂得更深，这个时候你就会忘记之前没有得到情报的时候是个什么样子了，你就会意识到原来我有情报，而其他大部分人都没有……那些其他大部分人都是傻子。

这样再过久一点儿——其实也不会太久，也就是两三年的事情——你会终于发现这些情报原来也有限制，也有很多东西没有告诉你。这些情报往往并不准确，就跟《纽约时报》一样，也会误导你。不过，这一点你还得花上一点儿时间才能体会得到。

到了这个时候，你就会发现自己很难从没有这些许可的人身上学到什么东西。这是因为你听这些人说话，就会暗自琢磨："这个人要是知道我知道的东西，会怎么跟我说？他还会不会给我同样的建议，还是完全改变自己的预测和看法？"琢磨这样的问题是很折磨人的。过一段时间，你就会放弃，变得什么话也听不进去。这样的事情我见过太多，就发生在我的上级、我的同事……还有我自己身上。

所以，你要是碰上一个人如果没有这些特别许可，你和这个人打交道的时候，就只会希望他相信你所说的，按照你所希望的去做，因为你要跟他说你知道的，就非得把谎话好好编一编。说白了，你得去操纵这个人。你得死了那条心，不要去想对方说的话有什么意义。这样做的危险就在于你会变成一个和白痴差不多的东西，无法从世界上绝大多数人那里学到东西，不管那些人在他们各自的领域经验多么丰富，不管他们的经验要比你丰富多少。

艾尔斯伯格说他在与基辛格会面之前，曾经想过这些话自己到底该不该说。这段独白之所以值得一提，关键在于反映出艾尔斯伯格身为一位深谙演绎的理性主义者，懂得欣赏这些肺腑之言的价值，而这些建议恰恰是基辛格今天喜欢送给别人的：知识并不等于智慧，事实的真相并非存在于事实本身，而是在于我们面对事实究竟会问怎样的问题。

基辛格后来向艾尔斯伯格抱怨过自己以前在哈佛大学的同事，其中包括托马斯·谢林。谢林当时已经转变立场，开始反战。据艾尔斯伯格回忆，基辛格“看不起这些人，认为这些人既然对于政策制订的内幕一无所知，又有什么资格去对政策评头论足”。

“他们那种人永远都得不到特别许可。”基辛格如是说道。

从 1973 年 6、7 月到 1974 年 6、7 月，这一年左右的时间对亨利·基辛格来说想必是一段难熬的日子。此时的基辛格身兼国家安全顾问和国务卿两项要职，看来要和理查德·尼克松一道，连同霍尔德曼、埃里希曼和约翰·迪恩这一帮尼克松的高级助理一起下台了，要知道后面这三位到了 1973 年 4 月已经全部收拾铺盖走了人。基辛格在柬埔寨干的那些事情差点儿就东窗事发。哈尔·奈特少校给参议员威廉·普罗科斯迈尔寄去了一份检举信，把自己参与数据造假的事情告诉了对方。参议院武装部队委员会在 1973 年中召开听证会。西摩·赫什差一点儿就查明基辛格卷入其中，参与设立双重记录汇报制度的事情[①]。赫什虽然没法确定基辛格在这件事情当中到底扮演了什么角色（这一点赫什后来会做到的），但并不代表基辛格就此摆脱了困境。1974 年 6 月，赫什在伍德沃德还有伯恩斯坦二人的帮助之下，把网撒得更大了，接连发了好几篇报道，指出基辛格参与了白宫设计的第一轮非法窃听行动。这次窃听是在 1969 年春进行的，目的是保守秘密，不让轰炸柬埔寨的事情走漏风声。媒体记者和参众两院的议员们全都围了上来，问问题的问问题，挖线索的挖线索，发传票的发传票。

基辛格此时刚刚途经中东，抵达奥地利，发现媒体上的报道社论写得越来越不中听，于是决定就此赌上一把。他召开了一个临时记者招待会，扬言以辞职相威胁（这一天是 6 月 11 日，距离尼克松辞职不到两个月）。不管怎么说，这是一场大胆的表演，起到了力挽狂澜的作用。“当人们记录这段历史的时候，”基辛格说这番话的时候看上去眼泪都要掉下来了，“人们或许会记住有些人的生命得以挽救，有的

---

① 要说清楚的是，白宫炮制出来的这些不可告人的战争并不仅限于柬埔寨。奈特就是在读了赫什之前的报道，了解了对越南北部和老挝进行非法轰炸之后，才决定动笔写这封检举信的。

母亲也许日子会过得更加安心，但是我会把这些留给后人去评说。只有一样东西我是不会留给历史去评价的，那就是我的名誉。”

基辛格赌赢了，媒体也动了感情[①]。“他看上去完全值得信任。”这是《纽约》杂志作出的评价。新闻记者和电视主播们似乎一改过去几年里表现出来的那副自信果敢——他们能有这样的自信，本来也是件出人意料的事——一个个缩了回去，又重新集合，围拢在基辛格的身旁。白宫里剩下的那帮人不过是一小撮暴徒罢了，干的那些勾当见不得人，完全不值一提，唯有基辛格才是美国值得信任的人。泰德·科佩尔[②]在1974年录制了一部纪录片，当时距离基辛格威胁辞职刚刚过去不久。科佩尔在片中说道：“我们当时差不多都信了他，认为这个人太了不起了，没有什么事情是他办不到的。”这位国务卿简直就是“一个传奇，是全美国最受人尊敬的人，是魔术师，是奇迹的创造者”。“基辛格，”科佩尔写道，“也许是我们能够得到的最好的馈赠。”

① 也有一些人依旧表示怀疑。《华盛顿邮报》曾经刊载过一篇文章，历史学家小阿瑟·施莱辛格或许是想起了之前与基辛格一起吃过的所有午餐，每次吃饭时耳边听到的是一套说法，眼前看到的却是白宫在干着完全相反的一码事，正因为如此，施莱辛格才写了这些话：“看着基辛格在喋喋不休地谈论自己的名誉，让我想到了拉尔夫·沃尔多·艾默生的那句‘不经意的观察’。他越是大声谈论自己的名誉，我们就越要抓紧数数看我们到底丢了多少把勺子。”基辛格后来在写给施莱辛格的一封私信中埋怨对方不该用“喋喋不休”这样的字眼。施莱辛格也表达了歉意：“想起来，我还真不应该用‘喋喋不休’这个词，直接写‘说个没完’就可以了。可至于其他的话，我必须承认我还是得和艾默生站在一起。”

② 泰德·科佩尔（Ted Koppel，1940— ），美国广播记者、节目主持人，1940年2月8日出生于英国兰开夏郡，为家中独子，13岁那年随父母移居美国，研究生就读于斯坦福大学，专修大众传媒与政治学，早年做过教师，1963年入籍，同年进入ABC工作，1966年作为ABC战地记者，亲赴越南，1968年归国后报道尼克松选战，后任国务院记者，与基辛格交好，1972年曾随尼克松访华，1980年开始担任ABC晚间新闻节目“夜线”（Nightline）主持人，直至2005年退休，后与探索频道签约三年，担任主编——译者注。

第六章　统一的对立

你有责任，得承认我们现在生活在一个革命的时代。

——亨利·基辛格

亨利·基辛格一直以来都在表达自己对革命家们的崇敬之情。他的这份敬意可不是勉强装出来的。回想当年，基辛格与毛泽东二人促膝相对，大谈人生哲理；还和苏联大使阿纳托利·多勃雷宁一起偷偷溜出去，小酌几杯苏格兰威士忌，就此划分出两国各自的势力范围。基辛格早在干这些事好几年前，就已经说过“大多数伟大的政治人物，要么是保守社会体制的代言人，要么就是革命家”。保守自有保守的用处，基辛格说过：“因为作为现状的维护者，保守派无须为一路上走过的每一步去做辩解。不过，革命家同样有革命家的优势所在，因为革命家总是认为自己能够把自己从过去解放出来。革命家因此有更多的自由，去干一番作为，也更加容易化解技术上的限制。”基辛格算是一个保守派，可他同样也是一个辩证论者。在他看来，革命家拥有一些优秀品质，比方说做事目的明确，高瞻远瞩，而且有能力克服制度的惰性。保守派要想经得住革命者的挑战，就需要这样的品质。

基辛格努力让自己拥有这些品质。他尤其崇拜那帮信仰马克思主义政治同行所具有的纪律与决心。不少时候，基辛格的这份艳羡之心让人实实在在感觉得到。“那些参加谈判的北越代表，”基辛格写道，“即使发现自己迫于国内政治压力，不得不低头，却仍然不改初衷，坚持忠于自己的目的：他们从未改变过自己的外交目的，在外交立场上也鲜有动摇。虽然，他们那个四流农民国家已经被我们炸回了石器时代，可他们总能让我们处于持续的公众压力之下。”“周恩来这个人一见面就让人感到激动，他头脑灵活，表情严肃，反应机敏，又不失风趣幽默。”基辛格如是写道。这两个人“很快便发展出一种同志般的情谊，还带着点儿惺惺相惜的情感在里面”。至于毛泽东，基辛格则大可天马行空地想象一番，倘若少了媒体和国会的逼问折磨，在外交上随心所欲地放手去干，会是怎样的滋味。“为什么在你们美国，”毛泽东有一次问基辛格，“你们总对水门这个事情这么关心？这个事情根本就没有意义嘛。”

毛泽东和基辛格两个人都对德国的形而上学感兴趣。“你现在要比以前自由多咯。”这是毛 1973 年 11 月对基辛格说过的话。毛说这句话的意思是既然越南战争已经打完了，尼克松也连任成功，那么基辛格就有了更多余地施展拳脚。“是自由多了。”基辛格答道。毛泽东在这里用“自由”这个字眼，是因为尼克松已经赢得了压倒性胜利，因此得从狭隘的政治角度去理解。不过，基辛格的回答却让这位中国革命家一时兴起，向基辛格问起了一个有关黑格尔的问题。这位中国领导人想知道自己用黑格尔的那句名言“自由意味着知识的必要”，是否用对了地方。

“您用得很对。”基辛格答道。两个人继续聊着。

毛泽东：你有没有注意到黑格尔哲学里面有这么一个命题，叫作对立统一？

基辛格：正是，我在哲学思想上也是深受黑格尔的影响啊。

毛泽东：黑格尔和费尔巴哈这两个人，费尔巴哈比黑格尔出来得要晚一点儿，这两个人都是大思想家。马克思主义有一部分就是从他们那里来的。他们都是马克思的前辈。要是没有黑格尔和费尔巴哈，就不会有马克思主义。

基辛格：是的。马克思虽然在意向上和黑格尔相反，但在基本理论上还是采纳了黑格尔的思想。

毛泽东：你是哪门子的博士？是哲学博士不？

基辛格：是的（大笑）。

毛泽东：那就好啊，要不你给我上一堂课嘛。

基辛格当然对黑格尔提出的“对立统一”了然于心，这个概念指的是理念、人民、政治运动和国家民族都由各自的矛盾来定义。基辛格认为外交要想有所建树，就必须灵活运用这些矛盾。政治伟人之所以伟大，就在于他们有能力“控制这些相互竞争的力量，不管这些力量来自国内还是国外，都能够操控力量之间的对抗”。

可是，到了1975年——此时的基辛格经过六年公职岁月，已经成为杰拉德·福特的国务卿——基辛格在国内得到的却是统一的对立，在国外面对的则是一场有可能演变为永久战争的困局。基辛格非但未能控制住这些相互竞争的力量，反而把它们统统释放了出来。在美国国内，尼克松的那帮圈内人，包括基辛格在内，虽然一个个欺世盗名，做事心狠手辣，生活腐化堕落，可这并不是导致各社会阶层之间的裂痕如此之大的唯一原因。无论是在上流精英之间，还是普通民众之中，这种分裂状况到了20世纪70年代已经愈演愈烈，成为一场社会危机。可是，正如尼克松和基辛格等人所说，他们要用外交政策作为手段，来“打断国内反对者的脊梁”，要“摧毁美国人民对权力集团的信心”。尼克松和基辛格二人虽然在第一点上成绩喜忧参半（尼克松尽管后来被逐出白宫，可毕竟在竞选连任上赢得了压倒性优势），却在第二点上取得了令人咋舌的胜利。待到基辛格即将卸任之际，媒体、大学、影音产业、教会、法院，还有国会，所有这些历届政府赖以维持执政合法性的体制支柱似乎已经全都东倒西歪，整个社会大厦将倾，催生出来的是一种反传统文化，凡事都要对着干，其氛围之深，无不让保守主义的拥趸们忧心忡忡。

基辛格到底在外交领域留下了什么遗产？要想对这个问题作出评价，你就得像1973年末《纽约客》杂志指出的那样，去面对“两个亨利·基辛格”的外交政策。这第一个基辛格“不仅建立了与中国的联系，改善了与苏联的关系，还圆满完成了《战略武器限制条约》的第一阶段谈判——对于这些成绩，绝大多数美国人是心怀谢意的”。基辛格的这些作为意在为自己提出的“伟大战略”构建支架，一方面稳定住越战之后的国际秩序，另一方面让美、苏、中三国界定出各自的势力范围。当然，你还可以在基辛格的这份成绩单上再加上一条——基辛格通过穿梭外交，为1973年爆发的阿以战争画上了句号。可是，还有另外一个基辛格。这个基辛格和尼克松一道，“策划了对柬埔寨不可告人的轰炸行动……从1969年开始对自己的手下人和新闻记者进行非法窃听……1970年策划入侵柬埔寨……1971年策划动用美国空中力量，为入侵老挝提供支援……策划对越南北部港口城市布雷实施封锁……策划对北越实施‘圣诞大轰炸’。所有这一切都是在秘而不宣的情况下进行的，也没有得到国会的任何授权。如果说，现在看来，参与水门丑闻的那位总统及其党羽破坏的是美国政府在国内事务上的民主机制，那么那位总统与亨利·基辛格共同损害的就是美国的外交制度”。

如果这第一个基辛格推行的各项政策能够得到机会，走向成熟的话，你大可想象会结出多少值得庆贺的硕果①。可是，这些政策没有机会结出成果。这些政策之所以无法结成正果，至少在某种程度上来说，正是因为第二个基辛格的行径所致。自越南战争结束之后的几年里，基辛格奔波往返于一个又一个地区，是他一手主导的政策让他自己的“伟大战略”最终不可避免地走向失败。而当他一旦离开公职，卸任而去，很快便站到了美国新一波好战分子的队伍中去，这帮人一门心思想的就是如何打破缓和的国际局势。还记得那些“社会中的野蛮力量”吗？还记得那些“真正强硬的家伙”吗？这些可都是基辛格在 1970 年和 1971 年反复提醒自由派要小心提防的。可到了 1980 年，他却和这样一群人为伍，站在一起，支持这帮人起动冷战，帮着他们实现重新夺回第三世界的企图。

仗打输了，总统也下了台，基辛格在这两件事情上面浪费了那么多的时间，徒劳无功，到了在任的最后几年，似乎也开始显露疲态，陷入某种“过度劳累”的“模式”之中。历史学家约翰·刘易斯·加迪斯②在谈到基辛格的苏联和中国政治对手的同期政策时，对这一模式进行过明确阐述。“老一辈革命家花了那么大工夫，”加迪斯写道，“与其说是出于理性，还不如说是为了情感上的需求。他们花这么大的力气，是为了重新找到自己的根基；回想当年付出那么大的牺牲去打江山，

---

① 打个比方，华盛顿本来可以在越战结束之后，把裁军工作做得更加彻底一点儿，把那些进了军队预算的资金拿过来，用于重振国内的基础设施建设以及非军用方面的科研发展，在 1973—1975 年经济危机到来之际作出不同的反应，推出大众产业公共政策，改善国民收入，而不是搞什么“自由贸易”，让人去拼死拼活地恶性竞争。

② 约翰·刘易斯·加迪斯（John Lewis Gaddis，1941— ），耶鲁大学军事史及海军史教授，以对冷战及“伟大战略”的研究而闻名，被《纽约时报》誉为“冷战历史学家之泰斗”，2011 年出版人物传记《乔治·凯南：美国式的一生》（*George F Kennan：An American Life*），获得 2012 年“普利策奖”（自传与人物传记类）——译者注。

夺政权，到底为的是什么目标，现如今上台执政却不得不一而再、再而三地妥协退让。他们花这样大的力气，就是为了说服自己，让自己相信当年为之奋斗的目标还没有被现实的妥协给完全压倒。”基辛格好不容易才得出一套连贯的后越战政策，采取随机应变的方法应对危机，试图用一场危机去化解另一场危机，在与形形色色独裁者打交道时极力稳住华盛顿的地位，对侵略、政变、暗杀等行径大开绿灯①。

基辛格的的确确这么做了。他主动出击，先发制人（尤其是 1973 年之后在中东地区），不仅为国际局势的缓和蒙上了一层阴影，还令这个世界原本能够从缓和局势中获得的稳定局面就此化为乌有。至于说基辛格留给后继者的政策在道义上站不住脚，这一点倒是因人而异。还有一种观点，说基辛格让这个世界产生分化，虽然短期之内靠着军事高压维持了稳定，但从长远来看，却让这个世界变得更加动荡不安，这样的观点更加没有什么值得争论的。

就某种程度而言，基辛格对整个第三世界所做的，和他对柬埔寨所做的其实是同一回事：是他制订出了一套自圆其说的干预理论。作用力产生反作用力，反作用力又会要求采取更大的作用力。正如他对柬埔寨展开的秘密轰炸一样，这场轰炸把柬埔寨的边境局势搅得一塌糊涂，结果到了 1970 年初，看来只有动用美军，发动大规模地面进攻才是上策。正是因为基辛格在全球推行后越战外交政策，在国际上到处煽风点火，对国际秩序造成巨大冲击，才让新保守主义分子激进的永久战争思想看上去反倒成了一个合理选择，能够拿来解决国际上的诸多问题。

亚洲

红色高棉占领金边是在 1975 年 4 月 17 日，西贡不久即告失守，落入北越军队之手。基辛格既然已经失去了东南亚，也就只好让白宫加大投入，为周边国家的独裁者们提供支持，其中就包括菲律宾的费迪南德·马科斯和印度尼西亚的苏哈托。

---

① 菲利普·L. 盖林（Philip L. Geyelin）已经去世，他在《华盛顿邮报》任职时长期以来一直都在观察基辛格。盖林曾经写过：“亨利·基辛格走马上任八年之后，推出的那些伟大设计已经没有什么拿得出手的了。印象中没有任何一届政府给继任者留下这么一个烂摊子，有那么多外交上的事情没有打理：战略武器限制谈判进入第二阶段，中东问题，巴拿马运河条约，希腊与土耳其就塞浦路斯引发的争端，‘打开’中国正处于最为艰难的阶段，大西洋联盟因为缺乏美国的关注，显得萎靡不振，再加上那个巨人还在国际能源危机中沉睡不醒。”

尼克松和基辛格已经向马科斯点了头，允许后者实施军管戒严。在基辛格的授意下，美国对菲律宾的军事与经济援助急速攀升。基辛格为了换得在菲律宾保留美军军事基地，不惜大幅增加对马科斯的援助。马科斯趁机狮子开大口。“我们提出给他们10个亿，”基辛格向福特汇报时说道，“他们开口就要20个亿。”

印尼天然资源丰富，原油储备极其可观，因此也就更为重要。1975年12月6日，基辛格与杰拉德·福特总统刚刚结束对中国的国事访问，在返回华盛顿的途中在雅加达短暂停留了一会儿。二人给了印尼总统苏哈托放行信号，允许后者进攻东帝汶——东帝汶原为葡萄牙殖民地，此时正在谋求民族独立。“这个会不会打成游击战，拖很长时间?”基辛格想弄明白。“只是小规模的游击战而已。”苏哈托答道。“不管你干什么，都要干得利索一些，这个很重要。”基辛格说道。基辛格提出的唯一要求只是希望苏哈托稍微等一等，等到他和福特回到美国之后再开展军事行动。谈话随后转向了印尼的原油生产，基辛格建议苏哈托“不要制造出什么气氛来，以免影响投资”。

苏哈托要比基辛格更加心急。他为了策划这场入侵，早已准备许久，只是担心国际上受到孤立，才按兵不动。现在既然美国开了绿灯，苏哈托在第二天便发动了入侵。按照联合国真相委员会的调查，印尼入侵东帝汶以及此后长达24年的占领至少导致102800东帝汶人丧生。这些人要么死于战火，要么死于饥荒和疾病。其他资料显示遇难者人数当在此之上，其中还包括数十万人被投进印尼的集中营，而东帝汶总人口还不到70万。在整个这场浩劫中，苏哈托一直源源不断地得到数以千计的M－16步枪以及其他轻型武器、装甲车和飞机。“野马”侦察机也在其列，这种战机专为越战平叛行动量身打造，能够在崎岖的地面上低空飞行，正好适合东帝汶的地形条件。大规模战事持续长达三年，随之而来的是低强度的平叛行动，直至1999年方告结束。

基辛格同样在南亚留下了自己的印记。他在1971年睁一只眼，闭一只眼，纵容西巴基斯坦入侵东巴基斯坦（今孟加拉）。借用美国驻达卡特使的话来说，侵略者手段残忍之极，堪称“有选择的种族屠杀”。尼克松和基辛格对此并非不知情。即便如此，他们仍然暗地里为巴基斯坦提供军事援助。最终导致近50万人死亡，数十万妇女惨遭蹂躏，数百万难民流离失所，涌入印度避难。尼克松有一次将这场屠杀比作纳粹大屠杀，言下之意自己也意识到保持沉默，默不作声是不道德的。基辛格却告诉尼克松无须为此担忧。基辛格这样做的目的旨在安抚巴基斯坦的盟友中国，加之巴基斯坦本身也是冷战时代的一个重要伙伴。基辛格还对印度总理英迪拉·甘地极其厌恶，对印度人也评价不高。此外，基辛格还对尼克松说过："如果孟加拉脱离巴基斯坦独立，那么这个新成立的国家怎么说都会左倾。孟加拉人天生就是左派。"的确如此，待到印度采取干预，制止屠杀，孟加拉最终成为一个独立国家之后，的确出现了一个左派政府上台执政。不过，这个政府到了 1975 年 8 月，就在一场血腥政变中遭到推翻。政变基辛格事先肯定知道，而且在背后给予了支持。随后上台的是一个亲美反印的伊斯兰军事政权。

非洲

基辛格对东南亚念念不忘，时时关心，却常常把非洲当作嘲弄的对象。据说他曾经拿种族歧视开过玩笑（基辛格有一回同非洲各国大使共进晚餐，在路上问阿肯色州参议员威廉·富布赖特[①]："我很想知道宴会厅里现在是个什么味道。"），至少还有一次在提到某位非洲国家领导人时用了"猩猩"这个词。种族偏见没准儿是基辛格的另外一个伎俩，只有这样做，才能博得黑格、尼克松还有霍尔德曼这帮白宫内部极端种族主义分子的欢心。

就政策而言，基辛格早在尼克松执政时期便开始在南部非洲实施所谓的"黑鬼

---

① 威廉·富布赖特（James William Fulbright，1906—1995），美国参议员，"富布赖特奖学金"创始人，1906 年 4 月 9 日出生于密苏里州，1925 年毕业于阿肯色大学，专修政治学，后赴牛津大学就读，1934 年在乔治·华盛顿大学法学院拿到法学硕士学位，1936—1939 年回阿肯色大学任教，1939 年至 1941 年任该校校长，成为美国最年轻的大学校长，1942 年当选众议员，提出"富布赖特议案"，为推动美国成立并加入联合国作出重大贡献，1944 年进入参议院，1949 年成为参议院对外关系委员会成员，1959 年至 1974 年担任该委员会主席长达 15 年，成为该委员会任职时间最长的主席。富布赖特虽然是一名种族主义的支持者，但他反对迫害进步力量的麦卡锡主义，对越战持批评态度，在担任对外关系委员会主席期间召开多场听证会，对全国电视直播。富布赖特历来主张坚持国际法，促进国际交流，1946 年成立"富布赖特奖学金"，为促进美国与他国交流作出巨大贡献，1993 年奖学金设立 48 周年之际获得比尔·克林顿总统颁发的"总统自由奖章"。1995 年 2 月 9 日，富布赖特病逝。2012 年，"感谢富布赖特项目"成立，以纪念其历史功绩及遗产——译者注。

娃娃政策”。具体措施包括加强与南非和罗得西亚[①]的联系——这两个国家当时都由白人至上主义者统治——对两国扩大军售，帮助扩充军备，同时建立秘密网络，开展秘密行动，打击自由运动。正如在东南亚走强硬路线是为了国内政治的需要，着眼于尼克松 1972 年的连任竞选，为比勒陀利亚和索尔兹伯里提供支持也是如此，目的旨在推行尼克松的“南部策略”。“黑鬼娃娃政策”在美国南部效果不错，基辛格和尼克松坚称这两个种族隔离政权的内政不在联合国管辖范围之内，说这样的话明显是为了回应种族隔离主义者捍卫所谓“州权”的要求。

可是，令人始料未及的是南部非洲很快变成了主战场，各种运动风起云涌，要求结束种族压迫与殖民主义。葡萄牙人在安哥拉与莫桑比克的统治已经垮台，引发内战连连。交战双方分别是自由运动与“自由战士”，前者拥有广阔的群众基础，后者则依靠华盛顿、南非和罗得西亚在背后撑腰。

基辛格与中情局和国务院的地区专家们产生了公开分歧。专家们对于南部非洲的情况实际上多少略知一二。举个例子，华盛顿驻安哥拉总领事以及中情局驻安哥拉负责人都觉得“最有资格管理安哥拉的”应该是这个国家最大的反政府组织——“左倾”的“安哥拉民族解放运动”（简称“安民运”）。“安民运”成员包括工程师、农艺师、教师、医生和经济学者。这些人受过教育，代表着这个殖民地国家的社会中层。基辛格对此不置可否，他把那些要求善待“安民运”的人斥为“传教士”“反白人分子”，是“头脑不清醒的自由派”“装腔作势的软心肠”。基辛格认为这些专家全都低估了苏联在该地区的影响力，为此甚至还同自己负责非洲事务的助理国务卿产生不合。其中一位助理国务卿被基辛格开除，另一位则主动辞职，以示对基辛格政策的抗议。

基辛格会在日后写道：“那些细微的变化差异必须引领政治家前行，外交家需要避免采用一成不变的蓝图，来应对天天变化的外交政策。”可是，基辛格在 20 世纪 70 年代看待南部非洲，眼中所见却和他 60 年代在东南亚看到的一模一样。基辛格在 1975 年 6、7 月的一次计划会议上指出，美国终将在安哥拉的冲突中扮演“积

---

① 罗得西亚（Rhodesia），非洲中南部一地区的旧称，分为南、北罗得西亚两部分，现分别为津巴布韦和赞比亚。下文提到的“索尔兹伯里”（Salisbury）为罗得西亚首都，即今津巴布韦首都哈拉雷（Harare）——译者注。

极的角色”。他说这样的话是为了“告诉世人，在东南亚发生的那些事情并没有动摇我们保护自身利益的决心”。“在安哥拉发生的一切不单只是一场内战。”基辛格如是说道。即便在谈论这场危机的前景，讨论自发行为能否平息混乱，恢复秩序时，基辛格依旧认为安哥拉是“一个机会”：在“充满重大变数”的关头，美国将找到机会证明“我们有意志，也有决心，我们仍然是西方世界卓越杰出的领袖，仍然是西方世界的自由捍卫者”。至于安哥拉，他几乎不再多提。

我们再一次看到了某种示范效应，把手段与目的混为一谈：具体的目标被撇在一边，避而不谈，只是话中带话地在绕圈子；说什么我们需要展示决心，是为了保护我们的利益，捍卫自由，而“利益”和“自由”则被完全解释成了我们是否有能力展示我们的决心。

诚然，基辛格有一回还不算会议室里头说话最狠最毒的那一个。“我们最好，”福特的国防部长詹姆斯·施莱辛格在一次战略会议上就曾说过：“做点儿什么，把安哥拉搞散架。”进入7月，基辛格开始加大对安哥拉境内亲美叛军的支援——他一直都在背后支持这些叛军——同时催促南非派遣雇佣军，要求南非种族隔离政权派遣正规军入侵干预。这些行动通过中情局，还有罗得西亚和南非那帮信奉白人至上主义的代理人来开展。这一招相当管用，因为这样可以让基辛格绕开“麦戈文一派把持的国会”加在自己头上的种种限制，放手行事。事实上，就在基辛格当着国会委员会的面大赔不是，为自己当年在老挝动用中情局表示歉意的同时，却在南部非洲干着一模一样的勾当①。

约翰·斯托克韦尔是中情局的一名特工，在基辛格在安哥拉进行秘密战争的初期专门负责军事行动。斯托克韦尔在回忆录中写道：“中情局上下各级都达成了协调一致，南非方面也跟着我们的步骤，加快步伐，参与进来。”按照斯托克韦尔的说法，所有这一切“都是在中情局总部没有任何备忘记录的情况下完成的，没有任

---

① 1975年11月21日，基辛格在国会作证时说道：“回想起来，我觉得让中情局在老挝指导作战，并非什么高明的国家政策。我想我们本来应该还可以找到其他办法来处理这些事情。仅仅只是因为中情局在执行比较明显的大规模行动时不需要作那么多解释，就动用中情局，这不是什么高明的政策。”按照基辛格的说法，不应该“仅仅只是为了让执行机构图方便省事，容易交代清楚”，就随随便便动用中情局。他嘴上虽然这么说，可当时做的却正是这同一码事。

何备忘录上面写着‘让我们与南非方面合作吧’”。“中情局与南非方面保持着密切合作与相互支持，”斯托克韦尔在国会作证时说道，“基辛格与中情局局长一同负责这项军事行动。”事实上，不仅在安哥拉，还有莫桑比克、扎伊尔和纳米比亚，类似合作在整个地区都在开展。

基辛格在南部非洲进行的这场战争最终惨败。在安哥拉，安民运被证明战无不胜，而南非的介入招致了古巴的迅速反应，后者也加入了战争。菲德尔·卡斯特罗的军队把得到美国人撑腰的入侵者打得溃不成军。基辛格开始退缩。“也许我们应该放过安哥拉，”基辛格1976年初对时任国家安全顾问布伦特·斯考克罗夫特[①]说道，“这样下去会越来越糟，变成灾难的。”

这的确是场灾难。内战很快失去控制。比勒陀利亚与索尔兹伯里的少数派白人政府东打一枪，西打一枪，有如惊弓之鸟，手忙脚乱。哈瓦那很快作出回应，宣布古巴将增加援助，支持为自由而战的人们。卡斯特罗在安哥拉取得了辉煌胜利，声望水涨船高。如果战争就此升级，古巴军队去其他地方，比如说罗得西亚，把那些高高在上的白人打得落花流水，那么卡斯特罗的威信还会成倍增加。

一系列批评文章的出现让基辛格越发感到忧心忡忡。这些文章自1974年开始接二连三地出现在美国国内和外国传媒上，对基辛格的“黑鬼娃娃政策”展开连番抨击：为了在道义上维护反共立场，甚至不惜依仗杀人成性的独裁者，这是一码事，为自己支持白人至上主义和种族主义政权找理由开脱，又是另外一码事。基辛格被迫改变方向，扮演起调停谈和的角色来。1976年4月，基辛格出访非洲，与多位“左倾”领导人进行会晤，大谈普世“共同”价值，对非洲人民的“抱负”给予认可。基辛格此行不仅参观了维多利亚大瀑布，还乘坐路虎汽车去某个禁猎区逛

---

① 布伦特·斯考克罗夫特（Brent Scowcroft，1925— ），美国空军中将、情报人员，1925年出生于犹他州奥格登市，祖上为英国移民，自小便有强烈的“宗教文化传统”意识，1947年本科毕业即进入西点军校，获得空军少尉军衔，在多个组织行政部门服役，1953年和1967年在哥伦比亚大学先后拿到硕士与博士学位，学的都是国际关系，1969年调入美国空军司令部，翌年进入参谋长联席会议，任联席会议主席特别助理，1974年被授予空军中将军衔，翌年功成身退。斯考克罗夫特与基辛格长期保持交往，二人的交情始于1969年基辛格出任尼克松的国家安全顾问时期，斯考克罗夫特在为老布什效力之前曾是“基辛格合伙人”公司的副主席。斯考克罗夫特在尼克松时代曾任总统军事助理兼国家安全事务副助理，福特与老布什执政期间均为国家安全顾问，小布什上台后任总统外国情报咨询委员会主席（2001—2005年），还就国家安全事务向奥巴马提出过建议——译者注。

了一圈，身上穿着黑人常穿的短袖套衫，显得花里胡哨，并且改口将罗得西亚称为津巴布韦。“非洲是非洲人的非洲。”基辛格一回国便接受了《喷射》周刊[①]的采访，声称华盛顿不会按照冷战模式去强行改变南部非洲地区的多元政治生态。

基辛格为了阻止卡斯特罗再次取得胜利，决定接下来先发制人，通过谈判，成功促成罗得西亚白人种族主义政府投降。“我对罗得西亚的白人有着本能的同情，”基辛格，这位当年自魏玛共和国流亡而来的难民如是说道，“可是黑非洲在这件事情上绝对是团结一致的，如果我们不能抓住机会先下手为强，那就等着苏联和古巴大军压境吧。”

基辛格尽管已经改变立场，可造成的破坏无法挽回。他留下的是一个恐怖主义滋生的温床，有朝一日将被新右翼重新启动。里根政府内部的强硬势力在继续为南非的种族隔离分子提供支持，以此作为重燃冷战计划的一部分。更加令人感到悲哀的是，他们还在为莫桑比克和安哥拉的亲美反叛分子提供支持。这些叛乱分子个个杀人成性，嗜血如魔[②]。在莫桑比克，“莫桑比克全国抵抗运动”残暴成性，对平民实施斩手断脚、割面毁容等酷刑折磨，恶名昭著。“莫抵运的所作所为属于恐怖主义行径，这一点根本不存在什么争议，”美国驻马普托特使写道，“该组织反叛分子犯下的武装恐怖主义暴行已经越来越惨无人道，越来越令人发指。”在安哥拉，叛军得到了来自华盛顿的支持。叛军首领若纳斯·萨文比被英国驻安哥拉大使形容为“魔鬼”：“此人对权力穷奢极欲，给本国人民带来的灾难罄竹难书。”

头一个开始栽培萨文比的正是基辛格，基辛格在萨文比身上投入多达数百万之巨。接下来出手的是里根。里根在 1986 年邀请萨文比亲赴白宫，在保守派政治行动大会上对其赞许有加。里根在发言中首先称赞了“70 年代中期新右翼的崛起和

---

① 《喷射》周刊（*Jet magazine*），是一份面向非洲裔美国人的新闻周刊杂志，1951 年由芝加哥的约翰逊出版社出版，因其早年对黑人民权运动的纪实报道而闻名。周刊创始人约翰·H. 约翰逊（John H. Johnson）在创刊号中解释了周刊名称的由来：“今天的这个世界，一切事物运转的速度要比以往更快，变化就在转瞬之间。新闻变得越来越多，而阅读新闻的时间却越来越少。”2014 年 6 月 23 日，该杂志出版最后一期纸质版，此后全部改为电子版——译者注。

② 乔治·舒尔茨当国务卿的时候，一度试图让里根对安哥拉、莫桑比克和南非的态度变得温和一点儿，也取得了一些成功。但是，舒尔茨常常受到中情局局长威廉·凯西从中作梗。后者与支持尼加拉瓜叛军的那一帮强硬分子同属一丘之貉，都在经营着基辛格留下来的秘密网络。

宗教界的复兴，以及1980年那场通向华盛顿的最后胜利大进军”，接着话锋一转，谈起了国外的革命形势，并且提议为萨文比干杯。安哥拉的“自由战士”们在萨文比的领导下，正在开展一场“革命”斗争，“他们的举动令世界为之一振”。“他们的希望，”里根说道，“寄托在我们身上。而我们的希望也寄托在他们身上。”短短两个月之后，里根政府便向萨文比的叛军提供了包括地对空导弹在内的一揽子援助项目，金额高达2500万美元。

学者估计，萨文比发动的这场叛乱夺去了40万人的生命。而按照历史学家的猜测，全部加在一起，至少有两百万安哥拉人和莫桑比克人在接二连三的内战中丧生。诚然，这两个国家都没有“散架”，却就此变得满目疮痍，基础设施破坏殆尽，武夫当权，吏治腐败，医院里人满为患，停尸房里尸积如山，多到放都放不下。莫桑比克的内战在1992年宣告结束，而安哥拉的冲突又继续拖了十年[①]。

① 基辛格1976年1月在参议院安哥拉事务专门委员会作证时强调美国必须展示决心，“要在黑非洲坚决果断地动用自己的力量”。“苏联和古巴发动了大规模干预，这是以前从来没有过的，如果美国在干预面前让人感觉软弱无力，”基辛格问道，“那么全世界的领导人将如何看待我们？”基辛格还提到了门罗主义，声称这份发表于1823年的总统声明——门罗当年宣称欧洲列强不得染指美洲事务——等于给了总统“非比寻常的行动自由”，让总统有权不受国会监督，在非洲行事（时任参议员乔·拜登指责基辛格的论调是打算推行“全球门罗主义”）。不过，基辛格玩的小把戏最终依旧得逞。他先是挑动苏联人进行干涉，卷入进来，然后声称美国必须作出回应，不能示弱，让人看扁。斯托克韦尔作为中情局负责南部非洲行动的特工，1978年5月曾在国会作证，明确表示苏联与古巴是在基辛格和中情局局长威廉·科尔比展开秘密军事行动之后才介入安哥拉冲突的。中情局与基辛格自1974年5月开始为反“安民运”的叛军提供人员培训和武器装备。苏联人后来直到1974年9月才开始武装“安民运”。古巴人参与进来也已经是一年之后的事情。斯托克韦尔认为基辛格1976年作证时说的话“纯属信口雌黄”：“中情局局长和基辛格先生有着非常肯定和明确的认识，他们知道美国民众绝不会允许开展这样一场军事行动，那个时候距离我们撤离南越、蒙受羞辱，才刚刚过去三个月。所以，他们在这个问题上撒了谎。即便是在给国会的秘密汇报中，他们两个也在遮遮掩掩。科尔比局长和国务卿基辛格先生在国会作证的时候说，美国没有派遣任何人员卷入安哥拉内战，也没有向安哥拉直接提供任何武器，中情局和南非没有任何牵连，中情局也绝对没有参与招聘雇佣军的事情。他们两位在上面几点的证词全部都是糊弄人的假话。”这一连串的战争皆由基辛格主导发起，后经里根之手，其影响范围不仅包括安哥拉北部，还波及中部非洲。“人权观察”组织2004年发布世界人权报告，认为在刚哥因争夺资源而持续恶化的战争危机与20世纪70年代美国在安哥拉开展的秘密军事行动有密切联系，尤其是美国当年为扎伊尔反“安民运”领导人蒙博托·塞塞·塞科提供了大量支持、武器和指导。

中东地区

1975年12月对基辛格来说，是这个多事之年里难得清闲的一个月。就在对苏哈托进攻东帝汶表示首肯十天之后，基辛格便与伊拉克外交部部长萨阿敦·哈马迪进行了会面。基辛格向哈马迪表示，希望伊拉克复兴党能够把调子放低一点儿，不要那么激进，和苏联人离得远一点儿，并且承诺作为交换，福特总统将迫使以色列就范，让后者放弃占领的阿拉伯领土。基辛格此言旨在寄望让巴格达调转枪头，将枪口对准莫斯科。“以色列对我们在阿拉伯世界来说是弊大于利的，”基辛格对这位伊拉克外长说道，“我们虽然不会在以色列存亡的问题上谈条件，但让以色列在领土面积上保持合乎历史地位的大小，还是做得到的。”

基辛格话虽如此，其实根本无意打算这样做。过去两年以来，基辛格自从通过“穿梭外交”帮助解决了1973年阿以战争的问题，就一直在制订一个计划。借用政治学家斯蒂芬·沃尔特的话来说：他在谋划一幅“美国君临中东地区”的宏伟蓝图。

美国要想在中东地区取得支配性的优势地位，势必包含多个方面的因素。不过，其中最为核心的成功关键就在于见到哪一家，就说哪一家爱听的话，这样才能让以色列与各阿拉伯产油国结成纽带，纵使二者势同水火，也难以分割。面对阿拉伯国家，基辛格许诺（就像他向哈马迪承诺的那样）华盛顿将向以色列施压，让其归还占领的领土。可是，当着以色列的面，基辛格嘴里信誓旦旦讲的又是完全另外一套。举个例子，1975年9月，基辛格同以色列签署了一项秘密协定，承诺美国既不会“承认”，也不会与巴勒斯坦解放组织进行“交涉”，除非巴解组织承诺“以色列有权存在”（以色列却无须承认巴勒斯坦“有权存在”作为回应）。基辛格对以色列作出这样的保证，起到的效果是让这场危机就此定格。他给出的这个方法虽然能够维持僵局，却无法提供解决之道。正如历史学家萨利姆·雅库布所言，基辛格“有意设计出这样一种一步一步慢慢来的策略，这样就能形成一种机制，好让以色列永久占领阿拉伯国家的领土。这样一来，不管他的后继者作何打算，都能在今后几十年里一直发挥效力”。

基辛格当着哈马迪的面，嘴上说一套，事实上根本无意让以色列保持“合乎历史地位的大小”。不过，有一些人基辛格倒是可以舍弃，可以拿来作为信守承诺的牺牲品——这就是库尔德人。就在三年前，基辛格还在和伊朗一道谋划如何利用支持库尔德人，让伊拉克复兴党垮台。他们给库尔德人提供武器（武器由以色列提供，这样就不会惊动国务院），在伊拉克北部掀起叛乱，打一场争取民族独立的战争。基辛格压根儿就不希望库尔德人赢。他常常抱怨联合国规模太大，难以开展工作，最不愿意见到的事情就是又多出一个成员国来（孟加拉就已经够让他头疼的了）。基辛格需要的只是库尔德人叛乱能够对巴格达施加足够的压力，这样他就有机会从中渔利。

可是等到1975年，基辛格已经确信自己制订出了一套长久可行的方案，能够让伊拉克与伊朗两国保持均势，符合美国的利益，于是抽走了对库尔德人的支持。巴格达方面迅速采取行动，袭击杀害了成千上万的库尔德人，推行种族清洗计划。阿拉伯人进入库尔德人生活的地区，数十万库尔德人被包围起来，被迫迁移。国会后来组成了一个委员会调查基辛格的政策。根据该委员会的调查报告，基辛格与伊朗“都希望我们的客户”——库尔德人——“不要得势”。他们反倒希望“这些叛乱分子只要保持一定程度的敌对能力就好了，这样就能够消耗伊拉克的资源”。一般来说，类似这种委员会调查报告读起来多让人感觉语句乏味，味同嚼蜡，不过下面两句话还是相当尖锐的：“我们并未向我们的客户透露这项政策，这样就能鼓励他们继续战斗……即便置于秘密行动的大环境来看，我们这样做也算是相当无情的了。”①

同样是在中东，同样是这位基辛格先生，在1972年开始推行对伊朗国王的“无条件支持政策”，以此作为手段，以便美国在东南亚抽身之际还能稳定自身在海湾地区的权力地位。詹姆斯·施莱辛格当时在尼克松手下担任中情局局长与国防部部长。按照他的说法，“如果我们真的打算扶植伊朗国王做海湾守卫者，那么他要

① 基辛格牺牲了库尔德人，却什么也没有换回：伊朗国王到了1979年就要垮台，华盛顿卖给伊朗的所有军事装备将统统落入阿亚图拉的手中。一年之后，伊朗与伊拉克还将展开一场大战，这场战争虽然极其惨烈，却毫无意义，最终吞噬掉成千上万的生命。里根政府表面上“偏向”巴格达（包括向萨达姆提供必要物质生产沙林毒气，还有所需情报，以便将这些毒气用于库尔德人身上），同时却在向革命的伊朗出售高科技武器（也就是后来通称的“伊朗门”事件）。

什么，我们就得给他什么”。施莱辛格继续说道：“这样做实际上意味着对伊朗国王有求必应。”当然，这位伊朗国王最希望得到的是武器，还有美国的军事训练人员，再加上一支海军，连同一支空军。“军火贩子们开玩笑说，”历史学家叶尔万德·阿布拉哈米安写道，“伊朗国王捧着武器教范看得那个入迷，简直就跟男人抱着《花花公子》一般。”基辛格无视国务院与国防部的反对，给了这位国王世界上任何一个国家都不曾拥有的东西：他从美国的军火商那里想买什么武器，就能买到什么武器。“我们打算建立一支海军。”伊朗国王对基辛格说。“我们这里的货可多了。”基辛格就让他买回去了一支海军。阿布拉哈米安指出，截至 1977 年，“伊朗国王已经拥有了波斯湾地区规模最为庞大的海军，西亚规模最大的空军，陆军规模在全球也能排名第五”，包括数千辆新型坦克、400 架直升机、28 架气垫飞行器、100 门远程火炮、数以千计的“小牛”式空对地导弹、173 架 F4 战斗机、141 架 F5 战斗机，等等。待到来年，这位伊朗国王又新购置了价值 120 亿美元的武器装备。

伊朗国王如此大规模增加军备，其用意绝非保护海湾地区这么简单。此举不过是全球政治经济转型这一更为宏伟历史背景的冰山一角罢了。西方世界在这场转型大潮中，变得越来越依赖石油美元的循环流通①。这种依赖性在1975年显得越发突出，基辛格与沙特阿拉伯于同年达成一项非正式协定，内容与他当年和伊朗的约定大同小异，其中包括将60架F－5E/F战斗机出售给这个酋长国家，订单价值高达7.5亿美元。至此为止，美国与利雅得签订的军售合同总值已经超过1万亿美

① 《洛杉矶时报》1974年2月14日号刊文指出“石油美元”一词最早出现于1973年下半年，是由纽约的一些投资银行家引入英语的，这些人正在竞相追逐那些产油大国。其实，早在1973年6月——这一年出现的不少危机（10月阿以战争爆发，石油禁运，11月开始经济衰退，经济疲软一直持续了两年）当时尚未陷入最坏的境地——尼克松的财政部长乔治·舒尔茨便在一次发言中谈到了石油价格攀升可能会让美国与中东产油国“在讨价还价时，双方都占据极其有利的地位”。事实上，许多人已经在谈论像这样的“讨价还价”有可能解决不少问题。比如说，增加新的对美元的需求（借此弥补尼克松1971年退出布雷顿森林体系造成的损失）；为国防产业注入所需资金，此时的国防产业经历了越战之后，正陷入萎靡不振的疲软期（国防部长施莱辛格声称伊朗的军购计划将有助于为军事研发埋单）；还有通过购买公债，填补日渐高涨的财政亏空。然而，石油美元并非能够临时救急的手段。能源价格高居不下，对于美国经济来说依旧是个拖累，通货膨胀与高利率问题已经困扰美国经济将近十年。依赖石油美元这个方案也并非事先早已预想周全。相反，随着国际形势的种种变化，例如基辛格逐步加强与中东国家的联系，这种依赖也变得时断时续，反反复复。1969年至1971年期间，尼克松与基辛格针对阿拉伯国家以及伊朗的经济国家主义，不断作出调整适应，比方说，在穆阿迈尔·卡扎菲1969年夺取利比亚政权之后，与之展开合作，迫使美国西方石油公司接受新的条件。“在这几年里，华盛顿方面，”历史学家丹尼尔·萨金特写道，“对油价提升一直持有包容，甚至怂恿的态度，因为这样将增强伊朗和沙特的实力，让这两个国家成为冷战安全利益的保证。”然而，随着阿以战争爆发，以及随之而来的石油禁运，人们不得不开始坐下来重新估量。“美国，”就像基辛格后来总结这个问题时所说的那样，“在以色列的立国生存问题上当然是有利益的，但我们同样在1.3亿阿拉伯人身上有自己的利益考量，要知道正是阿拉伯人牢牢把持着世界石油供应。”美国该如何是好？华盛顿在海湾地区有两大保证，一个是伊朗，一个是沙特，二者都绝非言听计从的善类（那位伊朗国王眼看油价持续走高，早已得意忘形起来。“油价当然要涨，这个是肯定的！”这是伊朗国王1973年底接受某位记者采访时说的话；与此同时，沙特人则在央求基辛格要多多体谅他们的难处，沙特处在极端分子的压力之下，别无选择，只好派兵攻打以色列，断他们的油，就连美国太平洋第七舰队的原油供给也给一并断了。）基辛格试图利用武力恫吓，与时任国防部长詹姆斯·施莱辛格先后设计了好几个军事方案，可能的话甚至包括攻占阿联酋首都阿布扎比。“真想干的话，就拿出一个计划来，在中东抢他几个油田。”基辛格说道。“难道就不能打掉一、两个酋长，让他们看看我们说到做得到么？”基辛格继续发问。可是到了11月28日，沙特人眨巴眨巴眼睛，不但领会了意思，还作出了让步。沙特人在不到一年的时间里不仅帮助成功解决了禁运问题，还同意将原油日产量增加100万桶，专门卖给美国。基辛格又开始兜售他的观点，也就是所谓的石油底价政策，换言之，每桶原油价格不能在此价格之下。该政策旨在保护伊朗国王与沙特人不会因为原油需求量突然减少而蒙受损失，同时让美国的油企在毛利率上得到保障。与此同时，尼克松和基辛格开始增加美国对沙特的军事援助与武器销售。1974年到1975年那段时间，基辛格还在做着白日梦，时不时幻想着给对手来个致命一击：“我们没准儿真得占领几个油田。”“我的意思不是说我们非得把沙特给占了，”基辛格后来又补充解释了一番，“阿布扎比怎么样，要不利比亚也行？”话虽这么说，可沙特王室与华盛顿政治圈的政治联系坚如磐石，早就摆在那里，不可动摇。

元，在此之上的唯有伊朗一家[①]。

伊朗国王同时希望美国人能够将他视为一位真正的政治家，给予尊重，还寄望华盛顿在对待伊朗时能够体现出像对待西德与英国一样的尊敬。给伊朗国王打气正是基辛格的拿手好戏，他要让这位一国之君觉得自己真是“万王之王”。如果还有哪个人要比穆罕默德·礼萨·巴列维能够让基辛格马屁拍得更响一些，那肯定只有理查德·尼克松了。

人们每每看到这些外交记录，总会得出一个印象：基辛格与这样一位伊朗国王三番五次地会面，想必一定身心俱疲吧。他做每一个动作，说每一句话都得小心斟酌，反复思量，好让这位尊敬的陛下感觉得到了尊重，受到了重视。“这么说吧，”有一位助理曾经帮助基辛格筹备过这样一次会面，如是说道，“这位伊朗国王想法很多，比如说他想谈一谈巴基斯坦、阿富汗、沙特、海湾地区、库尔德人，要不聊

---

① 《华尔街日报》1974年7月25日号曾经报道，汉诺威信托银行估计“每周大约有十至十五亿新的‘石油美元’资金可以用于投资”，其中“相当一部分资金通过各种不同的政府行为消化吸收，包括将资金用于直接投资美国财政部的特殊债券”。“难道联邦储备局会不高兴么?”某位经济学者如是说道：“假如他们能够从国会拿到全部贷款，让利率降下来，可真正干这事的却是阿拉伯人，他们把从美国消费者手中赚来的钱又重新注入经济里去。”到了20世纪70年代中期，“大通银行每天经手来自伊朗的存款多达5000万至6000万美元”，这些钱反过来又重新贷款给了伊朗，用于资助“大型工业项目”，而这些项目又会向大通银行支付利息。这种新出现的石油美元的相互作用同样反映了华盛顿与发展中国家之间的关系在悄然变化。正像历史学家克里斯托弗·迪特里克（Christopher Dietrich）所说的那样，基辛格利用这场能源危机来应对第三世界国家的经济国有化措施。他的做法优先考虑的是“在全球推行市场自由化，此举将在更加广阔的层面上损害国际经济的公正与合理”。能源进口国的民族主义分子要求通过诸如国际货币基金组织这样的公共机构来分配石油美元，以此作为某种类似第三世界“马歇尔计划”一样的计划，来促使工业生产资本化。基辛格成功抓住机会，坚持让石油财富通过私人资本市场和私人投资银行循环流通。基辛格曾经说过“拿世界经济来玩政治手段是荒唐而危险的”。这样的话出自基辛格的口里，本身就是一个讽刺。因为正是他自己提出的“市场自由化理念”导致了“荒唐而危险的”力量出现，这种力量将对国际局势的缓和产生冲击。在美国，能源价格的快速上升，以及石油美元的大批涌入，给了“独立”资源提取者巨大的权力。这些资源提取者将成为至关重要的经济因素，左右蒸蒸日上新右翼的选情（比方说得克萨斯州的“亨特兄弟公司”，还有“科赫兄弟集团”，后者在今天名头要更加响亮一些）。这些公司之所以“独立”，是因为他们不属于美孚、海湾、德士古这一类石油巨头，后者统治着能源生产，在很大程度上必须服从利比亚或者委内瑞拉这些国家的石油生产国有化政策。“这些公司太愚钝了，根本就不是社会主义国家的对手。”基辛格1975年谈到集团公司有意与欧佩克合作时说道。可是，正是这些公司有可能为基辛格实现全球政治稳定这样一幅更加广阔的蓝图做铺垫。反观那些“独立”公司，可能会与新右翼在其他方面联手，靠着罗纳德·里根在前台，伺机破坏缓和的国际局势，重新杀回第三世界。

一聊勃列日涅夫也可以。”另外一次也是筹备会议，基辛格得知“国王希望能够亲自驾驶 F—14 战斗机”，经过一番漫长讨论之后得出结论，这样做也许不大得体，于是劝说伊朗国王打消这个念头的重任就落在了基辛格的肩上。“我们可以这么说，”基辛格建议道，“如果国王陛下真的决心这么做，那么没问题，但是如果我们的总统先生不用去担心那万一发生的事情的话，可能会感觉轻松一些。话如果这样说的话，伊朗国王听起来就会觉得受用了。”还有一次，尼克松叫基辛格去跟丹尼·凯耶[①]约一下，要凯耶给伊朗国王和王后来一场私人演出。

1973 年 7 月，伊朗邻国阿富汗发生政变，上台执政的共和国政府属于温和派世俗政权，不过倒向的却是苏联一边。伊朗国王充分把握了这一点，开口要求更多军援。按照伊朗国王的说法，现在他“非得动用战斗机，才能保护东部”。德黑兰开始搅和阿富汗政局，向喀布尔提供数十亿美元资金，帮助经济发展，维持稳定。作为交换，阿富汗必须放松“与苏联的联系”。此举假借伊朗之手，加强美国对喀布尔的影响，也许能够被视为一条可行的和平之路。令人遗憾的是，与这条和平之路并行的还有另外一招，极具争议，那便是通过伊朗国王麾下的秘密警察机构“伊朗安全和情报组织”（SAVAK）以及巴基斯坦的三军情报局，派遣伊斯兰反叛分子进入阿富汗境内，颠覆喀布尔的共和国政权。

巴基斯坦之所以要破坏阿富汗的政治稳定，自有其原因。这件事情不仅关系到两国之间的边境争端，还与巴印两国日渐对立有关。基辛格向来颇为看重巴基斯坦的战略地位。他在 1955 年写过一篇文章，也就是敦促美国在世界灰色区域打“小规模战争”的那篇文章，在文中提到“阿富汗的国防仰仗的是巴基斯坦的力量”。于是，到了 1975 年，基辛格为了让阿富汗能够把这场游戏重新玩下去，开始大力恢复对伊斯兰堡的军事援助，要知道这些援助早在 1971 年巴基斯坦对孟加拉施暴

① 丹尼·凯耶（Danny Kaye，1911—1987），美国电影演员、歌星、喜剧演员，1911 年 1 月 18 日出生于布鲁克林，祖籍乌克兰，犹太裔，自小便极具演唱表演天赋，年少丧母之后放弃学业，辗转他乡卖艺，1933 年参加舞剧，赢得人生转机，1935 年开始从影，一生主演电影 17 部，深受观众喜爱，1954 年成为联合国教科文组织首任巡回大使，1963 年至 1967 年在 CBS 电视台主持综艺节目“丹尼·凯耶秀”（the Danny Kaye Show），1984 年获颁“法国荣誉军团奖章”，1987 年 3 月 3 日因心力衰竭去世，享年 76 岁——译者注。

之后便已经停止（那场暴行当时得到了基辛格的默许）①。

我们知道，基辛格从一开始出任国家安全顾问，到后来当上国务卿，参与策划实施了在不少国家的秘密行动，柬埔寨与智利便是例子（详述请见下章）。诚然，没有任何资料证据表明他直接参与鼓动巴基斯坦三军情报局和伊朗的SAVAK颠覆阿富汗。不过，我们并不需要看到枪口冒烟，才明白背后究竟隐藏着怎样的真相，才知晓基辛格的这些举动带来了怎样的负面影响。外交政策专家迭戈·科尔多韦斯与塞利格·哈里森在1995年出版《走出阿富汗》（*Out of Afghanistan*）一书，二人通过调查研究苏联档案资料，为我们提供了一幅形象生动的画卷，让我们看到基辛格到底实施了多少政策，好比扶植伊朗、恢复与巴基斯坦的军事联系以及武器军售，等等，让这些政策合在一起，点燃了伊斯兰“圣战”运动的战火：

> 那是在20世纪70年代初期，当时石油价格正在节节攀升，伊朗国王穆罕默德·礼萨·巴列维开始雄心勃勃地试图将苏联人的势力从邻国驱逐出去，在现代化的基础上重新恢复古波斯帝国的荣耀……自1974年开始，这位伊朗国王就下定决心，要将喀布尔拖进自己打造的地区经济安全圈里来，这个圈子在政治上偏向西方，以德黑兰为中心，覆盖印度、巴基斯坦以及海湾各国……美国对伊朗国王“驱逐”苏联的政策给予了积极支持，并将此作为与伊朗广泛合作关系的一部分……SAVAK与中情局携起手来，有时会与地下的阿富汗伊斯兰激进主义组织保持松散合作。这些组织虽然同样将反抗苏联人当成目标，却有着自己的行事原则……随着石油利润激增，这些伊斯兰原教旨主义组织一个个赚得盆满钵满，他们的特使也怀揣着鼓鼓的钞票，在阿富汗登台亮相。

---

① 佐勒菲卡尔·阿里·布托（Zulfikar Ali Bhutto）1975年是巴基斯坦首相，他是1971年武力入侵孟加拉的支持者。1975年初，布托曾在华盛顿会晤过福特和基辛格，共同商讨恢复军援的事情。基辛格在会后告诉福特，说“布托在71年表现很不错”。“那可是尼克松最美好的一段时光”，基辛格说的是尼克松支持巴基斯坦的事情，巴基斯坦当时干的事情被尼克松派驻巴基斯坦的大使形容为“种族屠杀”。

哈里森同时写道："无论是 SAVAK、中情局，还是巴基斯坦特工，全都卷入了 1973 年与 1974 年在阿富汗由激进主义分子发动的未遂政变，并且参与了 1975 年在潘杰希尔谷地爆发的穆斯林叛乱。正是这一系列行动为 20 世纪 80 年代及其后的伊斯兰'圣战'运动打下了基础。"

关于吉米·卡特当年作出的那个决定，人们已经谈过很多很多。1979 年 7 月，吉米·卡特在听取国家安全顾问兹比格涅夫·布热津斯基的建议之后，授权向阿富汗的穆斯林游击队提供"非致命性"武器援助。此时距离莫斯科派遣军队帮助阿富汗政府打击四处扩散的穆斯林叛乱还差六个月的时间①。然而，致命性武器此前早已通过华盛顿的两大重要盟友流入了圣战者手中。这两大盟友便是巴基斯坦与伊朗（后者直到 1979 年革命爆发一直是美国的重要盟友）。为伊斯兰激进运动提供支持，是在基辛格任内开的先河，其后经卡特与里根两任总统，带来的后果堪称灾难。这样做不单让阿富汗本就脆弱的世俗派现代政府不堪重负，无力支撑，还为今日肆虐多国的极端运动打下了最初的基础。当然还有一点，那便是阿富汗的动荡不安最终使苏联人按捺不住，悍然出兵。

有些人对卡特与里根当年作出的这些决定表示称颂赞许，认为是这些决定加快了苏联覆亡的脚步，是 1979 年 12 月发生的那一幕将莫斯科拖入了泥潭。"哪一件事情对于世界的历史发展来说更有意义？"布热津斯基曾经这样问道，"是塔利班还是苏联帝国垮台？是一小撮愤愤不平的穆斯林还是解放中欧，结束冷战？"然而，

---

① 基辛格与布热津斯基二人同出自哈佛，同为移民出身，同样都是大战略家。这两个人彼此较劲，针锋相对，早已为人熟知。不过，布热津斯基直到 1979 年给卡特总统上书提建议的那会儿，还是支持基辛格的铁杆之一。事实上，包括沃尔特·斯洛科姆和戴维·纽森在内，留在卡特政府中的好几位都是基辛格的同道中人。正是在这帮人的影响之下，才在 7 月作出决定，为圣战者提供政治支持。纽森是卡特手下专管政治事务的副国务卿，他在 1979 年 3 月 30 日的一次会议上曾经说过这样一番话："这是我们美国的政策，我们要把苏联人目前在阿富汗的发展势头扭转过来，要把他们赶出去；我们要让巴基斯坦人看清楚我们的利益摆在哪里，要让他们看清楚我们对于苏联人的介入表示关注；我们要让巴基斯坦人、沙特人，还有其他国家的人看清楚我们有决心阻止苏联在第三世界扩张势力。"纽森早年曾是基辛格在非洲的得力干将，是基辛格"黑鬼娃娃政策"的"头号公开倡导者"。这项政策包含了一整套政治意见，不仅让安哥拉与莫桑比克两国陷入连番内战，还为南非与罗得西亚的白人种族主义政权重新提供支持。斯洛科姆是卡特的国防次长。那次会议上有人问他，继续向阿富汗反叛分子提供支持是否没有"价值"？"把苏联佬引过来，让他们也掉到越南那样的坑里去。"斯洛科姆如是答道。

莫斯科出兵占领阿富汗的行动最终演变为一场灾难，受难的并非只有苏联人一家。苏联人最终在1989年撤军，身后留下的是一个分崩离析的阿富汗，叛乱分子无处不在，如鬼影一般，挥之不去。这些叛乱分子在过去数年期间，保持密切合作的对象不仅有中情局（那是中情局历时最长的一场反叛行动），还有巴基斯坦的三军情报局（这个机构已经变得日渐庞大，难以捉摸）[①]。几乎没有哪位严肃的学者会真的认为倘若苏联当年没有入侵阿富汗，就能撑得更久一点儿。像阿富汗这样的国家，不管效忠于谁，管它是倒向华盛顿、莫斯科还是德黑兰，都不会对冷战的结局产生任何影响，或者换句话说，同古巴、伊拉克、安哥拉或者越南这些国家比起来，不会有任何区别。

唯一可以肯定的是基辛格在中东每一次先发制人，不管是在独裁暴君身上投资，拍伊朗国王的马屁，还是为安保部队提供大量援助，好让他们折磨恐吓平民百姓；不管是利用石油美元的环流，为美国国防产业注入生气，从而通过高油价反过来进一步刺激中东地区的军备竞赛，还是为巴基斯坦情报部门壮胆，把伊斯兰激进主义运动从襁褓之中一手带大；不管是先让伊朗人、库尔德人与伊拉克反目成仇，接着再让伊拉克人与伊朗人对库尔德人痛下杀手，还是让华盛顿一门心思帮着以色列去捍卫侵占的阿拉伯领土，无论哪一条政策，从长远来看，都是灾难。

当以上种种政策结合在一起，今天的中东也就成了一个死结，纵使用亚历山大大帝的宝剑也无法斩断。

---

① 有些作家，比如说《幽灵战争》（*Ghost Wars*）的作者斯蒂夫·科尔（Steve Coll），就低估了中情局在支持伊斯兰组织方面所扮演的角色。这些伊斯兰组织最终团结在本·拉登的周围，成为今天的基地组织。这些作家认为“中情局的档案里没有任何记录能够表明中情局官员与本·拉登在1980年代有过直接接触”。假设科尔能够拿到完整的中情局档案，而且这些档案包含着与中情局所有秘密行动有关的完整记录，那么将某一行为的责任完全集中在个人身上将让人忽略更加广阔的背景：已经建成的网络，提供的武器，还有三军情报局在从中搅合。按照新闻记者唐纳德·L. 巴利特（Donald L. Barlett）和詹姆斯·B. 斯蒂尔（James B. Steele）在2003年5月13日《时代周刊》“油滑的美国人”（“The Oily Americans”）一文中的说法，中情局在阿富汗“开展的是中情局有史以来时间最长，花销最大的一场秘密行动，中情局为好几支阿富汗游击队提供的武器装备价值数十亿美元，好让他们对付苏联人”。

第七章　掩饰与演戏

让我们看上去凶一点儿！

——亨利·基辛格

亨利·基辛格在任的最后几年里，帮着公开上演了一出新的好戏：允许国会对国家安全事务以及秘密行动展开调查。基辛格当国家安全顾问那会儿，还可以借助行政特权，在参议院要求自己到场作证的时候，驳回对方的要求。可是，待到1973年中，尼克松任命他当国务卿，便没了退路。听证会是在9月举行的，也就是在这个时候发生的政变，把阿连德①给赶下了台。参议员向基辛格问起与这场行动有关的事情。“不管什么政变，都和我们绝对没有丝毫关系。”基辛格一口答道。至于对柬埔寨轰炸了四年的事情，基辛格同样矢口否认，声称自己与“双重备书”，

① 萨尔瓦多·阿连德（Salvador Allende，1908—1973），智利医生、政治家，前总统，1908年6月26日出生于圣地亚哥一个中上家庭，具有比利时和巴斯克血统，青年时代受社会主义思潮影响，积极投身政治社会活动，1933年自智利大学医科博士毕业，同年参与创建智利社会党，任瓦尔帕莱索党支部主席，就此拉开了自己长达40年的政治生涯，1938年进入激进的左派人民阵线政府，担任卫生部长，“二战”期间曾致电希特勒，批评纳粹德国迫害犹太人的行径，1945年后历任多省议员，积极推动卫生保健立法，促成智利国民健康项目，这也是拉美国家推行的首个全民卫生项目。阿连德曾在1952年、1958年和1964年三次参选总统，均告失利，但在1970年凭借智利共产党的支持，成功当选，成为拉美首位通过公开大选上台执政的马克思主义领导人。阿连德执政期间推行“智利的社会主义道路”的改革计划，对大型工业实行国有化与集体化措施，结果导致与政府内部立法司法部门关系日趋紧张，曾经支持过他的中右派最终反戈，宣称其总统地位“违宪”，号召武力推翻。1973年9月11日，智利军方发动政变，包围总统府。阿德勒发表讲话，誓言绝不辞职，并在当天晚些时候开枪自杀。阿连德下台意味着智利长达40余年的民主政治基本上宣告结束，随后上台的智利将军皮诺切特成为独裁者，不仅解散了智利国会，还在国内对阿连德的支持者和异议人士展开大规模迫害屠杀，军人统治自1973年一直持续至1990年——译者注。

把国会蒙在鼓里，不让国会知道轰炸这些事情没有任何牵连。不过，基辛格同时坚称自己“当时相信，而且实话实说，现在仍然相信，当年的这些行动都是正确的”。基辛格在被问及是否参与了第一次监听事件时开始闪烁其词——联邦调查局那一次对多名记者以及基辛格的国安会工作人员进行了窃听。基辛格还坚称自己对尼克松组织“水管工”，搞什么非法秘密搜查这些事情一无所知。正是这帮“水管工”偷偷潜入了民主党在水门大厦的总部，还有丹尼尔·艾尔斯伯格的心理医生的办公室[①]。

这些听证会其实根本不足为俱。据某份杂志披露，那帮参议员在向基辛格问询时，“不仅满怀崇敬之情，而且或多或少感到手足无措，不好意思开口”，根本就问不出个名堂来。毕竟站在他们面前的这个人不仅自编自导了对柬埔寨的秘密轰炸，还通过谈判，重新建立起了同中国的友好关系；这个人不仅怂恿对自己的部下展开窃听，还让美苏关系恢复了正常；这个人即使眼看着巴基斯坦人对孟加拉人举起屠刀，仍然倒向巴基斯坦一边；这个人还为同莫斯科进行战略武器谈判铺平了道路。不管怎么说，自从水门事发，尼克松的垮台就已成定局。基辛格其实并不是尼克松政府里唯一没有倒下去的，他只是与这届政府有关的人当中，唯一让人觉得“有头脑、口才好、有才华、懂得说一些俏皮话、能够吸引人”的，有他自己的“风格……带着知识分子的优雅”还有“热情与幽默”。看看尼克松圈子里的其他人，那帮人连话都不会说，只会干杀人害命的坏事。比起这帮人来，基辛格至少“嘴里说的是英语”。这样一位国务卿口中出来的证词，又有谁会表示怀疑呢？

话虽如此，基辛格倒的确对这样那样的听证会表示过不满。“国会太没良心，这么做简直就是宰我！”基辛格后来指责国会企图对他指导战争指手画脚，进行干预。他拒绝国会随后提出的要求，就在越南北部轰炸医院、中情局入侵老挝等政策作更多解释，拿更多证据。基辛格只要一提到要受人监督的规矩，就气不打一处出。举个例子，基辛格不仅已经同意苏哈托入侵东帝汶，还希望继续为印尼军队提供支持。然而，这样做会违反美国法律，因为美国法律明令禁止向侵略一方的军队

① 戴维·杨（David Young）是基辛格在国安会的助手，也是基辛格妻子南希·马金妮丝在洛克菲勒兄弟办公室工作时的助理。正是此人帮着策划了“水管工”行动。杨后来因为出庭作证，指证约翰·埃里希曼，获得了起诉豁免权。

提供武器。基辛格原本以为只要先拖上个把星期，绕开这一纸禁令，然后趁着公众注意力有所转移，再神不知鬼不觉地悄悄把货送出去就万事大吉。没想到手下居然有人写了一封电文，把此事可能牵涉到的法律问题给一一列了出来。“这要是捅到国会那里，”基辛格埋怨道，“我们岂不是要开听证会?”基辛格后来得知这件事情原来还有另外一封电文，不禁叫了起来：“两封电报！也就是说，至少有 20 个人看过……这样不出三个月消息就会泄露出去，到时候人人都会知道是基辛格在一手遮天，玷污政府的纯洁，破坏法律。”

并非只有基辛格一个人认为国会监督新时代的到来会对国家安全事务产生危害。原中情局反情报处处长詹姆斯·安格尔顿就在 1976 年将国会比喻成“外国势力”，只知强取豪夺，中情局却要被扣上不光彩的帽子，受人指指点点，说什么“弄坏了办事规矩，让我们的官员蒙羞，还把我们的特工人员也给暴露了”。按照安格尔顿的说法，总统手里那点儿权力压根就谈不上什么“至高无上”，反倒是“无能为力”。

这些都是多余的担心，之所以如此，并不仅因为越战结束以及水门事件之后的不少改革举措就此遭到废除或删减（这一点在“9·11”事件之后表现得尤为明显）。基辛格退出公职迄今已经过去了 40 年。这 40 年里头，掩饰与演戏之间的本质关系已经发生了变化。掩饰也好，演戏也好，保密也好，公开也好，二者在外人看来或许在性质上相互对立，却在现代政治权力的集中统一下合而为一。如果掩饰得了，固然不错。可是，为了让国家安全体制发挥效力，遮遮掩掩已经变得不再管用。我们需要的是在政治上去忘却，或者叫作健忘吧。这种健忘并非私底下能够做到，只有搬上舞台才有可能。

参议院切奇委员会[①]是安格尔顿当年抱怨的对象之一。自切奇委员会开始，连

① 参议员切奇委员会（the Senate Church Committee），全称“美国参议院情报行为政府活动研究专门委员会”，成立于 1975 年水门事件后，由民主党参议员弗兰克·切奇（Frank Church，1924—1984）发起，主要负责调查中央情报局、国家安全局及联邦调查局的情报活动，是“美国参议院情报专门委员会”（the United States Senate Select Committee on Intelligence）的前身，后者成立于 1976 年——译者注。

番好戏便一幕接一幕不断上演：从派克委员会①到洛克菲勒委员会②；从威廉·富布赖特提出的多项质询到沃尔什的“伊朗门”报告③，到参议员约翰·克里召开听证会，就中情局利用毒贩在尼加拉瓜开展非法活动进行调查；再到时至今日参议员戴安娜·范斯坦④提交的虐囚报告，再加上此间的那些调查，多到让人数都数不过来——那个保险柜早就被砸得大敞四开，那些干过的见不得人的丑事，如同藏在家中的珠宝一样，早已散落一地，摆在大众眼前。维基解密网⑤、切尔西·曼宁告密事件⑥、不受政府控制的国家安全档案馆⑦、爱德华·斯诺登⑧的反戈，再加上诸

① 派克委员会（the Pike Committee），指的是“美国众议院情报常任专门委员会”1975年7月至1976年1月在民主党众议员奥蒂斯·派克（Otis Pike，1921—2014）领导期间的俗称。该委员会专门负责调查中情局、国安局及联邦调查局的非法活动——译者注。

② 洛克菲勒委员会（the Rockefeller Commission），即“中情局国内活动总统调查委员会”，1975年由时任总统杰拉德·福特成立，专门负责调查中情局及其他情报机构在美国境内的活动。该委员会由时任副总统纳尔逊·洛克菲勒领导，故得其名——译者注。

③ 沃尔什的“伊朗门”报告（the Walsh Report on Iran—Contra），指的是独立检察官劳伦斯·沃尔什（Laurence Edward Walsh，1912—2014）1986年对“伊朗门”事件进行的调查报告——译者注。

④ 戴安娜·范斯坦（Dianne Emiel Feinstein，1933—　），民主党资深参议员，1933年6月22日出生于旧金山市，1955年本科毕业于斯坦福大学，专修历史，1961年步入政坛，1969年入选旧金山市议会，1978年至1988年任旧金山市第38任市长，1992年当选参议员，2014年发表长达600页的报告，披露中情局虐囚事件，同年12月9日在参议院发表演讲，将美国政府的刑讯逼供行为斥为“美国价值观与美国历史的污点”——译者注。

⑤ 维基解密网（WikiLeaks），是一个国际性、非营利性质的调查网站，专门披露国家或政府的秘密情报，网站创始人为澳大利亚程序师、新闻记者朱利安·阿桑奇（Julian Assange，1971—　），其域名于2006年10月4日注册，同年12月首次公布解密文件——译者注。

⑥ 切尔西·曼宁（Chelsea Manning，1987—　），原名布拉德利·爱德华·曼宁（Bradley Edward Manning），美国陆军士兵，因向维基解密网透露大量解密或非解密敏感机密军事外交资料，于2013年7月被判间谍罪成立，入狱35年。同年8月，布拉德利·曼宁发表声明，宣布计划接受激素疗法，变性女性，并改名切尔西·曼宁——译者注。

⑦ 国家安全档案馆（the National Security Archive）是一所非政府、非营利性质的研究档案机构，位于华盛顿特区乔治·华盛顿大学校园内，1985年成立，专门用于对政府秘密活动及国际事务进行档案资料收集与研究，是美国除联邦政府之外最大的政府解密文件资料库——译者注。

⑧ 爱德华·斯诺登（Edward Joseph Snowden，1983—　），原中情局雇员，1983年6月21日出生于北卡罗来纳州，其外公及父母都在联邦政府任职，20世纪90年代初举家迁往马里兰州。斯诺登因身体原因，未能完成大学本科学业，只是通过网络远程教育，修读利物浦大学的硕士课程，2004年应征进入陆军预备役，2006年应聘进入中情局工作，2009年进入戴尔电脑公司，2012年被公司分配至夏威夷，在国家安全局信息共享办公室做系统管理员。2013年6月21日，美国司法部对斯诺登提出起诉，指控其违反《1917年间谍法案》以及盗窃美国政府财产。6月23日，斯诺登逃往莫斯科，寻求政治避难——译者注。

如菲利普·阿吉[1]之类变节特工出版的种种书籍，几乎道尽一切幕后秘密，凡此种种，无一不为这早就堆积如山的证据增添新的素材。绝密事件一件接一件遭到曝光；证人一个接一个地站出来；文件一份接一份地被解密公开——五角大楼文件永远不会有完结的一天：暗杀、政变、柬埔寨、联邦调查局的反情报程序[2]、伊朗门事件、支持圣战者对抗苏联、虐囚、没完没了的监视、对美国公民发动心理战、对情报部门和新闻媒体进行操纵、黑水公司[3]、阿布格莱布监狱[4]、大发战争横财、虐囚备忘录、无人机攻击。可是，即便如此，今天的国家安全体制却比以往任何时候都要更加强大：它有打不完的仗，监视机制国内无处不在，手下的特工无论干什么，从无限期拘留，到对没有任何犯罪指控的个人进行有目的暗杀，到利用无人机肆无忌惮地发动战争，再到折磨虐待，不管他们的所作所为有多么违反法律或者有悖道德，统统都能找到理由，自圆其说。

有关这些话题所能收集到的证据相当一部分依旧属于机密，其中包括范斯坦参议员虐囚报告的绝大部分内容，还有阿布格莱布监狱的画面，那些画面毫无疑问简

---

① 菲利普·阿吉（Philip Burnett Franklin Agee，1935—2008），原中情局特工管理人员，1935年7月19日出生于佛罗里达州塔科马市，1956年本科毕业于诺特丹大学，翌年加入中情局，此后十年间先后在华盛顿特区、厄瓜多尔、乌拉圭和墨西哥等地工作活动，1968年辞职后反戈一击，对中情局的秘密活动进行披露与抨击，并在1975年出版回忆录《公司内部：中情局日记》（*Inside the Company：CIA Diary*），在美国国务院要求召开听证会之后流亡海外，辗转格林纳达、尼加拉瓜、德国等地避难，晚年居住在古巴，2008年1月7日病逝于哈瓦那——译者注。

② 反情报程序（Cointelpro），即“Counter Intelligence Program”的缩写，是美国联邦调查局一系列秘密非法行动的统称，其目的旨在对美国国内各类政治团体组织进行监视、干扰、毁谤和破坏，对象包括共产党组织、民权组织、反战团体、女权主义组织等——译者注。

③ 黑水公司（Blackwater），是美国一家私人安保公司，由原“海豹突击队”成员埃里克·普林斯（Erik Prince，1969— ）于1997年在北卡罗来纳州成立，一开始只是为军方及执法部门提供安保人员培训，此后逐步扩大业务范围，自2002年起开始为中情局及其他安全机构提供安保服务，在美国此后一系列反恐战争中扮演着不为人知的幕后角色。2007年，黑水雇员在伊拉克首都巴格达开枪射杀17名伊拉克平民，黑水公司至此才浮出水面，成为世界媒体与舆论关注的焦点。四名安保雇员后被法庭判处有罪。黑水公司后于2009年改名为“Xe Services”，2011年再次更名为“Academi”——译者注。

④ 阿布格莱布监狱（Abu Ghraib Prison），又名“巴格达中央监狱”（Baghdad Central Prison），位于阿布格莱布，距离伊拉克首都巴格达以西32公里，监狱最初由英国人于20世纪50年代修建，2003年伊拉克战争爆发之后，被美国领导下的联军用于囚禁俘虏所用，此后因虐囚丑闻频发而成为国际社会关注的焦点。美国军方、中情局被指责对囚犯采取各种手段进行人身及性侵犯，美国政府成为人权组织强烈抨击的对象。2014年4月15日，伊拉克政府最终宣布关闭阿布格莱布监狱——译者注。

直“令人发指”，甚至包括美军士兵强奸幼童的录像。可是，说真的，我们又有什么不知道的呢？我们一直在折磨人，还在训练我们的盟友，教他们如何折磨人，这些事实倘若真的有人想去了解，那么早在“9·11”事件发生之前就应该尽人皆知了。基辛格说得没错：仅仅只有信息是算不上知识的。拥有太多数据反而会让人不知道该如何运用智慧，所谓“事实”反映出来的“真理”并非总是不言自明。

国会听证会也好，类似的公开调查也好，这些公开表演有不少办法能够让人在政治上做到健忘，或者至少对政治无动于衷。去参加听证会足以让人间接产生某种快感，犹如置身剧院一般。在这样的环境效果下，国家公民变成了观众看客，看着证人相继登场，问讯者轮番发问，如此这般，没完没了，让人仿佛在欣赏当下的视觉娱乐节目，某种慵懒的愉悦之情油然而生。想一想奥利弗·诺斯[①]在“伊朗门”听证会上，面对着民主党那一帮脑子不清醒的提问者，说起话来是何等干净利落！

我们之所以能够做到健忘——姑且叫作自我麻痹吧——还基于这样一个事实，也就是说在我们这个两党制国家，两大党派对于国防以及美国在世界上所作所为正确与否，基本上拥有一套共识。想一想柬埔寨的例子。我们弄了个“菜单”行动（1969—1970），对外秘而不宣，把柬埔寨好一顿狂轰滥炸，时间之长超乎任何人的想象。之所以能够如此，最主要的原因是因为北越方面决定不发出抱怨。参议院直到1973年中才召开问讯会，起因是哈尔·奈特少校写了一封信，告诉国会是他负责把和空袭有关的文件给一把火统统烧了。听证会上有那么一小会儿，到场的政界人士与新闻记者——新闻记者多多少少还是来了几个——把水门事件与轰炸联系了起来。“某些国会议员，”西摩·赫什在1973年7月写道，“坚信秘密轰炸柬埔寨最

① 奥利弗·诺斯（Oliver Laurence North，1943— ），美国政治评论家、电视主持人、军事史学家，1943年10月7日出生于得克萨斯州圣安东尼奥市，父亲是一名陆军少校。诺斯大学只读了两年，便转学去了美国海军学院，1968年获少尉军衔，越战期间在海军陆战队当排长，立过军功，获得过多枚军章。诺斯因“伊朗门”丑闻进入公众视线。诺斯当时身为国安会人员，涉嫌负责通过中间人，向伊朗出售武器，并将获得的资金用于支持尼加拉瓜反政府军，事情败露之后，于1986年11月被时任总统里根撤职，翌年出席电视听证会，1988年接受审判，在指控的16项罪名中最终有三项成立，1989年一度被判入狱三年，缓刑两年，但一年之后在民权组织的帮助下获得豁免权。诺斯后来一度试图从政，1994年竞选参议员，未果。他将自己的经历著书出版，还在电台和电视台担任节目主持人，1990年成立“自由联盟”（Freedom Alliance），为伤残军人或阵亡军人家属提供生活与教育方面的经济支持——译者注。

终将被证明是水门丑闻的另一面，其危害程度也许还要更甚。”于是，针对尼克松的第一份弹劾议案在1973年7月出台。议案是由马萨诸塞州参议员罗伯特·德里南提出来的，重点不在水门入室窃听事件，而是放在了对柬埔寨进行的这场未经国会授权的战争之上。不过，德里南的国会同僚们并不接受议案，参议院也从未表示过是基辛格和黑格、西顿一道炮制出了这样一种双重备书制度，好毁灭篡改飞行数据。

参议院召开问讯会，与其说是把“菜单”行动公之于众，认定其为犯罪，还不如说最后差不多成了给这场骗局找借口。“有一些国会议员”本来还打算把轰炸柬埔寨认认真真当回事处理，没想到这场由军事委员会召开的公开听证会到了临近结束的最后几天里（听证会自1973年7月16日开始，至8月9日结束），14名代表中竟然只有三人到场，分别是斯图尔特·赛明顿、哈罗德·休斯，二人均为民主党参议员，分别来自密苏里州与艾奥瓦州，还有一位是南卡罗来纳州共和党参议员斯特罗姆·瑟蒙德。赛明顿的话堪称“鸽派”立场的总结。“这件事情为什么让我不高兴，就是因为把我们蒙在了鼓里，”赛明顿对证人之一克莱顿·艾布拉姆斯将军抱怨道，“我们出钱是为了办事情，结果却用到其他地方去了。”赛明顿是唯一一位参议员对秘密轰炸的后果提出质疑，而他这样做也仅仅只有那么一回：“你们都是有经验的军人，轰炸这件事带来的压力这么大，差不多肯定会让北越扩大控制作战范围，这样就会和柬埔寨政府发生冲突，这一点你们难道当时就没有考虑过吗?”艾布拉姆斯将军的回答简单明了：“是的，我想您说的很对。”

听证会的进程完全由鹰派把持（最主要是瑟蒙德，不过参议员巴里·戈德华特、山姆·纳恩还有约翰·陶尔也偶尔露过几次面）。这帮人一口咬定轰炸这项策略不但有效，而且合法，并且坚称烧毁文件其实只是保密协议的延伸而已，保密本来就是理所当然的战时行为。“我坚持认为，我们必须认同在某种程度上保持一定隐蔽性、做好保护，欺骗对手，做到保密，”陶尔说道，“尤其是在像我们这样一个公开社会，战争期间本来就处在一个困难境地，面对的都是像纳粹德国和苏联这样的封闭国家。”“我想知道你对于诺曼底登陆有什么看法?”纳恩希望从委员会主要证人、揭发这件事情的奈特少校口中套出点儿话来，问对方是不是觉得真有必要把这个行动给说出来。其他人嘴里说的要更加离谱，坚称情报造假这件事情并非本来就“有意骗人”，只要造假是按照“真实合法的命令”执行的就没有问题。某位参议员说奈特向西贡发电报，告诉对方已经成功销毁所有证据时用的密码是“球赛比完了”，只要汇报用的这个密码本身没有错，就等于说根本不存在任何欺骗行为。

委员会里的鹰派分子们轮番登场，一遍又一遍地强调轰炸是如何必要，这样做是“为了挽救美国人的生命”。反观鸽派代表，除了让步承认，什么也没做。要是白宫在1969年拿着这样一堆说辞来找这帮人，他们没准儿不仅会对这场军事行动表示赞同，还会帮着一起保守秘密。既然如此，那还有什么好争的？

公众注意力于是很快转向了发生在水门大厦的入室窃听事件上，这件事被绝大多数人视为对本国人犯罪，至于把柬埔寨毁了这件事情，也就留待日后慢慢回忆去吧。1974年7月，众议院司法委员会终于通过了对尼克松的弹劾决议，开列出三大罪状，三大罪状全部与妨碍国内司法公正有关。司法委员会以26票对12票，否决了第四点，不予追究尼克松未经国会授权对柬埔寨开战的责任。司法委员会委员约翰·科尼尔斯对此提出异议，认为这第四点才是尼克松弹劾罪行中最为严重的一项。“要真这样做的话，就等于得把约翰逊总统在越南和老挝的旧案给翻出来，把约翰逊也给弹劾掉，可他人都已经不在了，①”民主党参议员沃尔特·弗劳尔斯说道，“要不把肯尼迪找回来，要他对猪湾事件负责；或者是要杜鲁门对朝鲜战争做个交代。”

实现政治上的遗忘还有其他方法，要么把犯下的罪行重新包装一下，变成某种法律程序上的问题，要么就由两大政党来一场国内表演：一个党去做，另一个去解释，这样就可以了。一项政策不管有多少争议，管他是对一个中立国家进行轰炸，还是在国内搞窃听，还是为政变、虐囚提供支持，调子该怎么定，说白了不过是技术活儿，只是动动嘴皮子的功夫，去讨论讨论政策这样执行起来是否合法，在背后定出一个基调来，言下之意这么做的目的大家都已认可，也就无碍了。基辛格显然在定调子这类事情上是行家里手。打个比方，他在1975年就同意接受国会问讯，并且在派克委员会面前登场亮相。派克委员会由纽约众议员奥迪斯·派克牵头，专

① 林登·约翰逊在1973年1月22日，也就是尼克松连任成功两天之后，因心脏病突发去世——译者注。

门负责对中情局、联邦调查局，还有国家安全局的秘密行动展开调查。基辛格遭到了众议员容·德勒姆斯的严厉质询，后者就好几个秘密行动连番发问。“说实话，国务卿先生，”德勒姆斯以为自己已经让基辛格无路可退，“我这样说非常诚恳，我对您手中的权力，还有您做事的方法，深表忧虑。我很担心这些会对美国的政策产生不好的影响……请问先生，您能否就此发表一下您的看法？”

基辛格的回答滴水不漏，说话的调子准保能让人想起“罗宋汤”游乐区[①]：“除了您说的这些，”基辛格问道，“我的军事行动难道就一点儿错也没有吗？”屋内发出一阵哄堂大笑，晚间新闻里也播出了这一幕的剪辑。数百万观众看完之后，自然也就得出了对听证会的印象总结：一个咄咄逼人的国会议员被一个妙语连珠的机灵家伙给逼了回去[②]。十年之后，参议院再度召开听证会，就未经国会授权，对伊朗出售高科技导弹，并且挪用费用支持尼加拉瓜反政府武装一事进行调查。诺斯上校和他那一帮人说话的口气虽然要庄重一些，可说的其实差不多是同一回事：“如果您对我们的目的没有意见，那么请问为什么对我们的方法要有疑问？”

掩饰与演戏，二者相辅相成，这样的关系在亨利·基辛格的后越战政策中得到了鲜明体现。基辛格认为在公开场合展示决心，有助于美国恢复受损的信誉与地位。“美国必须在世界的一些地方做一些动作，”基辛格在 1975 年西贡陷落之后不久对记者说道，“这样才能展示我们的决心，让人们看到我们仍然是个大国。”一些动作。一些地方。基辛格日后写了一份关于“越战得失”的备忘录，备忘录是写给杰拉德·福特看的，后者几个月前刚刚当上总统。基辛格在备忘录中写道：“华盛顿必将在国际舞台上采取更为强硬的立场，这样才能让别人重新相信我们。必须避免无所作为，这样才能让人看到我们是能够有所作为的。”

机会就取决于美国究竟在哪些地方上演这样一场演出。举个例子，就拿基辛格与福特联手“营救”美国集装箱货运船“玛雅格斯”号船员的事情来说吧。

---

① “罗宋汤”游乐区（borscht belt），亦作“borscht circuit”，指美国卡茨基尔山区犹太人避暑胜地，以供应犹太膳食，尤其是罗宋汤出名，设有旅馆、戏院、夜总会等娱乐场所，此处意指基辛格说话口音浓重——译者注。

② 派克委员会的最终报告从未正式公布过，不过在《乡村之声》（*the Village Voice*）杂志上透露了一些，该杂志刊载过较大篇幅的报告节选。见 1976 年 2 月 16 日号：“总统不想让你看到的中情局报告”（“The CIA Report the President Doesn't Want You to Read”）。

1975年5月12日，红色高棉军队劫持了“玛雅格斯”号，扣押了船上的39名商船水手。柬埔寨当时正处于混乱之中，大屠杀在国内疯狂进行。船员和货船全被带到了相距不远的一座小岛上。小岛名叫当岛[①]，有重兵把守，位于泰国湾，距离柬埔寨沿海不远。

白宫随即召开一系列会议，商讨对策，解决危机。几乎所有应邀赴会的人士都认为应当利用这一事件，采取“更为强硬的立场”（不过，历史学家里克·帕尔斯坦指出把这样一件事情称为“危机”不免有些牵强，因为美国商船遭到外国海军劫持，之后又被释放，实在是司空见惯的常事）。基辛格态度强硬。基辛格传记作者沃尔特·伊萨克逊在叙述基辛格有一次参加这样的会议时，是这样描述的：“他向前倾着身子，隔着会议厅的桌子，说起话来情绪激动，说什么美国必须把底线划清楚……我们必须现在出手，出手要硬！”说这些话的还不止基辛格一个人。“我想是时候动点儿粗了，”基辛格的老东家、副总统纳尔逊·洛克菲勒说道，“要让这个世界知道我们总要出手的，要干就要干得利索！”

基辛格建议美国“搞一点儿动作，让朝鲜人和中国人好好看看”。福特总统的演讲词撰稿人鲍勃·哈特曼认为采取强硬回应将有助于福特在国内赢得民心：“我们不应该只想着做什么合适，而应该去想一想公众认为做什么才是合适的。”

“这场危机和古巴导弹危机一样，将成为您领导能力的第一场真正考验。”哈特曼对福特说道。肯尼迪处理起那场危机来可以说有条不紊，不仅开通暗道，和苏联人保持沟通顺畅，还对每一步行动进行了缜密思考，并且作出重大让步，这样才让危机顺利化解。可是，到了1975年，基辛格等不了那么久。基辛格甚至和金边连谈条件的招呼都没有打一个，只顾催着福特发起军事救援，让B 52轰炸机在柬埔寨最后再撒一次野，但凡发现柬埔寨的船只，一律击沉。而且，这一回还不是一步一步慢慢来，而是要干就一鼓作气干到底。“我担心我们要是每隔几个小时，动一小步，”基辛格说道，“会给自己增加麻烦。我想我们就应该直接冲那个岛去……把船给一下子抢回来。我想要是这么干的话，别人会认为我们还是有本事说到做到，

① 当岛（Koh Tang），距离柬埔寨西南海岸52公里左右，位于泰国湾（the Gulf of Thailand），岛上除柬军方人员以外，无常住居民——译者注。

该打就打的。”这次事件还给了基辛格天赐良机，让他可以好好教育教育这位新上任的总统如何利用狂人理论来处理国际关系。“这是您面临的第一场危机，”基辛格说道，“您应该树立威信，让人知道您是块儿硬骨头，不好啃。”

其实完全没有必要扮得那么强硬。柬埔寨人甚至连夺岛进攻还没开始，就已经释放信号，会把船原样奉还。船员也得到释放，全都坐着一条渔船，被美国海军接了回去。即便如此，军事行动依旧照常进行。18 名美军士兵在夺岛行动中阵亡，另有 23 人因空袭准备过程中直升机坠毁而丧生。没有人知道具体有多少柬埔寨人在这次进攻中丧命，不过 B—52 轰炸机对柬埔寨本土进行了轰炸，炸毁了一处铁路调度场、一座船坞、一家炼油厂，还有 300 多幢建筑物。9 艘柬埔寨船只被击沉。

“让我们看上去凶一点儿!”基辛格说这话，是为了敦促福特不要犹犹豫豫。福特后来认为营救“玛雅格斯”号是自己最为重要的外交决策之一。“这件事情让我们的有些对手看到我们绝不是纸老虎”。“太棒了，”巴里·戈德华特对此表示赞同，“这让别人看到我们这个国家还是有种的。”

基辛格其实并不希望看到“类似”古巴导弹危机那样的危机。他想要的是真刀真枪地干一场。就在“玛雅格斯”号事件发生几年前，还是在理查德·尼克松的头一届任期里头，基辛格就差一点儿真的如愿以偿。那是 1970 年 9 月的一天，基辛格风风火火地跑进鲍勃·霍尔德曼的办公室，手里拿着一叠侦察照片，照片上拍摄的是古巴南部港市西恩富戈斯的一圈周边地区。“你看看这些照片，古巴人在修足球场，”基辛格说道，“这些足球场就是战争的信号，鲍勃。”基辛格见霍尔德曼听得莫名其妙，赶忙解释道：“古巴人是打棒球的，俄国人才踢足球。”基辛格坚信莫斯科正在修建一个永久海军基地，停放核潜艇。照片后来又拍回来不少，高层会议也开了好几回。基辛格在会上大谈特谈肯尼迪八年前的行动是多么大胆果敢，值得好好学习。于是，会上作出应急计划，打算封锁古巴。

潜艇基地一事看起来只是一场臆想[①]。苏联人没有让步，因为他们什么也没有做，你要他们怎么让步（或者说至少从未找出过任何证据证明他们做了些什么，这样才好让步）？当然，古巴人是踢足球的，自打20世纪20年代就开始踢了，古巴革命甚至还重新点燃了人们对这项运动的兴趣。侦察飞机把西恩富戈斯的每一寸土地都给拍了下来，也找不到一丝影子证明哪里有什么重型装备来修这样一个港口。一见不到起重机，二没有挖掘机，三没有深水码头。侦察机在船坞里怎么找，也找不到苏联潜艇的影子。不过，这些都不重要。这场“危机”恰好发生在1970年入侵柬埔寨之后不久，等于给了基辛格又一个机会，让尼克松好好感受一下他的强硬，这样就能利用自己想象中击败苏联人、赢得胜利，在与老对头国务卿罗杰斯的竞争中占得上风，要知道后者“已经被基辛格的警告给唬住了”，显得犹犹豫豫，

---

① 我找过有关西恩富戈斯“危机”的二手资料，这些资料凡是能够支持基辛格的推断，说苏联人在建造一个大型军事设施的，无一不是来自基辛格本人对危机的叙述，要么是基辛格当时自己写的备忘录，要么就是他事后发表的一些文章著述。赫什在《权力的代价》中也提到了这件事情，并且依据提交给国会的证词得出了自己的结论：“国务院也好，中情局也好，甚至就连五角大楼的情报专家都看不出有任何一点儿实实在在的证据，能够证明存在这么一个大型设施。在这些专家看来，西恩富戈斯只是为了给苏联潜艇提供一个休息娱乐的场所，这样可以让苏联海军延长常规海外服役期。”约翰·布里奇上校（Colonel John Bridge）是国防情报局苏联区域情报处的处长。经赫什查明，布里奇“在国会作证时声称‘他们（苏联人）在西恩富戈斯已经建了一个，也就是我们口中说的军事设施，作用应该是为了支持海军行动，包括为潜艇行动提供地面保障。我认为像这样的一个设施绝不可能建成具有完全规模的正式基地，只是一个地面保障设施，也只可能是一个地面保障设施’。至于兵营，布里奇作证时说：都是木头造的，很明显都是一些临时设施，供船员中途停留、歇脚用的。那些水泥航标让基辛格备加警惕，其实早在1968年就已经安放在那里了，那个时候俄国人根本就还没来……同样，还有一处新修的船坞引起了基辛格的注意，船坞‘中间围着一小块水域，也许是……一个游泳的地方，或者类似的地方’，里面的海水太浅了，起不了别的作用，一位官员说道”。塔德·舒尔茨（Tad Szulc）在《纽约时报》（1970年9月30日号）上撰文写道：“美国官员今天声称美国目前只有一些存疑或者过时的情报，来表明苏联有可能在古巴计划建造一个战略潜艇基地。这些官员包括来自情报部门的官员。因为这个原因，他们声称无法解释白宫为何要选择在上个星期对莫斯科发出警告，奉劝莫斯科不要修建这样的基地。”同样是来自舒尔茨的文章：“官员声称，尽管已经派出了U—2侦察机进行空中侦察，但目前仍然找不到任何证据，能够证明怀疑正在开展的建造活动属实。”同样可见1971年的《国会季刊年鉴》（*CQ Almanac* 1971）“苏联海军的活动”（“Soviet Naval Activities”）一文。文中叙述了众议院外交事务委员会拉美国家事务专门委员会就此事召开的听证会，并且引用了布里奇上校在听证会上的证词：“我必须非常清楚地表明，我们绝对没有任何证据，能够证明有任何潜艇进入过西恩富戈斯港。”布里奇同样说得很清楚，主要的情报信息来源于和古巴人喜欢的体育运动的有关猜测：“我们的人把关心的重点都放在了当地正在修建的足球场上。根据现有描述来看，那里修的很明显就是一个足球场。这是因为足球在古巴不是一项非常流行的运动。我们要是说那里有一个棒球场，你就会指望在那里找出个棒球场来。”

软弱无能[①]。

时至今日，基辛格不管是在回忆录中，还是出版的其他书籍中，都认为自己当年指责苏联人在西恩富戈斯修建装备精良的深水港口停放核潜艇，此事千真万确，确有其事。可是，我们除了在一些官方文件中看到苏联人对于基辛格的指责表示茫然不知外，其实什么证据也找不到[②]。

基辛格和古巴的这笔账还没有完，他接下来不仅要对付这个岛国，还要把其他拉美国家也一起扯进来。基辛格的所作所为让人看得更加清楚，公开与秘密、演戏和掩饰，二者之间到底有怎样相互依存的关系？让人看清楚美国在被逐出印度支那之后，在这个世界上再想为所欲为，受到了哪些实实在在的限制，这些限制又是怎样让美国开始干“非法秘密搜查”这些偷偷摸摸的勾当，深陷其中，无法自拔的？

---

① 赫什、卡尔布兄弟，还有达勒克都在各自的书中间接表明过基辛格这样做是为了在尼克松面前做样子。尼克松心中对卡斯特罗一直怀有积怨，认为正是卡斯特罗闹革命，才给了约翰·F·肯尼迪可趁之机，使自己在1960年总统大选中败北。尼克松还和反共古巴流亡分子群体过从密切（水门窃听事件中有两人是反卡斯特罗的古巴流亡分子，至少还有另外两人是反古巴革命的活动分子，此前参加了猪湾入侵行动，未果）。尼克松1969年宣誓就职后不久就开始加紧步伐，采取秘密行动，试图推翻卡斯特罗与古巴政权。1977年，《纽约日报》（*Newsday*）披露“与反卡斯特罗恐怖分子有牵连的特工组在1971年将非洲猪瘟病毒带入古巴，此举至少得到了美国中央情报局官员的秘密支持。六个月后，非洲猪瘟在古巴爆发，迫使古巴屠宰了50万头生猪，以阻止动物流行病在全国蔓延。一位美国情报官员上周向《纽约日报》透露，说他是在一个美国陆军基地和位于巴拿马运河区的中情局训练场得到的病毒。病毒被放在一个密封的容器内，容器未作任何标记。他得到的指令是将容器交给一个反卡斯特罗的组织”。原中情局特工霍华德·亨特（Howard Hunt）据说“曾经提起过一些事情，计划在尼克松开始连任的前后发动第二次猪湾进攻”。倘若真有其事，那么此事将和重新恢复轰炸北越，以及在美国推行财政紧缩政策一道，成为又一件因水门丑闻而搁浅的大事。威廉·M·里奥格兰德（William M LeoGrande）和彼得·考恩布鲁赫（Peter Kornbluh）在2014年出版新著《通向古巴的暗道：华盛顿与哈瓦那不为人知的谈判始末》（*Back Channel to Cuba：The Hidden History of Negotiations between Washington and Havana*），二人在书中写道：“基辛格原本试着帮着缓和尼克松对古巴的敌意，不料卡斯特罗干预安哥拉（见本章所述），这才不了了之。”

② 我们可以比较一下基辛格关于他与多勃雷宁的会谈纪要（这次会谈发生在他与黑格见面之前）以及多勃雷宁对于这次会谈的日记记录。基辛格在笔下将多勃雷宁形容为“面如死灰”，“明显”在担心“古巴的问题”。基辛格说他把这位苏联特使狠狠地教训了一顿，扬言要采取“极端行动”，警告事态十分“严重”，对方一想转换话题，就被他打断。可是，多勃雷宁的日记记录里完全找不到这样针锋相对的描述。多勃雷宁的日记只是实事求是地记录了本次会谈要点在于让基辛格传达尼克松的“担心”。“基辛格，”多勃雷宁是这样写的，“说总统要求不要把他的这些话当作什么官方照会或者抗议之类的，而是他对苏联领导人极其机密与重要的呼吁，希望能够得到应有的重视。”另有一项研究表明基辛格当时汇报用的“语言让人不禁想起之前古巴导弹危机时曾经说过的原话，感觉蹊跷”。

1976 年 2 月，基辛格不久前还在努力让哈瓦那与华盛顿的关系恢复正常，却猛然发现自己已经身处与菲德尔·卡斯特罗的一场地缘政治对峙僵局之中——卡斯特罗派兵去了南部非洲，帮助安哥拉对付美国支持的南非雇佣军。古巴人的干涉展示出了卡斯特罗的过人胆识。这次主动出击不仅帮助左派组织“安哥拉民族解放运动”保住了首都罗安达，还把华盛顿的盟友打得抱头鼠窜。古巴人出手如此果断，若不是摆明了和基辛格的外交政策直接对着干，没准儿基辛格还会对此赞许有加的。

卡斯特罗凭借这有力一击，让人看到了基辛格在南部非洲推行“黑鬼娃娃”政策，也就是说，支持当地的白人至上政权，这种做法在世界上是行不通的。伊朗人、巴基斯坦人，就连拉美的盟友都对古巴的行动相继发表评论，一方面表达了对古巴人胜利的赞许，另一方面又担心卡斯特罗下一步该如何行动。埃及方面评价华盛顿“与南非狼狈为奸，在非洲人民看来令人憎恶”，并且提出了一项充满激情的请求，呼吁美国要对非洲人民蒸蒸日上的民族运动表示出更多理解，表现得更加包容，哪怕这些是“左倾”运动。

基辛格坚持要求采取更加强硬的路线。“古巴人要是把罗得西亚打掉了，下一个就是纳米比亚，接下来就是南非。”这是基辛格在 1976 年 3 月 24 日一次高层危机会议上说的话。“我认为我们非得好好羞辱他们一顿。”基辛格在早先的一次会议上如是说道，并且指示助理加紧制订应急方案。方案要包括政治与经济的双重制裁，空中与海上封锁，在古巴各港口布雷，发动惩罚性打击，必要时甚至采取军事入侵。“要干就要干得彻底。”基辛格指示道，不管做什么，都要做到“毫不留情，又快又准”。和一年前“玛雅格斯”号事件一样，基辛格坚持认为在古巴介入安哥拉这件事情上，关键还是在于面子。“如果让别的国家以为我们因为（在越战问题上）国内争吵而被削弱，甚至于看上去连拿一个 800 万人的小国都没办法，那么只消三到四年的工夫，我们就会真正大祸临头了”。

的确，1975 年 4 月西贡陷落时的场景，以及当时残余美军士兵与使馆人员仓皇撤离时的混乱景象，都通过电视广播公之于众，那些画面至今仍然在公众的脑海之中记忆犹新，民众对于在海外兴兵作战毫无兴趣。可是，导致基辛格在南部非洲“遭到削弱”的并非美国的“国内争吵”。恰恰相反，卡斯特罗的行为揭示了那个足以让人丧失行动能力的矛盾，而这一悖论正是基辛格“小规模战争”理论的核心所在。一方面，基辛格认为在无足轻重的边缘地带发动小规模战争，要让战争规模能够保持在一定范围之内；另一方面，他又要求在政治人物和军事领袖发动这一类战争时（包括战术使用核武器），不要对他们的能力权限加以任何限制。基辛格反复强调，外交必须在可信的威胁之下才能起到效果，而威胁要想被人真正当成一回事，就得不受限制。

在某些确实毫不起眼的小地方，这一悖论能够起到作用。为了“营救”“玛雅格斯”号，对泰国湾的一个小岛极尽疯狂地发泄兽性，管他杀掉多少柬埔寨人都不在乎，这是一码事；而对古巴开战，甚至不顾对手已经与苏联结盟，又是另外一码事。基辛格的顾问曾经对他说过：“这一次可不像肯尼迪 1962 年赢得胜利那样，这一回倘若爆发新的古巴危机，不一定能够吓跑苏联人。这场危机有可能在某些地区升级，导致美国付出最大程度的伤亡，从而引发更为强烈的反应。”“这个事情是得认真考虑考虑”。基辛格对此也表示认可。毕竟，真要和古巴打一场“小规模战争”，却想避免引发美苏交恶，或者借用基辛格的助理的话来说，躲过一场“全面战争”，这根本就是异想天开。

基辛格知道自己已经被逼到了角落里，无路可退。华盛顿对此束手无策，毫无办法，采取任何行动都会被人认为是有意要和哈瓦那较劲。若是对古巴置之不理，恐被人看扁，以为美国软弱无力；若是对古巴兵戎相见，看上去又像反应过度，世界头号强国居然被区区一个岛国戏弄得团团乱转，如同巨人打苍蝇一般，令人笑掉大牙。基辛格也承认：“问题在于不管我们在南部非洲采取什么策略，只要发生任何事情，都会被人视为是迫于古巴压力所为。”事实正是如此。卡斯特罗这一回好好将了基辛格一军。

“我想我们非得把卡斯特罗赶下台，”基辛格对福特说，可没过一会儿口气又软了下来，不大情愿地承认，“这事在大选之前可能还办不成。”基辛格指的是 1976

年 11 月的总统选举[①]。“我觉得也是”。福特答道。事情于是就这样不了了之。基辛格此后改变了他的“黑鬼娃娃”政策，开始推行新政，某些评论家将之称为“缓和非洲局势”。

在拉美，基辛格已经没有机会赢得公开的胜利，只好继续私下暗中操作。回首 1969 年基辛格刚刚走马上任之际，南美诸国中只有巴拉圭与巴西处在右翼独裁政权的统治之下。几乎其他所有国家都在经历革命剧变。这些革命运动或多或少都受到了古巴的鼓舞。不过，这一切很快就将改变。玻利维亚首当其冲，成为头一个民选政府遭到军事政变颠覆的拉美国家，这一切就发生在基辛格的眼皮子底下。“我们现在在玻利维亚有个大麻烦要处理”，基辛格 1971 年 6 月 11 日指示中情局“速速准备采取行动，不得有误”。8 月 21 日，一场军事政变将一位右派独裁者送上了台，这位独裁者很快得到了华盛顿的承认（按照国务院的说法，中情局介入是“应白宫要求作出的回应，采取政治行动计划，逮捕玻利维亚政府内部的左翼势力”）。几个月之后，巴西以尼克松与基辛格的代言人身份出手，用尼克松的话来说，“帮忙操纵了乌拉圭大选”，确保得到人民支持的左翼联盟无法上台执政。政局随之陷入动荡，直接导致了 1973 年 6 月政变的发生。这场政变由胡安·马利亚·博达维里领导发动，乌拉圭就此沦为了一个极权国家。政变后不久，基辛格便向博达维里发去贺电，恭喜对方：“值此可喜可贺之际，谨致以最良好的祝愿。”——这位独裁

① 诚然，美国也许真的能够如基辛格说过他想做的那样，“把古巴人搞垮”。1976 年 10 月 6 日，一群古巴流亡分子炸毁了古巴航空公司的“455 号”航班。客机当时从巴巴多斯群岛起飞后不久即发生爆炸，机上 75 名乘客（其中 57 人为古巴人，11 人为圭亚那人，还有 5 人来自朝鲜）以及五名机组成员全部遇难。这批流亡分子得到了中情局与联邦调查局的支持，为首的反卡斯特罗活动分子名叫奥兰多·波什（Orlando Bosch），声名狼藉。中情局至少早在六月初就已经得知该组织试图炸毁古巴客机的计划（该计划先后换过好几次代号，其中包括“秃鹰”）。不过，有两条证据可以间接证明基辛格并未对此次炸弹袭击表示支持。第一条证据是波什显然也将基辛格列为了暗杀对象，以报复基辛格试图恢复美古关系正常化。该消息来自另外一位反卡斯特罗的古巴流亡者，此人与中情局保持联系，一心指望讨好华盛顿。第二条证据在于基辛格在爆炸事件发生后立即起草了一份备忘录，声称华盛顿“在古巴航班遭袭之前，就一直打算将波什驱逐出境，因为此人涉嫌参与其他恐怖行径，并且在假释期间有违法行为……现在既然怀疑波什参与了策划古巴客机遇袭坠毁一事，那么就逼得我们必须尽快将其驱逐出境”。不过，波什最终并未被赶出美国。

者的妻子刚刚生下第二个孩子①。

接下来轮到了智利。那是在 1973 年 9 月 11 日。正是基辛格在一直敦促尼克松对智利民选总统、社会党人萨尔瓦多·阿连德采取“更为强硬的立场”（基辛格语）②。阿连德也在这场政变中以身殉职。继智利之后，政变又在秘鲁与厄瓜多尔相继发生。接下来是 1976 年 3 月 23 日，阿根廷军队攻占政府。此次政变与基辛格对古巴介入南部非洲重新耿耿于怀，在时间上不谋而合。随着局势日趋明朗，卡斯特罗即将在安哥拉赢得胜利，而且有可能下一步出兵罗得西亚，基辛格与拉美各国新上台的那帮军政长官们也走得更近了。

过去十年间有越来越多的政府文件解密，揭露了基辛格在拉美各国侵犯人权的暴行中扮演了怎样的角色，又是如何掩盖这些丑行的。基辛格也曾经试着替自己辩解。“假设你一天要打五十通电话，随随便便把其中一段电话通话抽出来分析，这

---

① 中美洲并非基辛格关注的头号焦点，不过当基辛格上任之后，他始终在为那帮右派独裁政权以及豢养暗杀小队的国家提供坚定支持。例如，1970 年在危地马拉，危地马拉政府一直在利用美国资助的反恐计划，其目的不仅在于消灭武装叛乱分子，还将全体政治反对派包括在内，绝大多数政治犯被捕之后只是经过简单审讯，便遭到处决，美国政府对此一清二楚。即便如此，基辛格与亚历山大·黑格仍然将“危地马拉恐怖分子”的姓名地址提供给了该国安全部队。事实上，中情局在 1971 年曾经报告，时任危地马拉总统卡洛斯·阿拉纳直接参与了“起草死亡名单”。随着危地马拉的镇压行为完全失控，基辛格国安会的一位工作人员提出平时所说的“40 委员会”——该委员会由基辛格领导，集合了国家安全机构的各方力量，帮助组织了在智利推翻阿连德的行动——应该重新考虑美国对危地马拉政府的支持。基辛格身为委员会主席，认为这样的事情并不值得大惊小怪，直至卡特上任，仍然在提供大批军事援助。1978 年至 1983 年，危地马拉的玛雅农民遭到大规模屠杀，由于这场种族屠杀发生时基辛格已经离任，因此一般不认为与基辛格有牵连。不过，通观基辛格在任期间，华盛顿提供的支援一直在稳步增加。这些支援无疑增强了危地马拉安全部队的实力，也正是这些安全部队实施的种族屠杀。

② 时至今日，人们对基辛格在智利政变中扮演的角色已经说得不能再多了。为基辛格辩护的人会继续辩护，这些人会竭尽所能，从最狭隘的角度出发解读这些证据，然后在最大程度上找出理由来矢口否认。基辛格身为由多个部门联合组成的“40 委员会”的领头人，参与策划了一整套完整的颠覆计划，为反对阿连德的报纸刊物提供资金支持，通过第三方向反对派联盟暗中汇款，增加军援，破坏经济，还为保守的“国家党”提供资助，组织成立名为“祖国与自由”（Patria y Libertad）的准军事组织，这个组织实际上就是暗杀小组。“这一次别人不知道我们出了手”。尼克松在政变发生后不久对基辛格说道。可是，这么多年过去，泄露出来的，或者得到解密的美国官方文件显示尼克松与基辛格留下的印记随处可见。民权律师斯科特·霍尔顿（Scott Horton）曾在 2010 年 7 月 6 日发表“诉基辛格一案取得深入进展”（The Case against Kissinger Deepens）一文，在文中讲述基辛格本人亲口承认中情局为了阻止阿连德重新上台，的确在 1970 年谋害了智利将军雷内·斯奈德（Rene Schneider），而这场行动基辛格从来拒绝承认自己有份。

样做怎么行呢?”基辛格是在他支持皮诺切特的录音遭人曝光之后才说这番话的，要知道这些录音尤其让人讨厌:“我一直对他们说，要听就要去听一个月的电话录音，这样才会了解其他方面的情况。”不过，既然现在更多资料已经公之于众，那么一个月的电话录音听起来也就如同一出莎翁笔下最为血腥的名剧。姑且就当作“麦克白”吧，那里面的内容放在今天就叫作“情报回传”:“我们只是教他们怎么去杀人，他们学会了，跟着做就行了。”

基辛格在智利支持独裁者皮诺切特的事情有必要说一说。1975 年 8 月，基辛格在华盛顿接见了时任智利外交部部长、海军中将帕特里西奥·卡瓦哈尔。当时，智利的安全部队已经屠杀、绑架了数以千计的人，遭到酷刑折磨的更加不计其数，圣地亚哥的足球场都被变成了一个集中营。基辛格一直在拼命压着国会，不准国会因为侵犯人权对智利实施制裁。正因为如此，基辛格从会晤一开始便拿自己手下有些人担心人权问题这件事，和卡瓦哈尔开起了玩笑:“你知道国务院都是些什么人吗? 这些人都对当牧师有兴趣。只是因为没有那么多教堂接纳他们，所以才全都跑到国务院里头来了。”二人接下来的谈话变得有些神神秘秘起来。卡瓦哈尔告诉基辛格，智利刚刚从监狱里释放了两百来人，这些人现在有些不好处理。“这帮人是个麻烦”。这位智利外长声称自己找不到有哪个国家愿意接收这批犯人。基辛格的回答是:“你知道该怎么做。我们说好的事情不能不做。还有其他问题要讨论吗?”

皮诺切特政权当然知道该怎么做。于是，酷刑折磨、残忍屠杀、绑架劫持，种种暴行依旧在智利上演。

基辛格支持阿根廷军人政权的事情也有必要说一说。政变发生后不久，基辛格的一位助理就建议他不要“过于急着接受这个新政权”。“我们得预计会有大批镇压,”这位助理说道,“可能会流很多血，这个在阿根廷应该不会等太久。我想他们下手应该会很重，不光是对恐怖分子，还有商会和其他党派那些唱反调的。”基辛格对助理要自己保持距离的建议并不认可。“不管他们有没有机会，总得需要一点小小的鼓励吧,”基辛格对这位谨小慎微的助理说道,“我就是想要鼓励鼓励他们。”次日，也就是 1976 年 3 月 27 日，国际货币基金组织便将阿根廷军政府的最高信用贷款额度提高到了 1.27 亿美元，还会有数百万更多美元从公共与私人贷款流进这个军人政权的囊中。

基辛格还在1976年6月初去智利首都圣地亚哥走访了一遭，那次是去参加美洲国家组织的一次会议。基辛格在当地与皮诺切特进行了一场一对一的单独会晤，向对方保证无论自己待会儿在美洲国家组织的大会发言中有什么无关痛痒的批评之词，都请不要放在心上。就在一个月之后，基辛格手下专管拉美事务的助理国务卿哈里·施劳德曼敦促基辛格能够帮忙把调子放低一点儿，“不要再添油加醋地高谈阔论什么‘第三次世界大战’之类的话题”。施劳德曼的意思是那帮保守派好战分子还以为自己正处在一场国际大战的最前线，要在全球范围之内同马克思主义血战到底。智利是情况最糟的一个。“我们没准儿，”施劳德曼提出的建议相当低调，“能够说服他们，其实我们并不想打第三次世界大战。”

不曾料到，基辛格与皮诺切特会晤时却在火上浇油：二人都对越南表示同情，并且一致认为“世界大战”已经打响，西班牙内战就是这场世界大战的首场战役。“皮诺切特将军，”基辛格说道，“是一位全世界所有左派组织的受害者，他最大的罪过就在于推翻了一个走共产主义路线的政府。”基辛格告诉皮诺切特，他不久要对大会发表讲话，中间必须加上几句与人权有关的话，不过皮诺切特大可不必把这当一回事：“那些话不是针对智利的。”①

基辛格在圣地亚哥还会见了塞萨尔·奥古斯托·古塞蒂，此人是新近上台的阿根廷军政府的一员，是一位海军上将。基辛格给古塞蒂的建议与他一年前给苏哈托的建议如出一辙：“如果有些事情真的非做不可，那就干得利索一点儿，但是得很快回到正轨上来。”一如对皮诺切特所说的那样，基辛格同样赞同阿根廷正处在一场世界大战的最前线。他告诉这位海军上将，美国“将竭尽所能，帮助阿根廷赢得胜利……我们理解你们必须树立威信”。如同早先同皮诺切特的外长会晤一样，如何处置流离人员的问题被提了出来。这些人中间有一部分是为了躲避右翼镇压，从邻国逃亡过来的。基辛格再一次显得神神秘秘起来：“我理解你们的难处。”“这些人在制造不安。”古塞蒂说道。“我们祝您成功。”基辛格如是答道——别忘了他自己也曾是个难民。

---

① 基辛格此番演讲的题目叫作“人权与美洲”，开头几句是这样的：“我们这个时代最为紧迫的一项要务，也是需要所有负责任的国家和民族同心协力，共同完成的事情，就是我们必须保护并且发展我们的基本人权。”

根据会议记录员的记录，基辛格与古塞蒂会谈临到最后，二人双双离开会议室，要“单独说几句”。谈话极其简短，也就大概四分钟[①]。至于究竟说了些什么，从基辛格允许公开发表的相关评论来看，可以推断他并未敦促古塞蒂做事要有所节制。

就在第二天，也就是6月11日，一支暗杀小组绑架劫持了24名生活在阿根廷的智利与乌拉圭难民，并且对其实施了折磨。当天还有其他多场行动，其中包括杀害劳尔·阿尔伯特·拉马特。拉马特是一名27岁的学生运动人士，就读于布宜诺斯艾利斯的天主教大学。同样罹难的还有59岁的圣地亚哥·布鲁施泰因。布鲁施泰因一家七口，早就死的死，失踪的失踪，他是唯一幸存的一个。军政府完全没有意思急着“回到正轨上来”。海陆两军的将军们在台上一坐就是七年。谋杀和失踪依旧如故。现存的军方档案表明，截至1978年7月，死亡或失踪人数当在22000人左右。

基辛格还参与了“秃鹰行动”的制定。这是一场由国际暗杀小组集团联合开展的行动，范围覆盖拉美、美国和欧洲。学者J. 帕特里斯·麦克谢里对“秃鹰行动”有最深入的研究，他认为目前能够看到的国务院文件其实全都是在误导。实情很可能正是如此。基辛格本人早就说过，单纯只看与外交政策有关的文件资料让人无法确定“有哪些文件是为了找借口炮制出来的，又有哪些文件才能够真真正正为决策指明方向”。“基辛格如果能够找到更加隐蔽的秘密渠道的话，是很少会把有用的东西放到正常的外交记录渠道里的”。沃尔特·伊萨克逊如是写道。

可是，现存的资料就足以让基辛格身败名裂。“秃鹰行动”是在1975年11月26日（也就是卡斯特罗决定向安哥拉派遣战斗部队后不久）智利首都圣地亚哥的一次会议上正式确定下来的，当时参加会议的包括各路情报与军事官员，以及一些政府首脑，几乎代表了所有南美国家，这些人很明显全都得到了华盛顿的支持。美国驻巴拉圭大使承认参与“秃鹰行动”的各方“通过美国在巴拿马运河区设立的一

---

① 从谈话记录来看，没有任何证据表明基辛格在与皮诺切特会面时私下聊过。不过，基辛格为保万全，亲自挑选了会议记录员，此人便是深得其信任的副官威廉·罗杰斯。“这样我以后就还能够与他（罗杰斯）共事。”基辛格如是说道。基辛格与古塞蒂的会谈记录者，也就是清楚记录基辛格与那位海军上将“单独说过几句”的人名叫路易吉·艾劳迪（Luigi R. Einaudi），是一位职业外交官。

个通信部门彼此保持联系，这个通信机构可以覆盖整个拉美”。这是一个“位于美国通信网络内部的秘密系统”，能够让参与“秃鹰行动”的所有国家（玻利维亚、巴拉圭、乌拉圭、阿根廷、巴西以及智利）“相互之间保持通信绝对机密”。而且，正是在基辛格造访圣地亚哥，与皮诺切特和古塞蒂谈话之后，“秃鹰行动”才全面展开，其中就包括所谓的“三期行动”，即在拉美以外开展处决刺杀。

暗杀行动中最出名的一起发生在1976年9月21日，地点在华盛顿特区的谢里丹环线，靠近使馆街的地方。一枚汽车炸弹炸死了奥兰多·拉提利尔和他的随行助理罗妮·莫菲特①。拉提利尔在阿连德政府中拥有好几个高级职位，政变之后定居在了华盛顿，在国会四处游说，要求向智利施加制裁。皮诺切特在与基辛格的会谈中先后两次提到拉提利尔不好对付。

基辛格之前一直从中情局和国务院获得有关“秃鹰”的情况汇报，知道“秃鹰”在拉美、欧洲还有美国开展行动。不仅如此，正如助理国务卿施劳德曼跟他说过的那样，基辛格还知道“秃鹰”的目标是居住在国外的“非暴力”左派和中左派分子，拉提利尔就是这一类人。“我们试图阻止的是一系列跨国谋杀行动。”施劳德曼后来写过这样的话，此时距离拉提利尔被杀已经为时不远了。

8月23日，基辛格的确批准了一份电报“停止活动”，指示手下的各位大使去接近各自所在国家“能够找到的最高级别的官员”，告诉对方“暗杀反对派、政界人士和有社会名望的人士……会在国外……惹出最严重的道德与政治麻烦”。不过，基辛格随后又改变了主意。9月16日，基辛格从一位助理那里得知这样的指令很可能会触怒皮诺切特，于是撤销了自己的行动方针。基辛格当时正在非洲友好访问，试图挽回“黑鬼娃娃”政策以及安哥拉战乱造成的伤害。他给施劳德曼发了一条口信，指示后者“千万不要再在这件事情上做动作”。施劳德曼接着把口信传达给了基辛格的各位大使们，提醒他们“切莫再要轻举妄动”。五天之后，拉提利尔

---

① 奥兰多·拉提利尔（Orlando Letelier，1932—1976），智利经济学者、社会党政治家，阿连德执政时期于1971年被任命为智利驻美大使，1973年被召回国，任外交、内务与国防部长，同年9月政变发生，成为遭到逮捕的首位政府高官，一年之后获释，前往美国避难，在华盛顿的大学里谋得好几份教职，1976年9月21日被汽车炸弹炸死。此次谋杀由皮诺切特的秘密警察部门“国家情报局”特工策划实施。同时遇难的罗妮·莫菲特（Ronni Karpen Moffitt）是拉提利尔的同事，其丈夫迈克尔·莫菲特（Michael Moffitt）也在爆炸中受伤，但幸免一死——译者注。

与莫菲特双双死于非命。“秃鹰行动”仍在继续。

全部加在一起算的话，基辛格在拉美“鼓励”过的那帮盟友一共杀害了数以万计的平民，遭到酷刑折磨的人数与之相当[①]。那些遭到基辛格代理人绑架劫持，非人对待的人中间包括智利与巴西两国的在任总统，还有一位是乌拉圭前总统。巴西的迪尔玛·罗塞夫[②]于1970年被捕，“在铁窗之中度过了三年。审讯者对罗塞夫施以惨无人道的折磨，电击其双腿和耳朵，把她强行关进‘鹦鹉笼’，全身脱光，脑袋朝下，绑住手脚，吊在一根柱子上”。巴西真相委员会最近作过一次调查，发现超过300名巴西士兵在“如何折磨人”这件事上，接受过美国的“理论与实践培训”。乌拉圭前总统何塞·穆希卡[③]同样遭到过严刑拷打。穆希卡于1971年遭到绑架，此后在监狱里一待就是14年，刑期延长时甚至被关在了一口深井的井底。智利总统米歇

① 诚然，美国安全特工在拉美动用酷刑折磨，华盛顿为拉美国家提供培训指导，教他们如何折磨最为管用，这些事情在基辛格上台前后都有发生。可是，美国那几位依靠虐待折磨出名的头号人物全都是在基辛格担任“40委员会”主席，负责地区秘密行动期间才一个个崭露头角、声名远扬的。举个例子，丹·米特里内（Dan Mitrione）是在1969年被派往的乌拉圭，他在那里教当地的警察如何虐囚。“首先第一点，你得做得恰到好处，”米特里内是这样指导的，“把人弄伤，该弄到什么程度，就伤到什么程度，一定不要过头。”米特里内会亲身示范，加以指导，据说被他亲手折磨致死的有不少人，都是无家可归的流浪汉，从蒙得维的亚街头随便抓过来的。“不管什么情况，我们都得控制自己的情绪，”米特里内说道，“做事得讲效率，下手要干净利落，跟外科医生一样，还得跟艺术家一样，讲究技巧。”五角大楼20世纪80年代出版的《审讯指南手册》恶名远扬，米特里内教授与示范过的不少技巧被记录下来，作为标准被后来者效仿，不少受其影响的行为被写入了参议员戴安娜·范斯坦2014年发布的“虐囚报告”之中。按照新闻记者马西·惠勒（Marcy Wheeler）的说法，这本被用来训练拉美盟友的指导手册因为过于臭名昭著，其复印件后来被销毁。不过，时任国防部长迪克·切尼及其法律顾问戴维·阿丁顿“把唯一一份已知的复印件”留了下来，作为私人收藏。还有一位中情局特工名叫何塞·罗德里格斯（Jose Rodriguez），是“9·11”事件之后虐囚项目的负责人，此前曾在拉美工作长达30年。

② 迪尔玛·罗塞夫（Dilma Vana Rousseff，1947—　），经济学家、政治家，巴西第36任总统，1947年12月14日出生于巴西一个比利时裔的中上层家庭，青年时代追随社会主义，1964年政变之后加入左派组织，参加游击队，反对军人独裁政权，1970年至1972年被捕入狱，期间遭受虐待折磨，获释后组织成立民主劳动党，2000年因党内分歧，离开民主劳动党，加入工人党，2002年应时任巴西总统卢拉邀请，任能源部长，2010年当选巴西首位女总统，2015年连任成功——译者注。

③ 何塞·穆希卡（Jose Alberto Mujica，1935—　），乌拉圭第40任总统，1935年5月20日出生在一个小农家庭，父亲为西班牙巴斯克后裔，母亲为意大利移民，20世纪60年代受古巴革命影响，加入左派游击队，参与夺取城市政权的武装暴动，多次遭到逮捕，最终被判入狱13年，1985年恢复民主后获释，重回政坛，组织成立“人民参与运动”，1999年当选参议员，2005年任农业部长，2009年击败前任总统，当选乌拉圭第40任总统，2015年3月任满——译者注。

尔·巴切莱特[①]的父亲在被绑架之后遭到酷刑折磨，死在了皮诺切特的狱中。巴切莱特总统和她的母亲同样遭到拘禁，受过虐待，不过最终得以释放，流亡海外。

一面是点头默许，一面是公开作态；一面在和一个国家暗杀小组组织的关键人物进行四分钟“单独谈话”，一面在发表热情洋溢的讲话，大谈特谈如何保障人权。这是掩饰，也是演戏。在这个时代，治国理政从来就是在这样两个极端之间摇摆徘徊，好比外交舞台上的那些人物一会儿要躲进黑暗的角落，一会儿又要走到聚光灯下。干得利索一点儿——这是基辛格给他的外国盟友的建议。干得吓人一点儿——这是基辛格给福特的建议：“让我们看上去凶一点儿。”

从基辛格在拉丁美洲与南部非洲的经历来看，国家安全机制要想在经历越战失利和水门事件之后重获新生，就必须有赖于将掩饰与演戏有效结合起来，做到随机应变，灵活应对，这一点要比以往任何时候都来得明显。在某个层面上来说，公开与保密之间的关系是随之而来的。基辛格原本指望越战之后大干一场，在世界上的某个地方就某个事件摆出“更为强硬的立场”。可是，他心有余而力不足，做不到这一点，不但被卡斯特罗将了一军，还时刻担心公众与国会在越战之后对继续打仗没有兴趣，只好偷偷摸摸干起了见不得人的事情，和“秃鹰”的那一帮人沆瀣一气。在另一个层面上，掩饰与演戏又是同时共存，相辅相成的。基辛格在任期间，拉美各国陆续成立的政权利用暗杀小组，干着杀人灭口的勾当，形成了一个秘密网络。在这个网络中，不仅有不为人知的监狱囚室，酷刑折磨的刑讯室，杂草掩埋的孤坟，还有如鬼影一般的准军事组织。这个网络虽然隐蔽极深，却令人印象深刻，

---

① 米歇尔·巴切莱特（Veronica Michelle Bachelet，1951— ），智利总统，1951年9月29日出生在一个中产家庭，父亲阿尔伯托·巴切莱特是一名空军准将，母亲安吉拉·戈麦斯是一位考古学家，1962年因父亲赴美公干，在美国生活并学习过两年，1964年回国，大学学医，后来还学过军事战略。米歇尔的父亲阿尔伯托曾任职于阿连德政府，负责食品分配工作，1973年政变中遭到逮捕，后被判处叛国罪，1974年3月12日死在狱中。米歇尔与母亲亦于1975年3月遭到拘禁和虐待，同年5月流亡海外，先后居住在澳大利亚和东德，1979年重回智利。米歇尔完成学业后当了一名医生，1990年智利恢复民主后开始为政府的医疗卫生部门工作，2000年担任卫生部长，2002年成为拉美首位女国防部长，2005年代表社会党参加总统大选，击败来自中右派、右派与左派的多位竞选对手，成为智利首位民选女总统，也是拉美国家第一位不以“第一夫人”身份，直选成功的女性国家领导人，2006年3月11日宣誓就职，任期至2010年，2013年再次当选，成为自1932年以来两次当选智利总统的第一人——译者注。

不仅将恐怖散播根植在民众的记忆当中，还公布死亡名单；给自己的暗杀小组起“白手”“以眼还眼”，诸如此类的标志性绰号；在光天化日之下将某人从街上绑架劫持，让人就此人间消失。此中信息又有谁人看不明白？

在南部非洲，基辛格一心想当着世人的面公开教训古巴一顿，管他是盟友，还是对手，反正让第三世界的其他国家都好好看一看。然而，基辛格即便在制订计划，打算公开教训古巴的同时，也在好几个不同国家开展秘密战争。在美国国内，基辛格可不只是在这场战争上对公众撒谎这么简单。他在国内展开连番攻势，大声造势，希望赢得民众支持，借此在南部非洲推行更为强硬的路线。约翰·斯托克韦尔身为中情局派往安哥拉的特工，于1978年5月现身国会非洲事务专门委员会，出场作证。斯托克韦尔口中所述的一切，听起来就如同一场带妆彩排，日后会被里根政府搬上舞台，组成一副伊朗门的密谋网络，去打一场不让民众知晓，不经国会授权的战争。根据斯托克韦尔（以及其他人员）的说法，基辛格伙同中情局局长威廉·科尔比，利用代理国（以色列与南非）开展军事行动，并且为结盟的叛军提供武器。二人同时还开展了一场秘而不宣的造势运动，试图影响美国民众的舆论民意。“基辛格先生和中情局，”斯托克韦尔在作证时说道，“通过在国内发表公开声明，进行虚假宣传，向美国人民撒了谎。”中情局在美国国内资助并且指导了两支宣传团队，提供虚假情报，以便让其用来误导联合国和美国民众。中情局还在美国国内的报纸上刊登虚假报道。到了后来，“9·11”事发，新保守主义分子希望把美国的“反传统文化”打压下去，连根铲除。可是，在这里，就在越战结束后不久，基辛格就已经在着手干这个了。

掩饰与演戏，二者相辅相成，这样的关系将随着时间推移演变发展，尤其是在里根与小布什上台执政期间找到新的表现形式。诚然，是秘密人员重新激活了基辛格在安哥拉与莫桑比克的秘密战争，加强了基辛格与巴基斯坦三军情报局之间的联系，颠覆阿富汗政权，并且在中美洲以及世界其他地区引发了新的行动。即便如此，就像我们即将看到的那样，五角大楼依旧会派兵入侵格林纳达，轰炸利比亚，入侵巴拿马，依旧会公开炫耀自己的武力。

不过，只有待到“9·11”事件之后，那一帮精于演戏与掩饰的大人物们才会完全展露他们的才华。等到这些人这么做的时候，他们需要的也许正是基辛格为他们出谋划策。

第八章　难以置信

妖魔鬼怪一旦被召唤出来，可不会就这么自己消失的。

——亨利·基辛格

1971 年 11 月，尼克松问基辛格觉得加州州长罗纳德·里根这个人怎么样。基辛格当时正好去了加州一趟，为右翼团体打气，刚刚结束公干回来。大家都知道基辛格向来精于性格分析，说的话“准而精”，言简意赅，短短几句就能抓住一个人的本质①。可是，提到里根却让基辛格感到一时语塞，不知从何说起。

里根是一个相当体面的人，基辛格说道：“不过，他这个人比较肤浅。完全没有……嗯……他这个人嘛，是一个演员。他……要是手里有台词的话，表现还是蛮不错的。”显然，里根之前就对基辛格说过：“见鬼，别人要是还记得你，不是因为你做了些什么，而是因为你说过些什么。你就不能找一些好的词吗?”基辛格跟尼克松说起这个的时候，笑得很来劲儿。“这真的是演员的做法，”他对总统说道，“这样处理外交政策……太实在了……”

尼克松知道基辛格说这话是什么意思。“那家伙确实是个体面人，是个体面的家伙，就是没有……没有，要不这么说，什么都……”。

你想把尼克松的话接下去说完吗？——就是说没有什么城府，一切都浮于表面。至于基辛格，他似乎有意把里根简单视为一个演员，不必放在心头。不过，基

---

① “尼克松的动作有一点点让人捉摸不清，”基辛格在谈到和尼克松第一次开扩大会议时是这样说的，“和他嘴里说的东西没有多少关系，好像说话和手势背后完全是两种不同的动机。”

辛格又犹豫了，当他意识到事情并非自己想象中那么回事的时候，这种念头也慢慢消失了。演戏意味着精于算计。尼克松和基辛格两个就是工于心计的人：他们操纵事情的发展，设计每一个动作，营造出氛围，为达到自己的目的服务。即便是基辛格这样的存在主义论者也相信真实是存在的。基辛格可不是唯我论者。个人也许除了自身相对、主观的观点，便无法不受干扰地找到真实，可基辛格真的认为现实设定了限制，施加了约束，或者叫作“必要性”。

里根在形而上学的阶梯上要更上一层，他作为一个政客，成功抹去了表象与真实之间的差异。“这个世上可没有两个罗纳德·里根。”南希·里根听说有人说她的丈夫愤世嫉俗，赶紧辩解道。“你听别人说话，会到话的背后去寻找这个人到底想表达什么意思，”南希接着说道，“可是人们要过一段时间，才会意识到和罗尼这样的人相处，不管他说什么，都根本没必要去话里找话。”

既然是演员，就明白自己是在演戏，基辛格却觉得里根好像并非如此。他们俩有一次谈话说起某件事情，基辛格对这位州长抱怨说尼克松的“政府班子不够忠诚”。当然，说起调教政府班子，让政府无力约束自己行为这种事情，基辛格要比任何一位前任都要做得更多。不过，基辛格可从来没有怀疑过自己也需要一套班子。即便如此，里根给出的解决方案还是比基辛格抱怨的要好一些。“既然这样，”里根说道，“那你干吗不把整套班子都给撤了？”你一定会好奇，想知道基辛格听到这里会如何看待里根：里根这么说到底是要把自己的政策发扬光大呢，还是故意唱反调呢？①

---

① 基辛格从来就拿捏不准里根，捉摸不透为什么里根这个人实质与表象毫无区别，为什么肚子里没有秘密，就像一面镜子，要不就是一台复读机，你说什么，他都会给你原原本本地重复一遍。基辛格1981年说道：“我真的记不起来，有哪些我跟他说过的话他听进去了。我有一次跟里根讲了一下尼克松的情况，那个时候里根还在当州长。后来发现过了好多年，他竟然可以几乎一字不差地把我当年跟他说的话再说一遍，全都记得一清二楚。可是，我感觉这些话这么多年来他也从来没有动脑子去想过。”还是1981年基辛格说过的话：“他人不错，是个体面的人。就是有一点儿怪。他这个人一开口说话，举的那些例子全都是从电影里来的。”到了1982年，基辛格如此说道：“总统也好，总统候选人也好，我都见识过不少。和这些人谈话的时候，你能够感觉得到他们听了你的话，会在思考‘我能够就你所说的做些什么’。只有里根不一样，你会觉得这个人听你说话，脑子里想的却是‘我能够说些什么’对他这个人来说，语言就是现实……只有里根这一个总统，我和他碰面，宁愿换成屋子里是别人。如果你和里根单独聊天，你肯定会觉得好像什么都没有发生过一样。”1986年，基辛格又说：“里根这个人到底在想什么，我还真说不清楚。”

尼克松有一回坐在总统办公室里，问基辛格是否敢相信里根会在 1968 年共和党初选中赢得这么漂亮，简直令人大跌眼镜，要知道里根根本就连这个圈子还没有进去。

“确实难以置信”。基辛格回答道。

这两个人接下来在猜测里根下一步会怎么做，是否会接受任命，去英国当大使。“我敢说他肯定不会去，”尼克松说道，“我们已经跟他提过这事。他就是不想要。”“那他想要什么?”基辛格问道。

正是因为基辛格，里根才破了自己当年曾经许下的“第十一诫”——不得说任何共和党同仁的坏话。那是在 1976 年 3 月，里根当时正在同杰拉德·福特争夺共和党党内提名，四场初选已经败了三场。里根此前说话一直注意有所保留，只是批评外交政策缺乏明确的目标，并未指名道姓地具体针对某人。可是，当里根很快就要拿下新罕布什尔州，距离赢下佛罗里达还有一段距离的时候，他开始点名了。里根头一个点的就是亨利·基辛格，而且几乎想都没想，接着把福特也给点了出来，批评二人导致美国全球实力衰退，陷入危险境地。

里根巡回各地，发表演讲，不仅现身电视广告，还通过广播，对全国发表演说，每一次都把基辛格的名字摆在福特的前面，有时候同时提到这两个人，在用“先生”这个词的时候还故弄玄虚，用上了带着点儿古味儿的法语（“Messrs.”）：“在基辛格与福特先生的领导之下，”里根有一同在电视上如此说道，“我们的国家已经在军事实力上退居次席。我们生活的这个世界虽然谈不上要你随时丧命，但也危机四伏，可我们现在已经成了世界老二。”里根此番电视演讲的重点在于抨击“基辛格博士”的一系列所作所为，包括中东政策、油价问题、和巴拿马就运河谈判的事情、越战问题——里根将此称为美国历史上“最大的耻辱”——古巴问题，还有安哥拉问题。基辛格这个人也许心里准备了一些“伟大的战略”，里根说道：“可他根本就看不明白，亨利·基辛格过去这些年来一直在主管美国的外交政策，这几年恰好也是美国失去军事优势的时期。”

里根先把基辛格给好好批了一通，接着开始大谈福特的不是：“我相信福特先生口里说的和平确有其事——不少人也这样说过。可是，对于像安哥拉、柬埔寨、越南这样的地方，那里的人们要想知道什么叫作和平，只有死了，埋在地下才有可能。”

里根 1976 年之所以打基辛格这张牌，就是为了在共和党改革这一关键历史时刻的最后阶段抬高自己。这次改革并非意味着新右翼在党内接管大权，而是为了将共和党转变为一件重要的政治利器，从而为通过军事手段实现“美国例外论”更好地服务。在此之前，至少从第一次世界大战之后开始，美国参加的历次战争基本上都是民主党发动并且主导的，（不管真正的原因是什么）名义上都打着扩展民主的旗号。共和党虽然一直以来都是一个走强硬路线的政党，可共和党人宣扬的强硬路线多为沙文主义、孤立主义，要么就是一帮一无所知派，不具备民主党那种福音传道式的狂热，而民主党的这一传统可以远溯至威尔逊时代。不过，这一切现在都将因里根而改变。

里根此前曾在 1968 年试图竞争共和党提名，未果。他当时就将重点放在了国家安全之上，认为苏联正在军备竞赛上超越美国。由于其他候选人都在关注如何让美国从越战脱身，因此那个时候的里根很难赢得选民青睐。里根坦承自己不会“因为在公开场合谈论道德而感到羞愧”。他当年说这番话，除了表示与苏联人抗争到底的意思之外——比如说，当年晚些时候，苏联人为了阻止“布拉格之春”，悍然出兵入侵捷克斯洛伐克，里根就曾呼吁华盛顿对苏采取措施，也就是我们今天所说的“进行制裁”——究竟有何其他用意，不得而知。

亨利·基辛格在任八年，给了里根足够机会集中火力，展开炮轰[①]。待到里根1976年谈论“道德主义”的时候，人人都知道他用这个词是什么意思。言下之意，基辛格的实用政治是不道德的。美国右翼势力羽翼渐丰，里根身为右翼之旗手领袖，从安哥拉、越南、古巴、巴拿马运河到以色列，不满之处足以列出长长一大串来。不过，这一切背后摆着的才是主要的攻击目标：国际关系的缓和。

“缓和”这个词并非由基辛格引入美国政治词汇，这个外交术语早已有之。让莫斯科与华盛顿之间的紧张关系缓和下来，做到这一点的首功之人也不是基辛格。美苏两国关系趋于正常，其背后的种种动力推手酝酿超过十年之久。追本溯源，除了其他重大事件之外，1953年斯大林去世，约翰·F. 肯尼迪在古巴导弹危机时有

① 基辛格虽然在“水门丑闻”中躲过一劫，免受牵连，可从1974年开始却成了新右翼发泄怒火的主要对象。新右翼在其报纸和其他保守媒体上纷纷撰文，对美国输掉越战大加不满。举个例子，1974年3月，《新闻评论》刊载了一篇冗长的文章，文章作者名叫弗兰克·卡佩尔，题目叫作“基辛格的恶作剧”，写的是基辛格“二战”那会儿，在欧洲陆军情报部门工作的时候，被苏联情报部门给招了过去，还得了个代号“Bor”。卡佩尔是一个狂热的反共分子，专门散布谣言，曾经出过一份刊物，叫作《自由先驱报》。他一口咬定基辛格就是苏联间谍，还把这个和1974年西德总理维利·勃兰特下台扯上了关系。勃兰特之所以下台，就是因为东窗事发，其高级助理京特·纪尧姆被揭发是东德斯塔西的间谍。卡佩尔尤以报道罗伯特·F. 肯尼迪与玛丽莲·梦露的绯闻轶事出名，此人将自己的这篇文章经过一番添油加醋，写成了一本短篇小说，名为《苏联间谍亨利·基辛格》，并于1974年自费出版。据说同时被牵扯进来的还有弗兰克·威斯纳和金·菲尔比。前者是中情局的退役特工，1965年自杀身亡，后者则是打入英国情报机构内部的一名克格勃间谍。威斯纳与基辛格在哈佛大学的导师威廉·Y. 埃利奥特长期保持联系。基辛格是苏联间谍这件事情在普通的新右翼支持者中颇有市场，广为流传。基辛格除了被人指责通敌叛国，还要面对民间小报上日渐流传的小道故事。这些故事可不招人喜欢，好比1975年8月12日，八卦杂志《全民大发问》就登出文章“给你一个真实的基辛格”，声称基辛格喜欢在公开场合诋毁自己的首任妻子。文章引用了毛里·菲尔德的话，此人是基辛格在哈佛大学的老相识，二人自从开国际研讨会的那时就开始认识。文章说基辛格“待人接物，处处算计”，让毛里经常感到“反感厌恶”。这篇文章还引用了基辛格以前房东的说法，说基辛格“睡觉从不安分”，每天晚上都把床单从床上蹬掉。诸如此类的不少报道都反映了恐外与反犹的心理，而这些正是美国右翼的标志。1974年7月8日，新罕布什尔州《曼彻斯特联盟》的编辑威廉·罗布甚至提到了倘若有朝一日基辛格竞选美国总统，前景如何（根据美国宪法限制，这根本就是不可能的）。罗布声称：“一个受过教育的人，如果连不带口音的英语都说不好，简直令人恶心。”有意思的是，20世纪70年代大行其道的那帮草根保守派自视与化石燃料行业的那些大公司企业利益格格不入，对基辛格提出的“石油底价”大为光火。某保守派人士认为基辛格此举“旨在把美国的一大块儿给卖了”，出卖给“那些主要产油国，好让它们正儿八经地支持‘新世界秩序’”。这位作者还在接下来写道：“这是一种永久性的绑架行径，我们将向那些石油利益的代言人们进贡，永世不得翻身。”

意与莫斯科进行谈判，再加上维利·勃兰特[①]提出“新东方政策”，改善两德关系，这些都可以算作源头所在。可是到了20世纪70年代，“缓和”一词已经被与基辛格联系起来，尤其是继美苏两国批准一系列条约，缓和军备竞赛之后，例如1972年签署《削减战略武器条约》，1975年又达成《赫尔辛基协议》，人们更是将“缓和”与基辛格牢牢联系在了一起。

里根1976年提到“缓和”这个字眼，次数之多，让人还以为这个词是基辛格名字的一部分。里根在演说中大谈危机，从安哥拉、越南，一直谈到古巴、中东，声称华盛顿在这一连串危机中对莫斯科的优势已经荡然无存。里根每提到一场危机，都会重复同一套老话：“基辛格博士说过‘我们绝不能让这次危机干扰国际局势的缓和’。”对日渐强大的新右翼来说，“缓和”这个词无异于没落、失败、绥靖、投降的同义词。在里根及其支持者看来，“缓和”只是基辛格的一种手段，好让国势日衰的美国继续维持下去。

基辛格在1976年的初选中并未就受到的攻击作出回应——他真要这样做的话，就有可能伤及福特，因为自己在共和党基层实在太不受人欢迎。不过，待到日后挂印而去，基辛格可就要为自己的“缓和”战略好好辩护一番。他声称“缓和”其实是一套体系，目的不是让美国勉强维持下去，而是在于确保华盛顿不会在左一场、右一场毫无意义的危机上浪费资源，从而稳扎稳打地开展工作，直到“把苏联拖

---

① 维利·勃兰特（Willy Brandt，1913—1992），原名赫伯特·恩斯特·卡尔·弗拉姆（Herbert Ernst Karl Frahm）德国政治家、原东德领导人，1913年12月18日出生于一个单亲家庭，由外祖父母抚养长大，青年时代当过学徒，加入过左派工人政党，1933年为逃避纳粹迫害，逃往挪威，成了一名左派记者，化名“维利·勃兰特”，“二战”时一度被纳粹德国占领军逮捕，侥幸获释，去了瑞典，后入籍挪威，“二战”结束之后于1946年重回柏林，1948年重新成为德国公民，正式更名“勃兰特”，1957年至1966年任西柏林市长，在柏林危机中政治声望与日俱增，1969年当选西德总理，执政期间一方面加强与美国的联系，另一方面强调西欧一体化合作，同时推出“新东方政策”（“Ostpolitik”），谋求改善与东德等东欧国家的关系，为此在1971年获得诺贝尔和平奖。这些左右两手政策也使勃兰特成为战后德国，乃至欧洲政坛最具争议的政治人物之一。内政方面，勃兰特大力推行政治改革，增加医疗、教育、家庭等方面的社会福利，被誉为“国内改革的总理”。1974年，政治声望如日中天的勃兰特因东德斯塔西间谍事件曝光，被迫辞职下台。勃兰特并未就此退出政坛，他继续积极投身社会改革、经济发展事业，1977年推出“勃兰特报告”，呼吁世界改变对第三世界发展的看法，1990年还亲赴巴格达，促成被萨达姆扣押的西方人质成功获释归国，这也是勃兰特最后一次出现在公众视野。1992年10月8日，勃兰特因肠癌逝世，享年79岁——译者注。

垮”。基辛格说过：“福特认为这将是一场马拉松式的挑战，福特关心的重点在于莫要为了迎合大众心理，而将国家实力分散消耗在一次又一次短跑冲刺之上。缓和国际紧张关系的目的在于向美国人民证明危机与对抗只是执行外交政策的最后招数，而非日常手段。”

事实上，缓和的真正用意既不如里根所批驳的那般，也不像基辛格自我辩护的那样。尼克松入主白宫是在1969年，正值美国战后经济蓬勃发展的黄金岁月行将结束之际。公共债务正在急速飙升，贸易平衡变得紧张起来，能源开支大幅增加，美元开始贬值。第三世界国家的市场对美国关上了大门（这得归功于国有化政策、高关税与高补贴），来自欧洲与亚洲的经济竞争对手正在日益壮大。在这种大背景下，缓和国际局势既是一项经济策略，也是一种政治手腕，对江河日下的“新政联盟”来说（其中就包括基辛格第一位实权在握的老板纳尔逊·洛克菲勒），大公司企业是立足的基础，因此算得上是自身赖以为生的生命线。在军事上逐步降级有助于解放政府财政收入，更好地投入生产性投资中去，同时抑制通货膨胀带来的压力，要知道当时通胀压力之大，即便连大银行也坐立不安。与此同时，国际关系实现正常，也将有助于打开苏联、东欧与中国的市场，促进贸易与投资。

如果缓和国际局势真的帮助美国经济恢复活力，重新坐上世界头把交椅，那么里根以及新右翼的其他集团对政策指手画脚、评头论足，就找不准方向。可惜的是，国际关系正常化并未能解决经济上的危机，经济危机到了1975年已经变得似乎无法驾驭：中国当时刚刚从“文化大革命”中摆脱出来，而东欧与苏联在经济上极度贫血、缺乏生气，无力吸收足够的美国资本，经济状况极其糟糕，根本无法成为贸易伙伴，带来利润。正因为如此，当里根现身电视荧屏，对着摄像机开口说道（里根说这话的时候略微带着一丝愠气，可不是他在1980年大选时那副“快乐战士”的模样）：“我们给了苏联人贸易，给了苏联人科技，却一点儿回报也没得到。”里根这是在表达自己的不满之情。“是的，是时候。”里根说道，“告诉美国人民，告诉我们到底从缓和中得到了什么。”里根继续说道：“除了让苏联人在中东同我们处处作对，在东南亚阳奉阴违搞两面派，在中南美洲推行帝国主义强权霸权，我们美国到底得到了什么回报？”

基辛格当时因为正处于选季，受制于此，不便作出回应（福特鉴于基辛格成为右翼集中攻击的对象，要求他取消了原定在加州进行的一系列演说。1976年春至初夏这一段初选季节，基辛格先后走访拉美、欧洲与非洲多国，大部分时间是在海外出访中度过的)。话说回来，考虑到美国经济状况这么糟糕，通货膨胀与经济滞涨还在双双起效，基辛格又能说些什么呢？

1976年的基辛格一定觉得自己有点儿像个魔法师的学徒。回首20世纪五六十年代，基辛格成功利用人们对“导弹差距”的恐惧心理——他其实知道根本就不存在什么所谓的“导弹差距”——确立了威信，树立起自己作为一位严肃国防知识分子的形象，提出的问题一针见血，给出的解决办法现实而理性。可是，此时的基辛格只能一声不吭、默不作声地听着里根拿着一大堆同样的谎言，来指责是他让美国落在了莫斯科的后面：“苏联军队的人数是我们的两倍……我们的大炮数量只有他们的三分之一，坦克只有他们的四分之一。苏联人的战略导弹比我们美国的体积更大、数量更多，威力也更大。”

初选期间，围绕基辛格还出现了这么一段小插曲。故事是海军上将埃尔莫·朱姆沃尔特说的，让里根竞选本部受的刺激可不小。这位海军上将1976年初出版了一本回忆录，在回忆录中写道：“基辛格曾经对我透露，美国的好日子已经一去不复返了。”二人当时正同坐一列火车，在从华盛顿去往费城的途中。朱姆沃尔特说自己在谈话后不久便很快把交谈的内容给记录了下来。按照朱姆沃尔特的说法，基辛格说他自己：

> 觉得美国一如先前的不少国家一样，已经过了历史巅峰。他认为美国正在走下坡路，即便是政治上遇到挑战，也难以激发起活力。基辛格说他自己的工作就是尽力说服苏联人，让对手让给美国一些利益，我们能够谈成多少，就争取得到多少。言下之意承认从历史的角度来看，实力的天平已经偏向苏联人一边。基辛格说他意识到放眼历史，自己在后人眼里只是一位外交官，专门在谈判桌上替苏联人赢得好处，可是美国人民在这一点上只能自己怪自己，谁叫他们缺乏毅力，不敢同苏联人对抗到底，要知道和苏联人的较量就是一场“斯巴达与我们雅典”的较量。

朱姆沃尔特的回忆录出版面世是在5月，可里根早在4月就已经引用了其中的文章。里根在一场半个小时的电视节目中曾经说过，根据一本“尚未出版的书”——说的就是朱姆沃尔特的那本回忆录——基辛格认为自己的工作在于“通过谈判，赢得最能让人接受的条件，这样才能当好老二”，继续跟在苏联人的屁股后面。里根的此番言论听起来像极了基辛格在20世纪50年代说过的那些话。那个年代的基辛格一方面频频引用奥斯瓦尔德·施本格勒对于文明没落威胁的分析，另一方面又坚持认为没落并非不可避免：“我并不认为我在这个国家去过的差不多每一个州，遇见的每一个人都愿意就此放弃，把我们这个自由的最后孤岛就这样丢进历史的垃圾堆，和那些已死过往文明的累累白骨堆在一起。”

正如我们所见，基辛格还从施本格勒那里发展出了一套属于他自己的理论，用来评判理性主义的徒劳无用，用来评价在治国理政时“自发”“本能”与“直觉”是如何重要，了解一个人行事“目的”之所在又有多么关键。施本格勒和基辛格都认为存在着某个经验领域，这个领域不受理性法则的约束，由无形的价值观念支配。现在，让我们听听里根是如何说的。他还在继续对基辛格大加指责：“如果愿意的话，你大可管这叫作神秘主义。可我相信上帝之所以创造出美国，是因为上帝有着神圣的目的。”基辛格过去一直在引用施本格勒的话，提醒人们警惕官僚，提防他们总是在说事态过于复杂，做什么也解决不了问题。可是，到了1976年，被里根贴上“官僚”标签的反倒成了基辛格自己。里根有一回批评起来措辞相当严厉，说的显然就是基辛格：“在我们国家的首都，住着一个自鸣得意的家伙，总是喜欢往自己脸上贴金，把每天的时间都用来告诫我们管理国家这种事情过于复杂，不是我们能够理解得了的。”①

基辛格本是施本格勒的追随者，现在却成了施本格勒学说的攻击对象。

里根在1976年的大选中败给了福特，福特后来又输给了吉米·卡特。想当年尼克松初次上台，基辛格最早遇上的那帮竞争对手，没有一个位置比他坐得更久。

---

① 在此之前，里根在1968年那会儿说话的腔调还和基辛格没什么两样。他在当时抨击有些人“一门心思想把事情弄得复杂深奥，玩儿一些小把戏，把本来就难以定夺的决策变得更加难办，最后弄出一些诡计花招来，为拿不出办法来找借口”。“就是这样一套官僚思想，”里根说道，“把美国的外交政策给毁了。”

不过，基辛格在离开“雾谷”[①] 之前，还得好好忍受一番羞辱——他得眼睁睁看着唐纳德·拉姆斯菲尔德、迪克·切尼，还有保罗·沃尔夫维茨这帮人一个个骑到自己的头上来，正是这帮人日后把美国拖入了伊拉克与阿富汗的泥潭。

沃尔夫维茨日后将成为国防部副部长，辅佐小布什，此人曾经参加过中情局的“B小组”。这个小组名声不大好，是一个临时特设的情报审查组织，由福特组织成立，旨在平息愤愤不平的保守派，因为这些保守人士坚持认为中情局对苏联实力的评价过低。而在白宫内部，切尼和拉姆斯菲尔德则在力挺这一观点。“他们希望能够把中情局的评估写得措辞更加强烈一点儿，”原中情局分析人员梅尔文·古德曼说道，“切尼有意让中情局力度大一些，倒向右边，这样就再也不会对那帮将军们说不。”

由于缺乏确凿的事实证据和可靠的数据，“B小组”只能徒以辞令见长，添油加醋地大肆渲染，把苏联描绘成一个扩张成性的威胁，在时刻蓄积力量，准备发动攻击。该小组于1976年12月完成了一份多达55页的评估报告。这正是右翼分子对五角大楼文件泄密一事作出的回应，他们几乎彻底否定了丹尼尔·艾尔斯伯格三年前泄露出去的那份文件。参与编写五角大楼文件的那一拨学者与议员正好代表了基辛格所不屑的那一类人，全是一帮为事实所禁锢的专家。相形之下，“B小组”的成员却得到了认可，被认为是理论支持者。“这个小组的成员，”正如J. 彼得·斯柯布里克所言，“可没有把苏联的威胁当成一个经验问题，而是事关信念的大事。”

五角大楼文件的编撰者们潜心研究原始数据，才得出这么一份艰深难懂、经过仔细观察而成的文件，对美国为何会在越南越陷越深，以至于最终酿成灾难的前因后果进行了深刻阐述。反观“B小组”成员，却对任何实实在在的情报几乎一概置之不理。这帮人甚至连中情局的预测报告看都没看，就得出结论，一口咬定中情局低估了苏联的实力。“B小组”的做法成了迪克·切尼日后“百分之一主义”的预演，但凡有哪怕一线最小的可能性，都会将威胁视为可能发生。如果没有任何证据

---

① 雾谷（Foggy Bottom），指美国国务院。本为华盛顿特区一沼泽地名，国务院等政府机构所在地，用以称国务院亦有影射其某些政策朦胧隐晦之意——译者注。

能够证明苏联人占了上风，那么就等于证明苏联人拥有优势："B小组找不到证据，证明苏联人拥有非声探潜设备，就等于说苏联人应该已经有了这么个东西。"这就是人们对B小组研究成果总结得出的结论。

B小组的研究报告和五角大楼文件一样，也被秘密透露给了媒体，从而引发了一场公众大讨论。不过，艾尔斯伯格之所以泄密，是为了结束一场战争。而B小组的人泄密，则是为了重新发动一场战争——冷战。1977年12月，《纽约时报》在头版刊出新闻，为B小组的"情报"研究正名，就此为接下来公众有关国防预算的讨论定了调子。虽然，B小组的评估报告要起作用还得等上一段时间，可这份评估报告却为里根大规模加强军备提供了充足理由。

正如五角大楼文件一直被反对武力干涉的人们反复拿来作为反战的依据，B小组取得的成功也在一直激励着新保守主义的右翼分子，尤其是那些决策人士与学界精英。正是这帮人把官方情报政治化，炮制出假情报，声称伊拉克试图拥有大规模毁灭性武器，结果在2003年把美国送上了战场①。举个例子，在国防部，唐纳德·拉姆斯菲尔德在"9·11"事件之后"成立了自己的情报办事处，等于重新打造了一支B小组"。拉姆斯菲尔德这么做依靠的是彻头彻尾的假情报，谎称萨达姆·侯赛因拥有核武器。"这就是他们为什么会在（国防部副部长）道格拉斯·费什的办公室里头搞一个情报部门的原因，"詹姆斯·班福德是一位作家，专门写跟国家安全有关的题材，对此评论道，"这样做的全部目的就在于把这一类情报收集起来，然后传给切尼。"

对绝大多数加入B小组的成员来说，他们之所以这么干，动机背后的历史哲学（一如2003年推动美国参战那一帮人中的大多数一样）其实就是基辛格的历史

① 中情局有关苏联实力作出的评估是错误的。1989年，中情局对其自1974年至1986年所作的威胁评估进行了重新审查，发现每一年苏联的实力都"在相当程度上得到了高估"。新千年伊始，新保守派重新浮出水面，其中不少人此前曾在B小组工作过，在B小组的成立过程中起到了关键作用，其中就包括拉姆斯菲尔德、沃尔夫维茨、切尼和理查德·派普斯。另外一些人与B小组并无直接联系，福克斯新闻频道的权威人士威廉·克里斯托耳便是其中之一。这些人认为既然B小组帮助打赢了冷战，那么就应该把B小组解读情报方面的预测评估手段重新拿出来，对付基地组织。弗兰克·加夫尼是有线新闻的常客，频频抛头露面，大谈特谈该如何发动战争，警告人们提防伊斯兰教。此人连同其他好战分子联合组成了所谓的"第二B小组"，就连威廉·博伊金准将也加入其中，后者在伊拉克战争期间曾在五角大楼担任国防部副部长，专门负责情报工作。

哲学。这些人坚信直觉在评估威胁时确实管用，相信意志在让物质力量发挥效力时能够起到重要作用。他们对中情局之前评估报告的“客观性”嗤之以鼻，大加抨击，认为那些情报专家只知道关心苏联人具体在做什么，却忽略了苏联人凭借自身拥有的物质力量能够做到什么，因此完全是在误导。B小组的成员坚持认为必须好好估量苏联武器库的物质力量（在这方面，这帮人不管怎么评估，都会不遗余力地夸大其词），做最坏的打算，也就是说，要认为莫斯科能够做到什么程度，就会做到什么程度，要把这个作为评估的基准底线。里奥·切尼是总统国外情报咨询委员会成员之一，曾经协助成立过B小组。他说过这么一段话，听起来与当年那位年轻的形而上学论者亨利·基辛格颇有几分相似。基辛格坚持认为所谓真相不过取决于你如何解释。而切尼是这么说的：“我们正处在一场信仰危机之中，要想化解这场信仰危机，唯一的办法只有信仰。”当然，具有讽刺意味的一点就在于B小组成员把具有直觉性质的历史哲学拿来针对基辛格，而后者正是信奉直觉历史观的哲人[①]。正如历史学家安妮·赫辛·卡恩所言，这些人这么做的目的就在于“贬低亨利·基辛格，玷污他的名声，往他脸上抹黑”。比如说，拉姆斯菲尔德当年作为福特的国防部长，还有迪克·切尼身为白宫幕僚长，二人就利用B小组做文章，让基辛格在任内最后几个月里孤掌难鸣，无法与苏联就削减战略武器谈判达成新的条约。

事实上，切尼早在B小组提交最终报告之前，就已经在和信奉里根主义的那一帮唱反调的家伙合作，在1976年共和党的竞选平台上加上了一块“道德主义”的板子（说得更加贴切一点儿，这块儿板子应该叫作“反基辛格”板子），对与苏联达成一系列“秘密协定”中作出的“过分让步”大加抨击。这些共和党人之前还是孤立主义和沙文主义的支持者，现在却一个个叫着喊着在制订外交政策时不仅需要考虑捍卫国家利益，还要坚持“信仰人权、法治，要服从上帝的指挥”。他们说

① 1986年10月号的《评论》杂志刊登了一篇文章，为B小组的工作加以辩护。新保守派历史学家理查德·派普斯指责基辛格信奉的是“实证主义”。派普斯附和了基辛格1950年的说辞，抱怨“生活的方方面面越来越受到科学模式思维的影响”，具体表现在白宫坚持要求各情报机构在评估苏联实力时“只关注技术数据或军事装备，避免得出被基辛格称作‘塔木德经’式的教条主义判断。这样做的效果其实是一样的，因为在预判评估时一旦把那些有资料凭据、有意识的公开政治判断统统撇开，势必会导致秘密的政治判断打着军事装备分析的幌子，掺杂进来”。

这样的话，显然是要把基辛格干过的所有事情贬低得一无是处，谁叫基辛格说过上帝早就死在纳粹死亡集中营和苏联人的劳改营里了呢。

B小组的出现，以及随之而来的一系列事件，对基辛格来说不啻于一场重大失败，让他始料未及，毕竟是他让福特拥有了至高无上的总统大权，让他昔日的老东家纳尔逊·洛克菲勒当上了副总统，而他本人还同时顶着国务卿与国家安全顾问两项头衔。基辛格甚至一度把福特的白宫幕僚长拉姆斯菲尔德当成盟友，与后者一起策划参与过后尼克松时代的官场斗争。谁知没过多久，随着新右翼势力日渐壮大，自由派的洛克菲勒便成了他们的绊脚石。1975年初，这场保守运动的代表们齐聚一堂，与拉姆斯菲尔德会晤，声称只要洛克菲勒带头，搞出任何“左倾”动向，就要福特本人吃不了兜着走。此时的拉姆斯菲尔德没准儿还自视为“自由派”的一员。他隐约感觉情况不妙，看来未来掌握在这帮保守主义分子手中，不管出于何种原因，总之很快便与那帮穷兵黩武的好战分子站到一起，开始联手对付基辛格。基辛格后来抱怨拉姆斯菲尔德“野心不小”。“他这个人，”基辛格说道，“是白宫我认识的人里头最烂的一个。”

毋庸置疑，基辛格的外交哲学与里根主义追随者“充满意识形态的干劲儿”——这句话还是基辛格自己口里说出来的——存在着差异。“新保守主义是不屑于历史的，”基辛格在1999年说过，“战术让他们觉得无聊乏味。美国的一切外交政策，只要无法赢得绝对的胜利，在他们眼中就统统一文不值……这些新保守主义分子即使在里根得势期间取得了重大影响，依旧不依不饶，大肆攻击，坚持自己的历史观，要把美国引入他途，不再去面对错综复杂的是是非非。”

头一回读到这些话，还让人以为基辛格在划一条毫无区别的界限，毕竟他的外交哲学摆在那里。别忘了，基辛格一直以来都在强调政治家不应因为受制于过去而无所作为，政治家应该敢作敢为，让历史的发展顺从自己的意志。“我们创造属于我们自己的现实。”小布什手下的一位幕僚在为进攻伊拉克找由头时如是说道。西方需要有这样的人，能够“创造属于自己的现实”，同样的话基辛格早在40年前就已经说过。

然而，区别总归是有的。基辛格为自己以行动为方向的历史哲学加上了悲剧的厚重感，或者说加上了悲剧的“元素”，意识到人类无论拥有怎样的雄心壮志，最终总会受到挫折，幸福总会受到阻碍。“生命是一场磨难，”基辛格 1950 年就写下了这样的话，“从出生的那一刻起就孕育着死亡。”基辛格尽管反复强调人类对现实的理解只能是相对而主观的，除此之外别无他法，却的确认为（或者至少说曾经说过自己以为）现实会施加束缚与限制；伟大的领袖凭借直觉行事，展示出坚定的决心，这样做即便再重要，将注意力放在那些束缚与限制上也是同等重要的（只要这样做不会让人陷入一系列危机，因为这些危机会将我们的精力、资源与意志一点一点地消耗殆尽，让我们偏离更加伟大的目标）。归根结底，这才是让知识分子与新右翼草根阶层感到愤怒的原因所在，这才是为什么朱姆沃尔特的故事会在保守运动中激起如此强烈的共鸣。基辛格不但输掉了越战，还在南非改变了路线，是他让保守派们想起了死亡与脆弱，想起了自己追求无限的意志终将受到社会现实的束缚——基辛格口中提到人生在世充满悲剧元素更是如此。有一位保守派专栏作家给美国中部某座小城的报纸投稿，总结右翼为什么不喜欢基辛格的原因：“那是因为这位国务卿有一个偏好，喜欢与悲剧同行。他在潜意识里总是认为美国注定会输。”

接下来说说基辛格的癖好吧。基辛格是有一个癖好，这个癖好到了 1975 年已经在他的公开演讲中变得相当明显——他总是提到“相互依存”是“事实”或者说是“现实”。这个词对保守派的刺激简直可以和“缓和”相提并论。基辛格说我们生活在“一个新的国际环境里。这个世界拥有不止一个权力中心；这个世界在意识形态上存在差异，新旧交织；这个世界笼罩在核毁灭的阴云之下，而相互依存这一新的需求就是这个世界的标志”。“美国的政策”并非建立在“对抗”之上，而是建立在“对全球相互依存的认识之上，必须意识到相互依存才是最终实现国家目标的基础”。“一个相互依存的世界”；“相互依存的全球架构”；“主要问题就在于让世界各国达成共识，承认相互依存已经成为一种事实”；“意识到我们之间是相互依存的”；“今天这个相互依存的世界”；“相互依存日渐加深”；“相互依存迫使各国开展国际合作”；“相互依存将带来义务”，这些统统都是基辛格说过的话。

记者问道：“国务卿先生，您在演讲中多次提到相互依存这个词。”国务卿基辛格答道：“正是。”

普林斯顿大学历史研究学者丹尼尔·罗杰斯不久前出版了一本新书，书名叫作《分裂时代》（*The Age of Fracture*）。作者在书中应和了基辛格曾经提出过的观点，感觉里根时期的白宫代表了一种新的总统权力，产生了一种质变，进入了一种公共象征主义的不同境界："之前历任总统，没有哪一位像里根这样对信仰赋予如此巨大的力量与可能性。里根在 60 年代和 70 年代初期的那些演讲充满着紧迫感，他在演讲里提到的那些敌人，比如说克里姆林宫和极权专制的垃圾堆，计划制订者和福利国家的倡导者，还有伯克利大学校园里那一帮鼓吹'无政府主义'的造反派，这些从制度和社会学的角度一看就知道充满敌意。换作我，我会在这张具体需要消灭的敌人名单上把亨利·基辛格的名字也加上去。"

然而，无论新右翼对基辛格有多么讨厌，对基辛格代表的一切有多么反感，都无法就这样轻轻松松把基辛格抹去。基辛格在 60 年代与 70 年代初为战争进行辩护，试图做到以理服人，起到了极其重要的作用。要知道那个年代只要一提起战争二字，可是最容易招致抨击的。基辛格在其漫长的职业生涯中，旗帜鲜明地阐述了一整套强有力的推断与理由，这些理论学说将继续成为理由，为这个世界上发生的那些胆大妄为的行动保驾护航，直至 2003 年进攻伊拉克，直至其后。

因此，里根及其追随者的所作所为，不过是把基辛格的理论学说一分为二，从而使之得以保留罢了。他们声称属于自己的那一半强调人的状态应该是完全自由的，没落并非不可避免，历史的轨迹可以因意志坚定的人的决心而改变。罗杰斯曾经写过："待到里根入主白宫之时，自由的敌人已经演变为一种心理状态。自由最大的敌人是悲观：怀疑犹如一股精神回流，在悄然涌动；而限制如幽灵般如影随形，让人难有作为；愤世嫉俗的人们在大声疾呼，试图告诉我们无论再怎么努力也不会得到更好的结果。"里根的演说中悄然加入了某种"自由的感觉，这种感觉让人着迷，让人解脱，让人在精神上目眩神迷"，让人为"自我与变革的无限可能"欢呼雀跃。

至于基辛格学说余下的那一部分，说的是历史是场悲剧；人生是场磨难；生也罢，死也罢，待到存在完结之日，一切都毫无意义；个体来到这个世界上，就将陷入欲求、必然、需要与义务交织而成的大网之中。这一部分是留给这世上其他人的，这些人将在重新复燃的冷战中成为牺牲品。这些人生活在安哥拉、莫桑比克、智利、尼加拉瓜、萨尔瓦多、危地马拉、伊拉克、阿富汗、伊朗，还有其他的前线国家。对于这一类人，里根主义的追随者们将让暴力进一步升级，达到前所未有的程度，这样他们才能够像我们一样拥有自由。“美国并不只是一个名字，”罗纳德·里根在1984年7月4日的演讲中如是说道，“美国是一种希望，是一把火炬，将光辉洒向世上所有无助的人们……你知道吗，在这世上，那些遭受迫害的人们只要听到‘美国’，只要听到这两个字，就如同见到了日出，听到了大河奔涌，感受到了山巅之上扑面而来的清凉疾风。是的，听到‘美国’，人们就听到了自由！”

第九章　原因与结果

> 价值观念充其量是一种因果模式。生命不管多么神秘深奥，都要受到各种各样事实的限制，在第一因的谜团中消耗殆尽……顺从宇宙的意志只是让行为符合伦理规范的第一步，一旦实现了这一点，那么历史的意义就将不再局限于自身单纯的表象之上，也没有任何因果分析能够让人放弃，不去自我满足于自身的存在。
>
> ——亨利·基辛格

1998年4月15日，红色高棉前领导人波尔布特在柬埔寨去世。这个老人至死也不曾忏悔。就在几个月前，一位记者找到波尔布特，问他是否为自己对柬埔寨人民犯下的罪行感到过后悔——自1975年波尔布特上台以来，超过100万柬埔寨人死于非命。“不，”波尔布特回答道，“我的良心干净得很，我们必须保卫自己。”波尔布特说的是那些革命的敌人。

亨利·基辛格在被人问到在柬埔寨干了些什么的时候，也会面临类似的问题。你有没有感到过“良心的责备”，这是德国《时代周报》（*Die Zeit*）1976年问基辛格的问题，彼时距离金边落入波尔布特叛军之手刚刚过去约莫一年光景。“没有，”基辛格答道，“是北越的部队首先发动侵略的，他们利用柬埔寨做庇护所，屠杀美国士兵。”“我这个人也许不怎么有想象力，”基辛格对这份德国杂志说道，“可我实在看不出这件事情里面包含什么道德问题。”美国必须“保卫自己”，这样的话基辛格在别的场合也曾说过。

1979年，基辛格刚刚卸任不久，一位名叫威廉·肖克罗斯[①]的英国记者出版了一本畅销书，书名叫作《助兴表演：基辛格、尼克松与柬埔寨的毁灭》。作者在书中要求基辛格给世人一个交代，好好解释解释他在这场非法战争中扮演的角色以及随之而来的一系列后果——肖克罗斯认为是基辛格让柬埔寨在这场大规模轰炸行动中变得分崩离析，才为红色高棉赢得胜利创造了条件："红色高棉脱胎于地狱之中，而这个地狱在相当程度上是美国的政策创造出来的。"肖克罗斯的指责让基辛格不胜其扰。他无论是在自己的三部回忆录当中，还是几乎其他每一本著述之中，都不惜采用大量篇幅来为自己辩护，试图摆脱指责，否认自己造就了波尔布特的崛起。后来直到1998年，此时冷战业已结束，基辛格也已功成名就，成为美国历史上政治家的典范，这件事情似乎也被他渐渐抛在了脑后。

可是，波尔布特却在这个时候死了。于是，基辛格又一次发现自己必须开始不断重复曾经说过的话（要知道他头一次说这些话还是在1969年）：是北越侵犯柬埔寨主权在先；这个中立国家已经变成了一个庇护所，美国的敌人就躲藏在里面；美国会尽量小心，不会把矛头对准平民，只会瞄准越共和北越军。英国广播公司（BBC）有一回专门制作了一档关于波尔布特的节目，基辛格在接受采访时说了"所谓轰炸柬埔寨"这样一句话。英国《卫报》第二天就做起了文章，嘲讽基辛格使用这样的字眼"想必……是为了表示与一般轰炸有所区别，轰炸本来是要毁掉柬埔寨全部的基础设施，给全体柬埔寨人民留下创伤，而不是大部分"。

BBC的采访者还问了基辛格另外一个问题："您觉得要对此负责吗?""当然，"基辛格回答道，"我当然觉得自己要为此负责，就像你们英国人要对纳粹大屠杀负责一样，因为是你们炸的汉堡。"

基辛格的回答荒唐至极。纳粹上台当然是在英国人1943年轰炸汉堡之前，开始种族大屠杀也是在盟国将攻击目标对准德国各大城市之前。反观红色高棉，是在

---

① 威廉·肖克罗斯（William Hartley Shawcross，1946—　），英国作家、评论家，皇家维多利亚勋爵，英格兰与威尔士慈善委员会主席，1946年5月28日出生于苏塞克斯，早年作为新闻记者，为《时代周刊》《新闻周刊》《国际先驱论坛报》《华盛顿邮报》等报纸杂志写过大量文章，范围涉及国际关系、地缘政治、东南亚局势、难民问题，等等。《助兴表演：基辛格、尼克松与柬埔寨的毁灭》（*Sideshow: Kissinger, Nixon, and the Destruction of Cambodia*）出版于1979年，该书曾获"普利策奖"提名——译者注。

对柬埔寨开展地毯式轰炸之后才上的台，发动大规模恐怖屠杀也是在基辛格发起轰炸行动之后的事情。

基辛格的这个类比虽说完全经不起推敲，倒也能让人看明白一件事情：制订外交政策的人往往喜欢类比。这些类比通常多是一些与纳粹、希特勒或者慕尼黑有关的事情。这帮人之所以喜欢这样做，无非是出于两个原因：第一个原因是为了造势，定一个简单的调子，这样好为自己当下的所作所为找由头。好比说“萨达姆是希特勒”，短短几个词就能简单明了地表达出丰富的道德内涵与历史意义。另外一个原因是借此摆脱因果分析之类的历史探究方法，因为照这样穷根溯源追究下去，很可能会把当前面临的危机责任归结到以往的政策上去。基辛格说过，而且不止一次地反复说过：政治领袖所能碰到最为不利的局面就是成为“过去的囚徒”，过于担心重复以往的错误。政治家必须拒绝听之任之，就像基辛格自己所做的那样，不能因为以前干过的事情造成了某种后果，无论以前干过什么，哪怕后果再严重，都不能因此限制自身将来施展能力的空间。即便如此，基辛格的类比依旧毫无说服力，事实上反而起到了相反的作用，让我们将目光投向原因与结果，作用与反作用之间的关系，以及依附在这层关系上的道德责任。

基辛格干过不少伤天害理的坏事，轰炸柬埔寨在其犯下的累累罪行中之所以尤为不同，并非因为这场轰炸的残忍程度令人发指，也不在于其导致的死亡人数过于众多。基辛格绝大多数受人谴责的政策都能够从“国家理由”[①] 中找到借口。只要读一读马基雅维利的文章，读一读马基雅维利对政治人物们提出的建议，奉劝政治人物按照这个世界的现实，而非理想运作法则去行事，你准保能够找到一堆理由来为基辛格开脱，认同他对皮诺切特与伊朗国王的支持；认同他在背后怂恿苏哈托入侵东帝汶；认同他全然不顾巴基斯坦对孟加拉人大肆屠杀，依然为巴基斯坦提供军

① “国家理由”（“reason of state”），即“国家利益”，指一个国家在经济、军事和文化上的目标和野心，强调处理国际关系时，以追求国家利益为基础的现实主义政治理念。“国家理由”是西方政治思想史上一个具有重要意义的术语，标志着现代西方政治的开始。该术语最早由意大利耶稣会士乔万尼·博泰罗（Giovanni Botero，1544—1617）在1589年出版的同名政治哲学专著中提出，用于批判马基雅维利（Nicholo di Bernardo dei Machiavelli，1469—1527）的现实主义政治哲学——译者注。

事援助[1]。对于基辛格曾经干过的这些事情，其中每一件都可能会有人支持，有人谴责。可是，在此辩论的条件在于这样做是否符合国家利益？是否是一种有效的政治手段？秩序是否比公正更有价值，还是反之亦然？这些政策中绝大多数起到的效果，也就是说带来的反作用力，总是距离基辛格有两三步之遥：你大可认为，就像基辛格及其支持者在不同场合反复说到的那样，为结盟的强人提供支持并不等于支持这些人的所作所为。就好比拿着美国提供的武器，屠杀成千上万东帝汶人和孟加拉人，这件事情基辛格早就说过，无论自己做与不做，迟早都是要发生的。

然而，在柬埔寨，这样的因果关系要体现得更加直接一些——那是因为这一次是美国，而不是某个依靠美国武装起来的代理国，制造了这场事件的起因，或者说至少是其中一个原因（长达四年的空袭），才导致了这样的结果（波尔布特的种族大屠杀）。你不能凭着“国家理由”来替这场轰炸洗脱罪名，因为发动轰炸的驱动力与马基雅维利的现实主义观点恰恰相反：尼克松与基辛格之所以要发动这样一场轰炸行动，只是为了创造出一个世界，一个在自己看来理应生存的世界，在这个世界里能够凭借自己的物质力量，让诸如柬埔寨（老挝和越南）这样贫穷落后的农业国家屈从于自己的意愿，而不是为了反映出自己实实在在生活的这个世界的真实面貌，因为在这个真实的世界里，无论他们怎么努力，也无法利用恐怖的手段让弱国屈服，任凭自己摆布。

基辛格与尼克松一道，全盘主导了对柬埔寨的轰炸，他们早在1969年3月就开始这样做，这一点今天已经尽人皆知。然而，有一件事情恐怕就没有那么多人知晓——基辛格计划中最为惨烈的轰炸行动始于1973年2月，也就是华盛顿、河内与西贡三方签署《巴黎和平协定》一个月之后。美国1972年在柬埔寨总共投下了53000吨炸弹。而从1973年2月8日至8月15日期间，投弹量增加了将近五倍，目标不仅对准了柬埔寨东部的北越“庇护所”，还把这个国家的几乎全部领土都包括了进来。

换句话说，华盛顿在这短短六个月内在柬埔寨投下的爆炸物当量几乎与之前整

---

① 马基雅维利：“我们实实在在的生活方式与理想中应当拥有的生活方式存在着截然不同的差别，一个人如果忽略现实，而将一门心思全部放在理想之上，那么他迟早会明白自己得到的不是救赎，而是毁灭。”

整四年投下的相当。假设把这想象成一出由尼克松与基辛格主导的轰炸史诗大片，那么这一幕简直堪比高潮，一浪高过一浪。“我们就算错了，也要宁可做得过分一些，也决不能做得不到位。”这是基辛格对驻柬埔寨特使说的话，此时距离轰炸升级刚刚过去一天，他说的就是轰炸这件事。“我实在看不出有什么道理，难道真的没法把这帮家伙从柬埔寨炸出来?”尼克松几天之后对基辛格说道。

基辛格之所以下这么大的力气，加大轰炸力度，名义上的理由还是跟以往一样：为了保住面子。最初的秘密轰炸“菜单”行动已经让柬埔寨的形势难以为继，结果导致了1970年政变的发生，为反叛力量扩大了社会基础。其中不单包括红色高棉，还有保皇的“西哈努克派”（遭到废黜西哈努克亲王的支持者）和其他非共产党组织。这场危机因尼克松与基辛格的轰炸得以加深，而尼克松与基辛格对此的解决之道是更为猛烈的轰炸，甚至连磷燃烧炸弹和集束炸弹都派上了用场。这些集束炸弹一旦爆炸，每一枚都能发射出数以千计的钢珠或尖镖。1973年的地毯式轰炸之所以加倍升级，目的在于逼迫红色高棉的叛军坐到谈判桌前来，或者至少能够迫使北越（北越当时正在从柬埔寨撤军）或者中国（中国在柬埔寨根本就没有驻军）对这个柬埔寨反叛组织施压，逼着他们坐到谈判桌前来。当然，一如既往，国内的考量是不能少的：只要持续轰炸柬埔寨，就有可能分散人们的注意力，让他们不再关注水门丑闻（轰炸升级是在水门窃听事件审判结束一个星期之后开始的。审判最终裁决戈登·利迪与詹姆斯·W. 麦考德有罪）。

然而，事与愿违。国会在8月15日下令终止空袭。“够了!”国会表明了态度。在东南亚的这场仗终于打完了。

历史学家本·柯尔南将这一密集轰炸阶段称为柬埔寨历史的“分水岭”。柯尔南现任教于耶鲁大学，是一位历史学教授，也是耶鲁大学种族屠杀研究项目的创始人与带头人。他在20世纪70年代学会了柬埔寨语，采访过数以百计的柬埔寨难民，其中就包括红色高棉的受害者及其成员。柯尔南对我说过，他认为“之所以发生种族大屠杀，原因在于以波尔布特为首的领导层决定要这么干”。不过，柯尔南身为历史学家，将这一决定置于更为广阔的历史背景来加以审视，看到正是因为有了一连串必要条件，才让执行这样的决定成为现实。美国对柬埔寨的轰炸便是主因之一（抛开其他原因不谈），即使这一原因没有直接导致种族大屠杀，也推动了红色高棉运动的大规模发展，正是后者上台之后才开展了种族清洗。在尼克松与基辛格主导的这场轰炸行动中，红色高棉的兵力从 1969 年的 5000 人左右发展到 1973 年的超过 20 万人，不仅拥有正规部队，还包括民兵。当然，红色高棉招兵买马如此迅速，肯定还有其他因素，其中就有来自西哈努克（这一事件本身就是因为美国支持的政变推翻西哈努克所致）与北越共产党的支持。即便如此，你仍然很难否认 1969—1973 年的轰炸行动产生的一大政治影响便是红色高棉反叛力量在迅速扩散，而且这股反叛势力也越来越掌握在最为激进、偏执、杀人成性的那帮人手中。

柯尔南不仅亲赴实地采访，还对大量历史文献进行了深入研究，甚至包括已经解密的中情局报告与空军轰炸数据资料，最终得出了如下三条结论：

其一，轰炸导致了柬埔寨人民“生命财产”的“巨大损失”，程度之甚，超乎想象，范围之广，波及全国。轰炸行动完全不分对象，农村地区的平民成为最主要的受害者。战争期间，共有超过 10 万柬埔寨人被活活炸死，另有将近 200 万人被迫流离失所，占柬总人口的四分之一。人们但凡看过柯尔南和其他人士记录的证词证言，无不为之震惊：一次空袭就炸死了 20 个人，还有一次炸死了 30 个，不少家庭全家老小死于非命，成百上千亩庄稼被烧成一片焦土，一个又一个村子被毁得荡然无存。“他们在三隆把房子给炸了，”一位幸存者回忆道，“炸死了 30 个人。”另一位幸存者回忆说：“轰炸非常猛烈，什么都给炸没了。他们就这样炸啊炸，炸得越来越厉害。你简直都不敢相信，把整个森林都给炸掉了，全部用炸弹给炸掉了，全部给炸没了。”

其二，轰炸成了红色高棉的有效工具，来招兵买马，扩充队伍。“宣传”这个词似乎用在这里还不太恰当，因为这个词包含着某种欺骗或者操控的意味在里面。用“实例教学”来形容基辛格带给波尔布特的这份心意应该更加贴切。下面一段话来自一名红色高棉前干部，讲的是轰炸起到的效果：

> 普通老百姓……大炸弹和炮弹掉下来的时候，有的真的吓得把屎拉在了裤裆里……这些人脑子都被吓傻了，连句话也说不出来，要过个三四天才能缓过神来。好些人都被吓成了这个样子，简直跟疯了似的，别人跟他们说什么，他们就信什么……这些人就是因为讨厌轰炸，才一直帮红色高

> 棉打仗。有些参加了红色高棉，还有些把自家孩子也送过去，跟红色高棉一起干……有时候，炸弹掉下来，把孩子炸死了，孩子的父亲就什么都不顾了，一心一意帮红色高棉打仗。

根据柯尔南的报告，有一个人对记者说自家的村子被美国人的炸弹给炸没了，“村里住了350人，被炸死了200来个，他被逼得没法子，只好跟着去杀人，绝对效忠红色高棉”。有位妇女上了年纪，说自己在村子被炸之前，从来就没见过红色高棉是什么样子。诚然，红色高棉的宣传手段颇为讲究策略，可人民的愤怒与困惑却是实实在在的。“老百姓恨美国，这才是为什么那么多人加入红色高棉的原因。”一位目击者说道。还有一位目击者声称炸弹炸毁了不少寺庙：“我们村里人人都恨美国人，不明白美国人为什么要来炸他们。”

其三，1973年2月至8月期间的轰炸产生了如下两个后果：延缓了共产党取得胜利的步伐，与此同时，当共产党两年之后取得胜利时，胜利的性质也因此发生了极端转变。假设朗诺在1973年初或者年中的时候垮台，那么取得胜利的各路反对力量还可能由不同派别组成，温和派与支持西哈努克的保皇派都可能包含进来。可是，朗诺真正垮台已经到了1975年初，这个时候不仅红色高棉已经控制了反叛力量，掌握红色高棉主导权的也成了那帮最为极端的激进分子。

尼克松与基辛格加大轰炸力度，可以说消灭或者说分散了相当一部分反对朗诺的势力，把反叛势力逼入了一个无路可退的围城模式，从而让极端分子占了上风。这帮人以波尔布特为中心，形成一个坚强的集体。轰炸为这些人的极端行径提供了支持。负责政治教育的干部只要用手指着那一具具烧得炭黑的尸体，还有那些残缺不全的孩子尸体，要“大家好好看看美国人干的野蛮暴行”，试问又有谁会说不呢？非但如此，轰炸还引发了更为激烈的极端行径。在村里，“人们对轰炸非常愤怒，纷纷投身革命”。如此一来，那些没有加入革命队伍的人就被理所当然地视为“中情局的特务”，成了报复的目标。农村地区被战火摧毁，同样推动了“民族沙文主义的复兴”。人们把怒火发泄到越南人身上，恨越南人为什么在柬埔寨遭受蹂躏的关头放弃了斗争。支持西哈努克的人，越南培训的共党分子，还有其他温和派，统统被从反对势力中清洗了出去。

与此同时，长期持续的轰炸让人们的生活难以为继。红色高棉打着“必须在战争中活下来”的幌子，加速推进农民集体化计划。巨大的压力让生活在红色高棉统治区的人们不得不接受，生活苦不堪言。人们将怒火不仅对准了美帝国主义，还指向了首都金边，把金边看作腐朽的城市化与工业现代化的标志。

1975 年 4 月 17 日，红色高棉占领金边[①]。波尔布特的干部们在赢得胜利之后，立即开始了对首都和其他城市的清理工作，将数百万城市居民从城里清除出去，其中绝大多数人被强制迁往柬埔寨西北部。柬埔寨的新统治者们将政治迫害的目标对准了佛教僧人、少数族裔、忠于原政府的人、知识分子、共产党内部的温和派。总之，任何人只要胆敢妨碍他们建立一个农业乌托邦，就一律不会放过。柬埔寨几乎全国的人都被强制关进了农村劳改营。直到南北两越宣告统一，越南 1979 年入侵柬埔寨，推翻红色高棉，才为这一种族悲剧画上句号。在此之前，有将近 200 万人或惨遭屠杀，或死于饥荒、劳役、疾病以及得不到医疗救治。

基辛格当然不会真的认为英国人因为轰炸汉堡，就要对纳粹大屠杀负责。不过，他既然把纳粹德国拿出来同红色高棉作类比，就是话中有话。基辛格想要表达的言外之意有三点值得考虑：

第一点在于红色高棉自发家开始便有意开展种族屠杀，这一意愿自始至终存在于其意识形态之中，一如反犹主义自纳粹运动兴起之初便贯穿始终。这么多年以来，基辛格已经在不同场合表达过这一观点，其中包括在 1994 年出版的《大外交》（*Diplomacy*）一书。书中是这么写的：“一切证据表明红色高棉就是一帮痴心妄想的疯子，这帮人早在 20 世纪 50 年代巴黎求学期间就是如此。一门心思想要铲除毁灭柬埔寨现存的社会架构，强制推行一种变态的乌托邦制度，把每一个哪怕受过一丁点儿‘资产阶级’教育的人都要消灭干净。如果有人非要一口咬定，说这帮人是因为美国人干过的事情才变成杀人成性的恶魔，那么在道德境界上就等于说是因为美国对德国进行了战略轰炸，才有了纳粹大屠杀一样。”

我为此专门请教过本·柯尔南，问他如何看待基辛格的此番言论。柯尔南的回

---

① 基辛格通过国务院为朗诺逃离柬埔寨安排了一条安全通道，并且给了朗诺 50 万美元。“作为补偿，我们帮着安排转账了 50 万，”某国务院官员透露，“不过朗诺开口要的是 100 万。”

答简单明确："这两件事情毫无关联。美国轰炸柬埔寨这样一个农业国家，后果并非创造出了某个推行种族灭绝政策的意识形态或者政治派别，而是为这样一个组织大规模扩充实力，并且超越其他对手，赢得政权，铺平了道路。"柯尔南进一步解释道："越南同样遭受了密集轰炸，但并未出现类似结果，这是因为越南并不存在能够相提并论的极端势力或者推行种族屠杀政策的政治派别。但是，在柬埔寨却出现了这样的党派，要是没有美国的轰炸，这样的党派是无法夺权上台的。"

基辛格的第二个推论在于即使没有美国的轰炸，红色高棉也会上台执政。为了让自己的这一论断言之成理，基辛格会常常指责北越干涉柬埔寨内政，为红色高棉提供援助。基辛格在其回忆录《白宫岁月》（*The White House Years*）中写道："正是河内，为了控制印度支那，在这股难以满足的欲求驱使之下，才组织发起了红色高棉，这个时候距离美国人把炸弹扔到柬埔寨的土地上还早得很呢。是北越的部队在企图扼杀柬埔寨，这个时候距离我们美国展开有限进攻还有几个月的时间……我们要是没有进攻柬埔寨境内的庇护所，柬埔寨恐怕早在1970年就被越南给吞掉了，哪里还用等到1975年?"基辛格接着驾轻就熟地把指责的矛头从河内转向了美国国内的"鸽派"："如果非要说有什么东西毁掉了柬埔寨人民的自由，那就是美国的厌战心理。"正是这种厌战心理阻止了基辛格，让他无法在1973年8月之后继续轰炸柬埔寨。"国会给我们处处设限，结果让我们处处掣肘，这些制约让人难以忍受，简直就是在惩罚，"基辛格在另一本书中写道，"从而限制住美国向一贫如洗的柬埔寨伸出援手。"既然被国会缚住了双手，那么基辛格也只有"无能为力"，"什么也做不了，只能痛苦地看着"柬埔寨就这样最终落入红色高棉的手中。

基辛格的这些话破绽百出。首先，基辛格知道红色高棉并不听河内的使唤（说到这一点，也不受北京控制）。事实上，从已经解密的文件来看，基辛格花上这么好几个月的时间来升级轰炸，为的就是找找看有什么法子，能够好好利用中国、北越与红色高棉三方之间存在的紧张与敌对局势，从中渔利，逼出个结果来。借用基辛格对美国驻柬大使的话来说，这叫作在华盛顿的敌人中间"插上一脚"。

同样，基辛格在1973年中打的这场仗可不是如丘吉尔那般荡气回肠的英雄战争，不是为了阻止如纳粹一般的红色高棉夺取政权，开展种族屠杀。应该说事实恰恰相反。基辛格加大轰炸力度的目的不在于有意让红色高棉出局，而是为了让他们上台，以一种能够接受的联合政府的形式上台，而红色高棉将成为这个联合政府的一部分。“我们会作好准备，”基辛格 5 月 8 日对苏联外长安德烈·葛罗米科说道，“迎接一个类似老挝的解决方案。”基辛格的意思是既然老挝政府把作为反对派的共产党组织“巴特寮”包括了进来（“巴特寮”在 1975—1979 年柬埔寨种族屠杀发生之前，也被很多人视为类似红色高棉的组织），他也有意成立一个类似老挝的政府。基辛格还说如果能够达成停火，那么他愿意接受“在金边成立某种联合政府之类的政治架构，把各个派别都吸纳进来”，其中就包括红色高棉①。

如果我们接受基辛格的类比，把红色高棉与纳粹德国相提并论，那么基辛格可不是 1940 年的丘吉尔，他只是 1938 年的张伯伦。

不管是在 1970 年还是 1973 年，基辛格都没有把红色高棉当成纳粹德国。要不是国会从中作梗，基辛格也许就会一直这样炸下去，直到把柬埔寨给救出来，这样的说法纯属鬼话，都是基辛格后来捏造出来的。不过，基辛格的确不希望国会阻止他继续轰炸柬埔寨。个中原因，还得更多归结到基辛格本人与国会的关系上来，跟他本人希望在柬埔寨有所成就扯不上丝毫关系。真正的原因在于这件事情所牵涉的原则问题——基辛格需要在开展外交政策时能够不受阻碍地发挥自己的能力，从而打击威胁，提供鼓励。正如肖克罗斯笔下所写的那样，柬埔寨不过是一场斗争的助兴表演而已。基辛格到底打算要轰炸多久，只是取决于何时能够达成协议——哪怕与红色高棉达成协议也无所谓——然后抽身走人②。

不过，真正牵涉到这一事件的核心问题当数基辛格拿纳粹来作比较的第三个推断，这一点反映出基辛格的历史类比法在推动军事行动方面有多么管用：就算美国用自己的炸弹，创造出了因果条件，让红色高棉变得激进极端，并且最终取得胜

---

① 就在红色高棉打下金边八个月之后，也就是说迟至 1975 年 11 月，基辛格已经通过情况汇报，对红色高棉犯下的发指罪行了如指掌。此时的基辛格找到泰国外交部长，希望后者能够帮他给红色高棉传达一条信息：“你去跟柬埔寨人（比如说，红色高棉政权）说一声，说我们愿意和他们做朋友。他们虽然杀人成性，都是刽子手，不过我们不会让这些影响我们的关系。我们时刻准备同他们搞好关系。”

② 基辛格在这一点上毫无悔意。他认为“柬埔寨之所以落到一个杀人集团的手里，主要是因为美国人把柬埔寨的生死存亡大计摆在了本国国内事件之后考虑”。基辛格用“美国人”这个词的意思是说让轰炸停下来是迫于来自国内的政治压力，并非因为他本人不择手段地利用恐惧来显示自己对尼克松有多么忠心耿耿，在黑格面前又是多么坚韧不拔。

利，这也无妨大碍。按照基辛格的理论推断下去，即便这些都是真的，事实也不应该对美国未来的外交政策产生任何影响。让我们这样来看：好比为了讨论这个问题，假如说英国的政策多少要为纳粹大屠杀承担一些责任，那么是否能够就此得出结论，认为伦敦不应该在纳粹威胁成为现实的时候，对纳粹发动战争？这种说法当然站不住脚。

基辛格实际上等于在说：让那帮好刨根问底、打探究竟的记者们，比如说威廉·肖克罗斯，还有像本·柯尔南这样的历史学家尽管放手去干吧，让他们去找出个令人信服的理由，去证明基辛格轰炸柬埔寨与波尔布特搞种族大屠杀这两件事情之间存在着因果关系吧。美国在道德上有责任采取行动，有所作为，不管是因为受制于事实，还是因为害怕遭遇反弹，都不应该缩手缩脚，无所作为。

基辛格对于历史“因果”的批评绝大多数来自奥斯瓦尔德·施本格勒。施本格勒如果真正算得上是个“历史学家”的话，那么也是最无定见的一个了。施本格勒对于史实把握极不严谨，有时会编造历史，有时又会曲解史实。英国历史学家休·特雷弗一罗帕就批评过施本格勒完全出于其本人的异想天开，凭空捏造出了麻葛文化这么一种“文明”。麻葛文化“完全是施本格勒自己发明出来的”，特雷弗一罗帕如是说道，对此显然难以置信。这么多年以来，批评家们已经花费了大量时间指出施本格勒笔下存在大段大段的史实错误。

可是，施本格勒为什么要在乎这些？不管怎么样，他都已经把逻辑分析的整个概念完全摈弃，声称自己的形而上学代表了一种更加深奥的真理，要比这个世界的物质现实深刻得多。“一旦我们把握了这个显著特征，”斯图尔特·休斯身为施本格勒传记作者，如是说道，“那么就不用再浪费精力去证明施本格勒到底是对还是错。他写的历史，不是我们大多数人一直以来所认为的历史，我们受到的教育让我们认为历史只可能有一种类型。因此，我们就算对此不置可否，也有四分之三的反对意见是起不到任何效果，找不对方向的。人们发现了事实上的错误，于是变得怒火中烧，恨不得马上冲到施本格勒面前，和他好好理论一番，可施本格勒压根儿就没想过要出来露面。”

基辛格可算是把施本格勒给学到了家。面对那些只讲究实际的批评家搬事实，举例子，前来挑战，他懂得如何用煽情的类比加以应对。当然，基辛格在这个时候无须回答任何人提出的问题。也没有任何人会逼着基辛格去作解释，去解释他为什么犯下那么多错误？为什么出尔反尔？为什么在事实与逻辑上会谬误百出？为什么能够拿着自己创造出来的理论做由头，为自己的所作所为一而再、再而三地找借口？为什么凭着最支离破碎的一星半点儿证据，就能够名正言顺地作出最强硬的回应？

不过，有时候基辛格的确会回到第一性原理上来。这就好比当他 1998 年把自己当年轰炸柬埔寨的经验拿出来，解释我们为什么必须轰炸伊拉克一样。

第十章　向海湾进军

如果吹号的连调子都找不准，又能指望谁会作好准备，上场杀敌呢？

——亨利·基辛格在1980年共和党全国大会上语

如同1968年对待尼克松一样，基辛格到了1980年已经很快接受了那位令人"难以置信"的人物。四月那会儿，共和党初选已经开始，基辛格正在积极游说，上下疏通，试图找出污点，这样不管共和党的主要候选人是谁，都能够拿这个出来做文章，和卡特好好较量一番。随着里根开始领先，基辛格到了抛头露面、发表公开演讲的时候，也开始注意让自己的调子与这位领跑者有关外交政策的陈述保持一致。不过，里根的竞选班子在整个初选阶段，自始至终没有对基辛格的呼唤作出任何回应。"很多人问过我，问我是否愿意从头再来一次？"基辛格当着一群报纸编辑的面，说起了他当国务卿时的事情，"可问题是从来没有人真正要我这样做过。""我可没有彻底放弃哦，"基辛格打趣地说道，"我还是有希望的。"

待到里根真的稳操胜券，赢得党内提名，基辛格被请到了共和党的全国大会上发言。"我们现在人人都在看着罗纳德·里根，把他当作能够托付希望的人。"这是基辛格对共和党代表说的话。这帮代表齐集底特律，心里对基辛格的蔑视恐怕只比对吉米·卡特稍微少那么一丁点儿。"有了里根的领导，"基辛格继续说道，"我们就一定能够战胜前方的困难；高昂起头颅，建设那个更加美好的和平世界，实现全人类的梦想，实现我们美国人民的崇高理想。”①

以潜在的恐怖主义威胁为理由，对一个未处在交战状态的主权国家采取军事行动。这样的观点放在差不多50年前，在托马斯·谢林和他在哈佛大学的同事看来是一个常识性错误，美国没有任何权利这样做，可到了今天却变成了一种不言自明的道德权利。单从这件事上，就能看出我们的是非标准发生了多么巨大的变化。时至今日，正是这样的理由被当成了美国军事介入的由头。按照某些人士的推测，美国在全球军事介入的冲突争端多达74场。而在新闻记者尼克·特斯看来，这一数据还要翻倍。根据特斯的叙述，美国的精锐部队在全球134个国家兴风作浪（换句话说，自奥巴马上台以来，增幅已经超过了123%）。

基辛格对于这些标准的时代变迁起到了至关重要的作用。他绕开政府，把那一帮过于谨小慎微的区域专家晾在一旁，避开国会监督，采取种种手段，比如说，发动秘密战争，依靠伊朗、南非、巴西和以色列这些代理国开展秘密军事行动，与印尼的苏哈托和智利的皮诺切特这样的独裁者达成交易，这些都将被里根（以及日后

---

① 所有的政治演讲，尤其是那些在总统竞选提名大会上发表的演说，都是煽情而偏执的。可是，基辛格在1980年共和党大会上的这几次演说尤为值得一提，原因有二。其一，基辛格的这些演说几乎完全在模仿里根四年前对他的攻击。基辛格的话让人听起来还以为他是一位喜欢搞运动的保守派批评人士，正在对基辛格大肆抨击，说什么苏联人不值得信任，“放弃责任的哲学”应该废弃，正是基辛格的这些政策让美国变得“虚弱无能”，等等。基辛格再次挑起了根本就不存在的“导弹差距”争论，一如他在20世纪50年代做过的那样（里根和B小组在1976年也这么干过）。“我们正在被人抛在身后。”基辛格说这话是在支持里根提出的建议，大幅增加国防开支。其二，基辛格对卡特政府的不满之词可谓连篇累牍，冗长乏味，听起来就像在点名一般，把卡特制订出来的政策导致的后果全都一一摆了出来：伊朗爆发革命，古巴向非洲派兵，油价高涨，美国对海湾各产油国的“依赖”日渐加深，苏联入侵阿富汗。这些问题即便算不上基辛格带头炮制出来的好事，也无一不因为基辛格的搅合变得更加糟糕。一切就像回到20世纪50年代，那个年代的基辛格在敦促华盛顿不要畏手畏脚，害怕在世界的灰色区域打一些小规模战争。现在，他又在训诫美国要“作好准备”，去他口中提到的那些“发展中国家”“投入战斗”。基辛格这一次对自己的动机表述得更加直白。也许是为了显示出自己的世界观与提名大会上浓厚的道德做秀气氛多少有些区别，基辛格说了这么一句：“（这样做）是为了保证我们能够获得那些重要的矿产与原材料。”

的小布什）当政期间的继任者一一效仿[①]。我们已经了解了基辛格在柬埔寨、智利和安哥拉做过些什么。可是，有些事情却只能得出一个比较模糊的轮廓。例如，基辛格在任期间开展了哪些其他行动？他为了支持“秃鹰行动”到底投入了多少？他在孟加拉1975年的政变中又扮演了怎样的角色？还有他到底和巴基斯坦一起干了些什么，把圣战者赶到了阿富汗？这最后一桩事情带来的严重后果，直到今天仍然挥之不去。

同样，随着国内政治形势日渐分化，基辛格（还有尼克松）利用外交政策来转移异议人士的视线，发动支持者，这些招数将为其后的数届政府沿用。基辛格尤其擅长吊胃口，比如说谈一谈到底丢了多少吨炸弹，在东南亚杀了多少人，诸如此类

① 伊朗门丑闻在1986年公之于众，差一点儿就让里根政府垮台，这一事件也因此成了国家安全机制改革历程上的重要一步。伊朗门丑闻牵涉甚广，主要集中在三方非法交易之上。美国向伊朗的阿亚图拉出售高科技导弹，然后把换来的钱用于资助尼加拉瓜的反共叛军。不过，伊朗门事件最重要的目的在于找出一条途径来应对犬儒主义与反战主义对美国政治体制的侵蚀毒害。奥利弗·诺斯以国家安全委员会为依托，在外交政策上暗渡陈仓，建立起数不清的资金来源，不仅绕开国务院，避开国会，还在国内推行心理战，让新闻媒体与持怀疑态度的公共舆论闭嘴收声。不过，奥利弗·诺斯只是一个后来者。在他之前，可是出了亨利·基辛格这样的人物。基辛格在1969年重组国安会意味着这个部门从一个主要负责为总统出谋划策的办事机构变成了一个专门组织，不仅制订政策，还能执行决策。吉米·卡特上台之后对这一点大体上进行了拨乱反正，将权力重新收归国务院所有。然而，正如美籍韩裔专家高洪柱（Harold Koh）所言，基辛格开创的先例积重难返。高洪柱现为耶鲁大学法学教授，早先曾任职于国务院。他认为是基辛格治下的国安会为里根手下那帮好战分子提供了蓝图。在高看来，伊朗门事件“只不过是为机构责任错乱这件事情画上了一个圆满的句号”，而这样的错位始于20世纪60年代末期，由基辛格一手主导而成。基辛格在安哥拉打的那场秘密战争不过是一场预演彩排，其中用到的不少战术技巧都将在伊朗门事件中重新登场，包括利用代理国，还有在美国国内开展政治宣传攻势，压制越战之后兴起的“反传统文化”。从高的话不难看出，我们必须避免将伊朗门事件视为一场孤立的政治阴谋，这一点相当重要，否则就将错过这一事件中的两个关键要素。要素之一在于伊朗门事件其实反映的是美国国家安全体制发展的一个阶段。要素之二在于将伊朗门事件置于里根在第三世界重启冷战态势这一更为宏大的背景之下，究竟具有怎样的意义。例如，参议院在1993年经过长达一年的质询，证明确实存在一个秘密计划。借用某位参与调查人士的话说，“该计划可被视为伊朗门的前身，是一场未经国会授权、早已安排好了的行动，牵涉其中的不仅有国安会，还包括伊朗和尼加拉瓜反政府武装这些秘密渠道”。这一秘密计划至少早在1981年3月便已制订，旨在“通过向阿富汗、古巴、格林纳达、伊朗、利比亚、尼加拉瓜、柬埔寨和老挝等国的抵抗组织提供援助，在全球范围之内挫败共产主义的扩张势头”。老挝尤其是该计划早期重点所在。在老挝，“里根政府曾经有一位官员，在20世纪80年代早期专门负责挪用各战俘与失踪人员组织的捐款，将其秘密用于为老挝的反政府组织提供武器与支援”。杰克·布鲁姆此前曾在参议院外交关系委员会担任调查人员，他认为这件事情“听起来就像一场伊朗门的预演”。

的话题，好满足日渐强势的新右翼的兴趣。“我们必须让战争升级，要不然P就要输了。”这是基辛格1970年给出的建议。“P”指的就是总统，指的就是尼克松。基辛格当时正在为即将到来的选举发愁。甚至就连尼克松也开始怀疑轰炸到底有没有效果的时候，基辛格还在坚持强调给他好好“来一下”，就算打不垮河内，没准儿也能收拾国内的政治烂摊子，捞点儿好处。

可是，秘密行动与政治投机并非基辛格为美国的好战派作出的主要贡献。恰恰相反，当美国总统的权力处于最容易遭受攻击的危急关头，是基辛格的历史哲学成为关键，让至高无上的权力又重新回到了总统的手中。正如我们早先看到的那样，基辛格为人津津乐道的“现实主义”其实是极具弹性的，推动了新保守派极端主观主义的发展。基辛格告诫过我们，国际事务中根本就不存在所谓的静态平衡。大国势力总在此消彼长，也就意味着权力均衡在时刻经受考验，取决于一个国家的态度立场与实际作为。基辛格曾经提醒过那帮政策制订者和国防知识分子，要他们当心不要陷进“因果原理”中去。为什么现在会出现这样的危机，这样的问题还是让那些老古董学究们去研究吧。政治家必须要做的是直面危机，作出回应，而非执着于问题的根源不放。政治家的责任在于放眼未来，而非穷究过去。

然而，新保守主义不过是某种共识内部具有高度自我意识的核心理念罢了。这种共识拥有更为广阔的认识基础，不仅远远超出共和党一党范畴之外，还把一众空想家与实干家都一并俘获进来，几乎可以说任何政治人士，只要有机会赢得更高职位的，都被包括在了里面。基辛格为这种具有更为广阔共识基础的世界观作出了自己的贡献。只要去听一听基辛格之后的历届政府是如何为自己即将发动的干预行动作辩解的，你就会明白基辛格的贡献到底在哪儿。从中美洲到格林纳达，从巴拿马到第一次海湾战争，再到其后，你完全可以观察到这样的势头在逐渐增强，可以清楚地看到每一场军事行动是如何代表着点滴进展的，就这样一点点地加大投入力度，一点点地重获信心，一点点地增加兵力部署，一点点地更加不加掩饰地公然炫耀武力，当然还有一点点地夺走更多人的生命。

无论是在ABC、CBS、NBC或者PBS[①]的演播室里，还是那些知名大报的评论专栏，更加勿论在担任公职期间为盟友们亲自送上的那一番番肺腑之言，基辛格对这每一场军事行动都给予了支持，他总能从自己新的职务的个人经历中找到充分的理由，适应新的时代变化。

中美洲与格林纳达

亨利·基辛格对于普通的右翼分子来说，一开始只是他们的避雷针而已。菲丽丝·斯克拉弗莱[②]就一度逼着里根保证永远不会“重新起用亨利·基辛格，不要给基辛格安排任何职位，让这个人插手我们的对苏政策”。不过，到了1983年，基辛格已经一步步慢慢重返白宫，这也使里根无法完全信守承诺。这位总统虽然依旧不让基辛格插手对苏事务，却提名后者当了全国两党中美洲事务委员会的主席。

此时的中美各国正处于战乱动荡之中。中美本来就是一个贫困潦倒的地区，美国一直以来推行的都是压制性政策——走马上台的政府越来越杀人成性，美国提供的军事援助也越来越多。不过，这样的状况已经难以为继。1979年，左派桑地诺民族解放阵线在尼加拉瓜赢得胜利，同样走左派路线的反叛运动在危地马拉与萨尔瓦多也开始风起云涌。以里根为首的鹰派已经在尼加拉瓜武装集结起了反政府军，在萨尔瓦多与危地马拉也增强了暗杀小组机构。不过，成立一个由两党共同牵头的委员会来调查这场“危机”，不失为明智之举，这样一来就能够在更加广阔的基础上确立其合法性，为已经推行的强硬路线保驾护航。更为重要的是，至少对基辛格

---

① ABC（American Broadcasting Company）、美国广播公司，CBS（Columbia Broadcasting System）、哥伦比亚广播公司，NBC（National Broadcasting Company）、全国广播公司，PBS（Public Broadcasting Services）、公共广播公司——译者注。

② 菲丽丝·斯克拉弗莱（Phyllis Stewart Schlafly，1924—　），律师、保守派活动人士、作家，1924年出生于密苏里州的圣路易斯，祖上为苏格兰移民，自小受罗马天主教影响。斯克拉弗莱很早就上了大学，做过一段时装模特，1944年，年仅20岁就在圣路易斯的华盛顿大学拿到了本科学位，一年后又在拉德克利夫学院获得硕士学位，“二战”期间还在军工厂工作过，1946年开始步入政坛，1952年以共和党人身份竞选国会议员失败，1964年因支持戈德华特参选总统，自费出版《这是选择，不是附和》（*A Choice，Not an Echo*）一书，销量高达300万册，声名大噪，1970年参选众议员，再次以失败而告终，20世纪70年代以后公开反对“男女平权修正案”，在1972年发起“不要夺走我们的权利”的保守运动，反对妇女解放，呼吁女性应该待在家中，再次体现出其“道德保守派”的面目。该运动于1975年更名为“老鹰论坛”，斯克拉弗莱至今仍然担任主席——译者注。

来说，这样一个委员会给了他机会，证明自己对白宫还是有价值可图的。

基辛格领导的这个委员会在 1984 年春公布了调查结果。保守主义的草根阶层也许还在要求里根尽量不要让这位原国务卿染指苏联事务。然而，要做到这一点相当困难，因为以里根为首的保守派相信莫斯科的手下无处不在，中美洲自然也在其中。这样的想法基辛格倒是乐于证实。基辛格领导的这个委员会警告当前形势严峻，危机重重，苏联人对好几条海运线路进行了封锁，在油轮上装了鱼雷，还在修建导弹基地。该委员会搬出在东南亚用过的那一套多米诺骨牌理论，声称尼加拉瓜有可能导致萨尔瓦多政权颠覆，萨尔瓦多会接着影响危地马拉，危地马拉又会威胁到墨西哥。委员会报告着重指出华盛顿必须维护“国际信誉”。在尼加拉瓜这件事情上，“敌对势力一旦在苏联人口中的美国‘战略大后方’取得胜利，就将被外界解读为美国无能的信号”。

纽约参议员丹尼尔·帕特里克·莫伊尼汗只要一提起第三世界的激进运动就会展现自己的鹰派本色。然而，即便是这样一位人物，在看过基辛格领导的委员会调查结果之后，也认为这是“教条主义的立场”。“请拿出真凭实据来。”莫伊尼汗如是说道。

有没有事实，并不重要。发生在中美洲的战争仍在继续，成百上千条生命就这样成为牺牲品，其中绝大多数死在了美国支持的那帮盟友手中。不过，成立委员会的目的已经达到，无论白宫还是基辛格，都得到了自己想要的。对里根政府来说，委员会提供了掩护[①]；对基辛格来说，委员会给了自己一个机会，让别人知道他是

---

① 《纽约时报》专栏作者汤姆·维克（Tom Wicker）专门撰文谈到基辛格领导的这个委员会，写道：“里根总统决定成立这么一个‘两党’全国委员会，好给自己不招人喜欢的中美政策撑腰，这可是一个坏消息。之所以如此，原因来自多方面，并不仅在于给了亨利·基辛格机会东山再起……把棘手难办的政治事务交给那些由所谓一流人士组成的非政府委员会去打理，这样做本来就令人堪忧，现在这个计划更加加深了人们的忧虑。想想看，这样的委员会提交的报告看上去就像一个仲裁者作出了某种审时度势的明智决定，进而取代国会和总统的政治判断，其结果叫人根本没法反驳，这本身就是件危险的事情，甚至就连提出修改，都很困难。”维克继续说道：“想一想基辛格在智利干过的那些事情，你可能找不出还有谁比他更加合适，对任何一个拉美国家的政策进行仲裁时会不站在智利将军皮诺切特一边。”（见《纽约时报》1983 年 7 月 19 日号“躲在亨利的后面藏起来”）。后来直到 1989 年，副总统丹·奎尔（Dan Quayle）才开口要求基辛格领导的这个委员会对一直走强硬路线作出解释：“我想理由在基辛格的报告里已经说得再清楚不过，写报告的时候还是 20 世纪 80 年代初，写报告的那位当时还被叫作前国务卿亨利·基辛格。”

靠得住的，这样好与右翼达成和解。基辛格利用委员会，可不只是为了安抚像斯克拉弗莱这样的人，要知道在这帮人眼中，这世上只要一有风吹草动，准保都是莫斯科在背后作梗。基辛格还要把那个重要的论点搬出来再说一遍，这样才好名正言顺地采取军事干预。

“有人可能会说什么都不要做，不要去帮萨尔瓦多政府，”委员会最终报告如是总结道，“还有人也许会说要做更多事情。可是，既然提供支援，却不提供足够的援助，这在逻辑上是无论如何说不过去的。在萨尔瓦多问题上，如果提供的援助能够让仗继续打下去，却少得可怜，根本没法打赢，这才是下下策。”玩这样夸大其词的游戏是相当管用的。要么干，要么就什么也不干，但是既然已经干了，就要干到底，不达目的，决不收手。既然拿着非此即彼的选择做幌子，那么有些一直遮遮掩掩、不敢明说的事情也得挑明了说清楚：只要某件事情被定义为麻烦，那么只要是为了解决麻烦，不管做什么，都是合理的[①]。

基辛格一直在利用这样的论调炮制危机。事实上，就在委员会提交调查报告几个月前，基辛格就已经利用这个由头，把里根从右翼中挑出来，好好地批评了一通。基辛格当时已经约定参加著名电视评论员戴维·布林克利主持的“本周”节目，这是一档周日早晨的新闻节目。结果就在当天，两辆满载炸药的卡车在黎巴嫩首都贝鲁特爆炸，炸死美法两国士兵共计299人。这些士兵都是“多国部队”的人员，驻守贝鲁特是为了防止黎巴嫩内战扩大升级。基辛格没有错过这个机会。他告诉布林克利：“我们要么就多做一点儿，要么就少做一点儿，只有两条路可走。”基辛格的选择显而易见。“我根本就不赞成撤走美国的军事力量。”基辛格说这话明摆着是为了敦促里根和以色列联手展开军事打击，把叙利亚（还有伊朗，后者在为黎巴嫩的反以色列武装提供支持）好好教训一顿。

美国彼时距离从越南脱身才过去刚刚十年，尚未做好打算，在中东正儿八经地来一场军事介入。不过，基辛格早先在越战结束之后不是说过吗，建议美国必须

① 时任国务卿乔治·舒尔茨在得知基辛格打算靠走这样一条路线来制定对中美洲的政策之后，尤其是听到基辛格建议如果尼加拉瓜的桑地诺政府被认定是个麻烦，那么白宫就应该毫无限制地支持反政府武装，不禁勃然大怒，说道：“我想亨利·基辛格说这话的意思是我们要么就放弃，要么就该宣布打一场核战争。”

“采取更为强硬的立场，让别人重新相信我们的能耐”。这世上倒有个地方，可以让美国做到这一点。就在贝鲁特炸弹袭击事发两天之后，里根下令美军进攻格林纳达——这是一个小小的加勒比海岛国，距离委内瑞拉外海不远。这次行动和八年前“玛雅格斯”号突击行动一样被贴上了救援行动的标签，只不过这一回需要营救的是几百名美国公民，绝大部分是医学院的学生。各政治派系已经在这个岛国上大打出手，美军要把这些人从战乱中拯救出来（不过，圣乔治医学院的校长已经把话说得很明确：他的学生们毫无生命危险）。

各新闻媒体与政界人士对此次进攻行动的反应可谓各执一词，莫衷一是。一方面，有人认为此举纯粹就是一场精心编排的表演（一如某位专栏作家写到：这场进攻给了“美国电视媒体”一个“更加不错的星期”），目的旨在将人们的视线从鲜血淋漓的贝鲁特转移开来。按照某位民主党参议员的评价，这场仗美国“能够打赢”。有些人认为这场代号“暴怒”的军事行动实在是荒唐可笑，虽然从头到尾就没有超过“7000名军官士兵上岛作战”，却一共颁发了“8612枚勋章，而且还是人手一枚”。另一方面，占据参众两院主导地位的民主党议员在经过最初的一番批评之后，开始重新团结在了总统周围。众议院发言人迪普·奥尼尔声称进攻格林纳达是“合法的”，参议员托马斯·福利也持同样观点。“我们灰心丧气了这么多年，这一次终于通过进攻格林纳达得到了宣泄。”新泽西州民主党议员罗伯特·托里切利如是说道。言下之意这场大捷不仅有助于摆脱越战的阴影，还能够洗刷干净伊朗人质危机的耻辱，毕竟伊朗人质危机从1979年开始，一直拖到1981年才告结束，让美国脸上无光。

“我们低头示弱的日子就此结束了。”里根谈起美国有能力占领这样一个面积仅为130平方英里，人口不到10万的加勒比海岛国，不免有些得意。按照美国官方的统计数字，共有45名格林纳达人、24名古巴人和19名美国人在这次进攻中丧生。“我们的武装部队又挺直腰杆，重新站起来了。”里根说道[①]。

巴拿马

六年之后，基辛格又在为老布什1989年12月入侵巴拿马的军事行动背后撑腰。这次行动代号“正义事业”，旨在入侵巴拿马，活捉时任巴拿马领导人曼努埃尔·诺列加并将其带回美国。这是一场速战速决的战争，由于之前刚刚经历了推倒柏林墙的历史大事，接着又爆发了第一次海湾战争，因此到了今天几乎已经被人遗忘。不过，这场战争放在当时可谓意义非凡，因为这是美国自冷战结束以来开展的首场军事行动，其目的旨在恢复他国民主，并且以此作为发动战争的正当理由，并将这一理由推广扩大，具有鲜明的代表意义。

不过，这场战争并非从一开始就具有如此这般雄心壮志。这么多年以来，诺列加可以说一直都是中情局的香饽饽，也是华盛顿的盟友之一。这样的状况直到里根

---

① 1986年4月14日，里根政府对利比亚发动空袭，报复利比亚4月5日参与爆炸袭击了柏林的一家夜总会。爆炸导致两名美军士兵和一名土耳其平民丧生。时任国务卿乔治·舒尔茨声称美军此次空中打击“分寸把握得当”，利比亚是“罪有应得”（美军战机击中了好几栋民房，据悉炸死了15名平民。穆阿迈尔·卡扎菲的女儿据报道也在空袭中丧生）。舒尔茨为了给这次报复行动正名，还引用了《联合国宪章》第51条，声称该条款给予了各国“自卫”的权利。舒尔茨说道：“一个国家倘若遭到恐怖分子的袭击，那么就应该有权动用武力去阻止并且预防日后袭击的发生。”舒尔茨此言显然是对有关自卫国际准则的随意解释（美国并未遭到利比亚的进攻。况且，两名美国士兵是在德国被杀），在当时引起了绝大多数法学专家的非议。劳埃德·卡特勒（Lloyd Cutler）在吉米·卡特时期曾任白宫顾问，他试图为这届政府的理由找到点儿逻辑：“美国作为一个超级大国，在全球都肩负着责任，如果我们的军队在另一个国家遭到攻击，那么也可以将此理解为对我们领土的侵犯。”就在美军发动打击的第二天，基辛格现身ABC的“早安美国”节目，声称他对此次进攻给予“完全支持”。进攻利比亚，基辛格说道：“是正确而且有必要的。”当被问及是否担心遭到报复，比如说激进主义泛滥，报复行径增加，或者有助于抬升卡扎菲的地位，基辛格回答道：“问题的关键在于到底哪一个能够坚持得更久。我相信会是我们。”基辛格还说：“这次轰炸将会减少恐怖主义事件的发生。”基辛格还被问到总统里根将卡扎菲称作“疯狗”，他如何看待里根此次发言的措辞。“里根总统，”基辛格说道，“自有他自己的方式，用激情澎湃的言语与美国民众沟通交流。”“百分之六十的民众都支持总统。”基辛格着重强调了这一点。舒尔茨引用《联合国宪章》第51条在此可以被当作一个很好的例子，既可被视为一种辩护，是对基辛格当年秘密轰炸柬埔寨提出理由的一种开脱，要知道基辛格当年就反复宣称这是一种“自卫”，也提前宣告了《动用军事力量授权法案》的诞生。该法案后于2001年9月14日以绝对高票在众参两院获得通过，不仅支持对阿富汗和伊拉克发动进攻，而且就此拉开了对恐怖主义展开全球无限制战争的大幕。时至今日，放眼全球，没有哪一寸土地不被视为“我们的领土”。

在任的最后几年才开始有所改变。西摩·赫什 1986 年在《纽约时报》上发表调查文章，指控诺列加牵涉毒品走私。虽然，此时距离媒体披露伊朗门事件还有好几个月，可诺列加已经深深卷入了与这场阴谋有关的丑闻之中，所犯罪行包括洗钱、走私枪支、私运毒品以及情报共享。诺列加与两派都有合作。“他是我们的人，”一位美国外交人士这样说道，“为尼加拉瓜反政府军提供重要支持，不过同时也和古巴保持着密切联系。”巴拿马对于右翼来说，同样是焦点所在，尤其值得关注，不为别的，就因为那里有运河。“那是我们修的运河！是我们出的钱！是我们的，我们就不会让给别人!”里根 1976 年初选巡回演说时不止一次提到这一点，指责正是基辛格与福特二位“先生”有意将运河拱手送人，还给巴拿马。

布伦特·斯考克罗夫特是老布什当年的国家安全顾问，他说过老布什在担任中情局局长期间曾与诺列加直接打过交道，对这个巴拿马人有一种特别的敌意。不过，按照斯考克罗夫特的说法，老布什 1989 年伊始入主白宫之际，巴拿马还不是那届政府的当务之急。逮捕诺列加的“通缉令”其实早就发了，美国怂恿诺列加的反对者推翻对方，也绝非一天两天的事情。真正起作用的看来还是在于白宫在巴拿马的利益到底有多大。“我实在没法把整件事情都说清楚，说不清为什么会这样发展，”斯考克罗夫特谈起入侵巴拿马时如是说道，“诺列加这个人不是走私毒品吗？当然了，可是又能怎样？很多人不也这样做吗？那他是不是不把美国放在眼里，对美国嗤之以鼻？是的，是的，就是这样。”

事情最终在 1989 年末迎来高潮，华盛顿翘首以盼了好几个月的一场军事政变眼看就要发生。然而，白宫方面的反应却是“一片混乱”。送来的情报前后不一，极不可靠。“我们所有人当时都一致认为很难就此继续作出判断。”老布什的国防部长迪克·切尼后来回忆道。美国原本指望盟友会揭竿而起，不曾料想居然失去了联系。“当时局面相当混乱，因为巴拿马已经陷入乱局，”切尼说道。“我们当时有点儿像个启斯东的警察①，”斯考克罗夫特说道：“不知道该做什么，也不知道到底该支持哪一派。结果诺列加重新占了上风。”

---

① “启斯东的警察”(Keystone Kops)，是指 1914—1920 年初由美国启斯东影片公司拍摄的默片笑剧，里面经常出现一队愚蠢而无能的警察——译者注。

最终促使采取军事行动的关键还是在于国内政治。白宫此时正饱受攻击，各路政治人士与权威专家大肆批评白宫错失良机，没能趁机把诺列加从台上轰下去。斯考克罗夫特回忆起这股势力是如何促成进攻行动的时候说道："我们当时也许正在寻找一个机会，想向外界证明我们并非像国会一直批评的那样，总是把事情弄得乱七八糟，也不像很多人口中说的那样胆小怕事。""政府必须找出法子来，"斯考克罗夫特说道，"针对所有那些胆小没用的指责作出回应。"

在这一片混乱之中，是基辛格站出来平息了局面，极力敦促作出强硬回应。那个时候的基辛格几年前在纽约成立了一家名为"基辛格合伙人"的咨询公司，差不多已经完全恢复了元气。"打不垮的基辛格又回来了。"这是当年《纽约时报》某一期的头版头条①。基辛格当时已经和迪克·切尼言归于好，自己手下的那一帮学生门客也纷纷在白宫里占据了显赫要职，老布什的国家安全顾问斯考克罗夫特就是其中之一。

按照某篇报道的说法，基辛格当时是因为眼看老布什政府手足无措，才提出了两条建议。这两条建议听上去颇为耳熟。第一条建议讲的是信息"不足"是"危机中的常事"；第二条则是建议不应该把信息缺乏拿来当作"无所作为的理由"。眼看军事行动已经箭在弦上，蓄势待发，为动武找到合适理由的压力也与日俱增。军事政变宣告失败后不久，迪克·切尼便现身 PBS 的"新闻一小时"节目（"News Hour"），声称美国在巴拿马的唯一诉求在于保卫巴拿马运河这条连接大西洋与太平洋的航道，从而"保护美国人的生命安全"，并且"维护美国人民的利益"。"我们到巴拿马去，"切尼强调指出，"不是为了在巴拿马重新成立一个政府。"切尼同时指出白宫根本无意违反美洲国家组织的意愿，采取单边行动，把诺列加从巴拿马

① 下面这段文字讲述了基辛格在 20 世纪 80 年代后期是如何忙前忙后的："他（基辛格）一年要做二十场左右的演讲，每次出场要收取两万美金的酬劳。希尔森·雷曼一年付给他的酬金就超过了五万，包括四次午餐会的演讲和临时安排的咨询。基辛格自己开的那家'基辛格合伙人'的公司收入极高，却相当低调，公司内部只有一小撮专家，每年靠咨询赢利预计在五百万美元上下。基辛格以前的那帮合伙人现在遍布老布什的政府班子，他则成了这帮人的导师。副国务卿劳伦斯·伊格尔伯格先生上任之前就在基辛格合伙人的公司工作。伊格尔伯格在这届政府班子里头算得上威望颇高，左右通吃，去年仅他与基辛格合作的收入，报上来的数字就达到了 916989 美元。布伦特·斯考克罗夫特将军是老布什的国家安全顾问，尼克松在台上的时候曾经给基辛格当过助理，是基辛格的忠实追随者，也是基辛格顾问公司的创始人之一。"

抓回来。“如果我们听到整个美洲从这一头到另一头都怨声载道，在表示愤怒，”切尼说道，“那么将为我们这次行动的做法打上一个大大的问号。”

当时正值10月中旬。谁能料到，短短两个月局面竟然产生如此改观。截至12月20日，这场抓捕诺列加的军事行动已经从一场偶发事件——启斯东的警察想要管一管闲事，趟一趟浑水——变成了一件足以改天换地的大事。老布什政府将最终重塑巴拿马政府，并且在这一过程中对国际法给予新的诠释。

切尼并未说错。“怨声载道”这样的字眼还是用对了地方。美洲国家组织里头除了美国之外，每一个国家都对美国入侵巴拿马表示反对。老布什依旧我行我素。之所以一切会发生如此转变，原因就在于入侵行动开始前刚刚一个月，柏林墙倒了。既然苏联人后院（东欧）的势力已经垮了，那么华盛顿也就有了更加充裕的空间，在自家后院（拉丁美洲）施展拳脚。不仅如此，苏联式共产主义体制的崩盘还给了白宫机会，在政治与道德层面上同时展开进攻态势。

一如绝大多数军事行动一样，进攻的一方总能罗列出一大堆理由来。不过，在那个时候，把一个“民主”政权扶上台，这个目的一下子跳到了理由榜的榜首。华盛顿给开战找出这样一个由头，其实也就等于把国际外交的条条框框给重新改写了一遍。华盛顿提出的理由当中最为核心的一点就在于民主高于国家主权原则。拉美各国早就是华盛顿“政权更替”的目标所在，很快意识到自己的处境岌岌可危，于是纷纷开始在美洲国家组织内部对入侵行动提出谴责。拉美各国群起而攻之，反对之声鹊起，起到的唯一作用便是让老布什派驻美洲国家组织的大使路易吉·艾劳迪逮到机会，在伦理道德上好好赌上一把。艾劳迪说话毫不拖泥带水，简单明了，一下子就把进攻巴拿马与彼时席卷东欧的民主浪潮联系了起来。“今天，我们正……生活在一个具有历史意义的时代，”艾劳迪在进攻开始两天之后便开始好好教育起美洲国家组织的各位代表来，“在这个历史时期，有一种伟大的信念正像野火一般席卷全球。这个信念，我们大家都知道，是一种革命的理念，这个信念就是主权在民，而非政府。”

要搞清楚一点，入侵巴拿马这件事情关键不在于军事干预。毕竟华盛顿侵犯拉美各国主权，肆意妄为地采取单边行动，干这种事情已经干了超过一百多年。这件事情的重点在于速度，也就是说华盛顿在冷战刚刚结束之际，就敢如此迅速地公然、公开打出民主的理想主义大旗，甚至在像美洲国家组织这样的国际论坛上登台亮相，大声鼓噪，为自己的单边军事行动加以辩护。待到下一个世纪伊始，小布什将提出他的“自由议程”，里面说到的每一点几乎都会让人想起艾劳迪当年说过的话来：按照华盛顿的解释，民主是一种普世价值；历史代表着为了最终实现这一价值的进步；任何国家或个人，倘若胆敢阻挡实现民主的道路，都将遭到历史的抛弃。

艾劳迪说了，柏林墙已经倒了，民主拥有了“具有历史必然性的力量”。此时的美国虽然刚刚成为冷战的正式胜利者还不到一年，却必将成为这一历史必然性的执行者，这一点顺理成章，根本不必多言。老布什派来的这位大使在提醒他的代表同行们不要忘记“伟大的民主浪潮正在席卷全球”，这样的浪潮其实是从拉美开始的，人权运动将一浪高过一浪，宣告军人政权与独裁专制的结束。艾劳迪大使在说这些的时候，却忘记了一个事实：拉美各国的自由斗士们绝大多数反抗的正是那帮得到美国撑腰的反共右翼暗杀小组机构（这些机构绝大多数都是在亨利·基辛格当政时成立壮大的）。

在巴拿马这件事情上，“民主”二字在战争理由清单上面的位置急速蹿升。老布什总统是在12月20日的讲话中向国人公布此次进攻行动的，他当时把“民主”作为了开战的第二个理由，只是位列“保护美国人民生命安全”之后，却排在了“打击毒品走私”与“保卫巴拿马运河”的前面。谁知到了第二天的新闻发布会上，“民主”二字就一跃位居清单榜首。总统当天的开场白是这样说的：“现在进入第二天，我们正在努力支持巴拿马实现民主进程，确保美国公民的生命安全得到持久保障。”

乔治·威尔是保守派的权威，他很快意识到此番新出台的后冷战逻辑，通过这样一种方式做到师出有名，意义深远。威尔在自己执笔的某专栏中（该专栏题为“毒品与运河都不重要，为恢复民主而战，理由只此一条足矣”）高度称赞入侵巴拿马“突出体现了……恢复民主的重要意义”，并且补充说道：“这样做让总统将自己堂堂正正地融入了传统之中，这是一个崇高并且值得尊重的传统，这是美利坚的传统。美国的基本国家利益就在于保持美国的本色。美国的国格（也就是美国的自我意识，美国所独有的意义之所在）是与美国自身承担义务所不可分割的，我们美国将致力于传播自己的主张。正如美利坚的伟人所言，我们美国傲立于世界万国群中卓尔不凡，我们将为我们的主张奉献牺牲。这就是自由!”

可是，这也变得太快了。从启斯东的警察摇身一变，成为托马斯·潘恩[1]，也就短短两个来月而已。白宫抓住时机，把美国参与世界事务的条件就此一笔更改。如此一来，美国推翻的可不仅仅是一个曼努埃尔·诺列加，还包括自由多边国际秩序的基础——要知道这个基础在过去半个多世纪以来一直坚如磐石——国家主权的理念。

美国之好战，久已有之，这段穷兵黩武的历史早已被人神化，自小布什在阿富汗和伊拉克动武，引发灾难之后更加变得根深蒂固。而小布什的父亲老布什在这段历史中往往被人视为深谋远虑的杰出典范。这一点与其后的副总统迪克·切尼，国防部长唐纳德·拉姆斯菲尔德以及副国防部长保罗·沃尔夫维茨这帮人的鲁莽无谋比起来，显得更加明显。毕竟，后面这帮人的工作日程上只会写着美国的责任不仅在于为这个世界清除作恶之徒，还要把邪恶也一并铲除干净。相比之下，老布什能够意识到美国实力的限度所在。老布什是一位现实主义的信徒，他得到了另一拨现实主义信徒的建议，这些人都是基辛格的门生，其中就包括劳伦斯·伊格尔伯格和斯考克罗夫特。老布什打的那场海湾战争据说被人界定为一场“非打不可的战争”，而他的儿子在2003年入侵伊拉克则是一场“可打可不打的仗”，带来的是灾难[2]。

---

① 托马斯·潘恩（Thomas Paine，1737—1809），英裔美国思想家、作家、政治活动家、理论家、革命家，激进民主主义者，美国独立战争时期发表名作《常识》，号召北美殖民地反抗英国统治，参加北美独立战争，著有《人的权利》《理性时代》等书。作者在此借潘恩意喻捍卫民主人权的号召者——译者注。

② 同样，人们经常会把小布什的国务卿科林·鲍威尔（Colin Powell）拿来和“9·11”事件之后涌现出来的新保守主义分子作比较，用来赞颂前者的温和得体，嘲讽后者徒逞匹夫之勇。不过，鲍威尔在1989年担任参谋长联席会议主席的时候却是入侵巴拿马的坚定支持者。正是在鲍威尔力主之下，这场战争才有了这样一个更加高调的名字。这个名号打破的正是鲍威尔自己试图在理论上设置的那些“条条框框”。按照五角大楼的做法，抓捕诺列加的行动计划原本打算起名“蓝汤勺”（“Blue Spoon”），这是一个没有任何特殊意义的代号。鲍威尔1995年出版《我的美国旅程》（*My American Journey*），在书中对此写道：“这样的称号很难唤起我们的战斗欲望……所以，我们想了好几个不同的方案，最后决定……就叫‘正义事业’。这个名字除了富有感召力，叫得响亮，还有其他一些地方我很喜欢。哪怕换成是最苛刻的批评家，就算一边在诋毁我们，嘴里说的也是‘正义事业’。”不过，既然追求正义的事业永无止境，那么你一旦宣称将正义当作“事业”，就难以看出抽身之道究竟在何处（回想一下，小布什当年为自己全球反恐战争最初起的名字不就叫作“无限正义”行动吗）。

然而，通往巴格达的战争之路是从巴拿马城穿过的。1989年入侵巴拿马宣告了后冷战时代单边干涉主义的开始。“自从在巴拿马动武，”老布什在任期间美国驻联合国大使托马斯·皮克林不久前就说过这样的话，“华盛顿就有了一种倾向，认为武力要比外交在解决问题方面更加迅速，更加有效，也更加彻底到位。”轻而易举便将诺列加抓获，意味着“国际社会必须参与合作这种理念……就此被人忽略”①。“2003年攻打伊拉克实际上代表着这样的短视行为发展到了登峰造极的地步，”皮克林说道，“我们当时只顾我行我素，自己单干。”而且我们当时打算这样做，用的名义还不是捍卫什么国家安全，而是民主社会的“文明进步”。后来，直到“9·11”事件之后，当小布什坚称国家主权的观念已经过时，声称没有任何事物——小布什的话显然不能代表国际社会的声音——能够阻挡美国的道路，去执行“伟大的使命”，“把自由的好处扩展到全世界”，小布什所做的一切其实不过是在他父亲当年点燃的那把“野火”上面加了一堆干柴而已。

基辛格在担任公职期间，不止一次嘲笑挖苦过国家主权的原则。“我搞不明白我们为什么要站在一旁，袖手旁观，看着一个国家因为自己人民的不作为，落到共产党的手里。”这是基辛格当年就萨尔瓦多·阿连德1970年当选说过的话。不过，这样的漠视总是能够找到借口，只要打着美国有权自卫的旗号即可（“自卫”的定义在这里也被蓄意夸大，为了防止潜在威胁，先发制人，也被算在了里面）。不管

---

① 美军在巴拿马进去得快，撤得也快（撤出来的时候还带上了抓到的诺列加），这让“正义事业”行动成了美国历史上最为成功的军事行动之一。至少在战术层面上是这么回事。当然，伤亡还是有的，有超过20名美军士兵丧生，巴拿马方面被击毙的战斗人员在300至500人。平民伤亡数字存在争议。五角大楼南方司令部对此给出的数字是“200到300人”。不过，有其他人指责美国官方偷懒，并未将乔里约的死亡人数统计在内。乔里约是巴拿马城郊的一个贫民区，由于该地据悉为支持诺列加的军队防御工事所在，因此美军战机对那里进行了狂轰滥炸。基层人权组织声称有数以千计的平民被炸死，数万人无家可归，流离失所。“人权观察”报告写道：“即便是对平民死亡人数最保守的估计也能够让人看到应该有一个合理的比例原则，还应该有义务尽量减少对平民百姓的伤害……可入侵的美军这些全都没有忠实履行。”在谈及对平民不加区分、滥杀无辜这件事上，这样的说辞还算是相当委婉的。平民完全遭到无视。“眼镜蛇”和“阿帕奇”直升机飞过山脊的时候，可不会用高音喇叭播放瓦格纳的《女武神的飞驰》，告诉对方自己马上就要来了。巴拿马大学的地震仪在入侵行动开始之后的头12个小时之内测得了442次大爆炸，平均下来每两分钟就有一次大的炸弹爆炸波产生。当地有些居民甚至把乔里约称作“格尔尼卡”或者“小广岛”。军事行动结束后不久，推土机就开来，挖出大片的坟坑，把死尸推了进去。“把人就这样埋了，像条死狗一样。”一位死去平民的母亲这样说道。

老布什对新闻媒体说了些什么，基辛格在谈到巴拿马的时候还是小心翼翼，避免提及“民主”二字。不仅如此，他还含糊其辞地再一次提起了以前说过的那一套陈词滥调，说什么一个总统应当拥有特权，诸如此类的。

不过，历史毕竟已经把基辛格抛在了身后[①]。

---

① 一方面否认其他国家拥有主权，一方面又坚称本国权力不可侵犯，二者之矛盾，显而易见。不过，只要能够为这样的双重标准找到借口，那么这样的矛盾就能够一直维持下去。借口总有很多，好比基辛格就喜欢说什么“国家利益”，说什么必须建立国际法纪，维护稳定（就像我们看到的那样，为了实现这一点，做什么都不要认为是不道德的：只有大国有了自由，创造一个有序、稳定、和平的国际体制，才能实现更大的福祉）。可是，一旦打着“民主”“人权”的幌子否认国家主权，那么问题也就随之而来。就像艾劳迪对拉美各国说教的那样，认为存在着一种放之四海而皆准的“普遍司法权”，能够凌驾于国家主权之上，这样的观点等于打开了“潘多拉的魔盒”。基辛格很快意识到了此中存在的风险：基辛格是支持入侵巴拿马，推翻诺列加，可他对在美国审判诺列加“现行法律程序的合法性”提出了反对。“我在这里有些搞不大明白，一个外国领导人，又没有在美国的领土上犯罪，我们能够用美国的法律来审判吗?”这是一个颇有意思的问题，基辛格说道：“这个问题的确相当有意思。”诺列加被美军俘虏之后，便被转移至美国，而这样做是非法的，因为华盛顿与巴拿马之间没有签订过任何引渡条约，找不出任何理由来解释转移诺列加的行为。诺列加于 1992 年 4 月在佛罗里达州南区的美国区法院接受审判，9 月被判走私毒品、诈骗钱财和洗钱罪名成立——这些罪行都是诺列加在巴拿马与美国“交战”之前犯下的。1998 年，“普遍司法权”原则再一次浮出水面，英国就西班牙提出的引渡要求作出回应，以“对智利的西班牙公民犯有罪行”为名，于同年逮捕了奥古斯托·皮诺切特。英国此举迫使基辛格在《外交事务》(2001 年 7、8 月号）上发表文章，为自己的这位昔日盟友辩护鼓噪。文章名为“普遍司法权的隐患”（“The Pitfalls of Universal Jurisdiction”）。“在法理上支持普遍司法权的那些人，”基辛格写道，“试图为某些特定的军事与政治行为定罪，借此让处理国际关系显得更加人性化。”“开这样的先河是非常危险的”，基辛格写这句话的意思指的是试图引渡原国家领导人。这篇文章读起来感觉有点儿像基辛格是在为自己做简单辩护，因为就在文章发表两个月之后，也就是 2001 年 9 月 10 日，智利将军雷内·斯奈德的子女就向华盛顿的联邦法院提交诉状，起诉基辛格及其同伙“未经审讯，便草草处决了”他们的父亲。法官罗斯玛丽·科利尔（Rosemary Collyer）曾是里根当政期间的一名政府官员，由小布什指派担任法官。科利尔驳回了起诉，理由是具体细节及司法依据不足，并且援引了国防部的声明，声称基辛格当时是作为美国国家安全顾问进行工作，合理的起诉被告应当是美国政府，但依据主权豁免权原则，美国免于此类起诉。然而，自此之后，其他国家相继展开了对基辛格行为的司法调查。回到诺列加的这件事情上来，基辛格的门徒斯考克罗夫特同样反对对这位巴拿马领导人进行审判，理由与基辛格的大同小异：“诺列加遭到起诉，我个人觉得这样做非常怪异。我想美国对外国官员进行起诉，而我们又没有任何司法权，这样做确实不正常。因为这个原因，我没有把这当成一回事。可布什总统很看重这件事情。他一直在提要起诉诺列加。我也一直在说：‘您不能这样做。您真的不能这样做。您没有司法权。那是一个外国官员。不管怎么样，是不能起诉他们的’。”诺列加至今依旧身在狱中，他在美国服刑完毕之后，又因其他罪名在法国服刑，现在被关在巴拿马。

第十一章　从黑暗走向光明

宇宙有自己的节奏，自己的回应，用伟大的和音将相爱的人们或是一大群人联系在一起，纵使那一刻沉默无语，也能够相互理解；宇宙用自己的脉动把一代又一代人团结起来，组成一个富有意义的整体。这便是命运，是血脉、性与持久的象征，回答了从哪里来、到哪里去的问题，代表着唯一可行的方法，让人们找到时间这个命题的答案。宇宙的节奏存在于艺术大师的沉思冥想之中，体现在政治伟人的纵横捭阖之间，只有人在自我意识萌动之初才能感受得到。宇宙的节奏构成了悲剧的精华，只有将当下的一刻不可挽回地留给过去，才让人明白什么叫作“为时已晚”。小宇宙包含着张力与极性，包含着一个充满陌生意义世界中个体的孤独，在这个世界中他者全部的内在意义永远是一个外在的谜团。节奏与张力、渴望与恐惧，定义着小宇宙之于大宇宙的关系。

——亨利·基辛格，1950 年

从印尼入侵东帝汶，到巴基斯坦进攻孟加拉，从美国轰炸柬埔寨，到南越攻打老挝，从南非干涉安哥拉，到土耳其攻占塞浦路斯，再到摩洛哥吞并西撒哈拉，兵灾连连，纷争不止，其中每一场入侵行动要么得到了亨利·基辛格的默许，要么得到了他的批准，要么就是他在背后暗中指使。然而，正是这个亨利·基辛格在伊拉克 1990 年入侵科威特之际，头一个站出来声讨谴责。基辛格在任期间，一度试图把伊拉克拉过来，要伊拉克人不要与苏联人靠得太近，为此不断助长巴格达的地区野心。待到做了私人顾问，成了专家权威，基辛格又开始大谈特谈可以把伊拉克人当作弃之亦可的砝码，用以制衡革命的伊朗。由此引发的两伊战争旷日持久，数百万生命就此化为炮灰。“说起来有些遗憾，这两个国家要是都输了就好了。”基辛格据说说过这样的话[①]。可是现在，自从萨达姆·侯赛因 8 月 2 日突然发起进攻，基辛格接下来一连好几天都在强调必须阻止萨达姆吞并他国。

第一次海湾战争

老布什在萨达姆入侵科威特之后不久便迅速发动“沙漠盾牌”军事行动，将成千上万兵力调往沙特。此次军事行动距离在巴拿马速战速决过去还不到一年，老布什此举有助于转移视线，让人少关注一点儿每况愈下的国内经济，还有越来越为人津津乐道的存贷丑闻，毕竟这件丑事他的儿子尼尔也卷入其中[②]。不过，问题在于美军一旦进驻沙特，下一步又该作何行动？是遏制伊拉克，还是发起进攻，解放科威特？还是长驱直入巴格达，推翻萨达姆？无论外交政策顾问还是分析人士，没有哪一个能够在这个问题上明确达成一致。

想当年，保守派的那帮名人斗士在冷战时代一个个威名远扬，现如今给出的意

---

① 这句话有可能是杜撰出来的。不过，雷蒙德·坦特（Raymond Tanter）之前在国家安全委员会干过，他曾经写过 1980 年 10 月有一次专门为共和党总统候选人罗纳德·里根召开了一场外交政策报告会，基辛格参加了那次会议。基辛格在会上说了：“让伊朗和伊拉克两个就这么继续斗下去，是符合美国利益的。”

② 这里说的是老布什的第四个孩子尼尔·马伦·布什（Neil Mallon Bush，1955—　）在 20 世纪 80 年代卷入储蓄贷款危机的事情。尼尔当时是“西尔维拉多储蓄贷款公司”的董事会成员，该公司于 1988 年宣布破产，给客户造成的经济损失高达数亿美元。由于其父老布什当时身为美国副总统，尼尔因此成为全国关注的焦点，并且遭到起诉，被指控在牵涉多方面利益纠纷的过程中违反信托责任。尼尔对此予以否认，虽然免于刑事起诉，但依旧吃了民事官司。此案最终以尼尔赔偿五万美金、庭外和解而告终——译者注。

见却互相矛盾，各有分歧。好比珍妮·科克帕特里克[①]就反对针对伊拉克采取任何行动。科克帕特里克是里根派驻联合国的大使，为里根打进第三世界阵营出谋划策，奠定了基础。不过，她并不认为华盛顿“在海湾有什么特别利益”，毕竟苏联已经不复存在。“我们和科威特没有任何特殊关系。科威特也和我们没有共同的价值观和利益所在，”科克帕特里克说道，“萨达姆既不对美国构成直接威胁，也没有威胁到我们的盟友。他只是威胁到了海湾地区其他国家的独立。”[②] 另有保守人士指出，随着冷战结束，伊拉克复兴党也好，沙特的酋长也好，管他哪家开采石油，都和美国关系不大。

基辛格对此提出异议，他把这些人称作美国的“新孤立主义分子”，换句话说，都是一帮反对在海湾地区采取强硬立场的保守派。基辛格在 8 月 19 日写了一篇专栏文章，全美好几份主流报纸都进行了刊载，其中开篇第一句就明确写道：“老布什下一步在科威特如何行动，将要么成就他的政治生涯，要么拆自己这届政府班子的台。除了解放科威特，其他任何做法都会让老布什之前的武力展示——迅速派兵进驻沙特——变成一场溃败。总统面临着三个选择：要么不管联合国达成什么样不

---

① 珍妮·科克帕特里克（Jeane Kirkpatrick，1926—2006），原美国大使，1926 年 11 月 19 日出生于俄克拉荷马州，12 岁时随父亲举家迁往伊利诺伊州，在当地读完高中，1948 年本科毕业于巴纳德学院，研究生曾在巴黎政治学院就读一年，通晓法语和西班牙语，后于 1968 年在哥伦比亚大学拿到政治学博士学位。科克帕特里克年轻时思想较开明，参加过青年社会运动团体，不过后来趋于保守。科克帕特里克在 1985 年之前一直是民主党成员，之后转为投身共和党，1980 年作为外交政策顾问，支持里根竞选总统，里根上台后在国家安全委员会等多个政策咨询机构任职，英阿马岛战争期间是阿根廷的坚定支持者，伊朗门事件中赞成为尼加拉瓜反政府军提供资金援助，并且提出“科克帕特里克主义”（“Kirkpatrick Doctrine”），认为美国应该向世界上所有的反共政府提供支持，哪怕是极权主义的独裁政权也无所谓，赢得保守派的大为青睐。科克帕特里克一直患有心脏病，晚年身体每况愈下，2006 年 12 月 7 日因心衰在马里兰州的家中去世——译者注。

② 科克帕特里克在伊拉克入侵科威特之前写了一篇文章（不过发表是后来的事情，文章发表在了《国家利益》杂志上），她在文中甚至建议既然冷战已经结束，美国不妨“再次成为一个正常国家，好好关心关心教育、家庭、工业和科技这些紧要问题”。美国政治权威彼得·贝纳特（Peter Beinart）在《伊卡洛斯综合症——美国自大史》（*The Icarus Syndrome: A History of American Hubris*）一书中对这股新的保守主义势力进行了详细描述，认为这群人要更加年轻，更加好战，领军人物包括查尔斯·克劳萨默（Charles Krauthammer）、保罗·沃尔夫维茨，以及接下来指挥美国 2003 年出兵伊拉克的那帮人。这一群新的保守主义分子对科克帕特里克式的克制展开大肆抨击、连番炮轰。基辛格在第一次海湾战争期间呼吁采取更具侵略性的回应，使知识界的观点偏向了这一帮更加年轻的“威尔逊支持者”。随着美军在沙特逐渐加强兵力，就连科克帕特里克也开始摆出强硬的姿态。

痛不痒的共识，都硬着头皮接受；要么与其他几大民主国家联手对敌，因为这些工业国家个个都要依靠石油；要么就带头打倒萨达姆，做出个样子来，让人看到美国会挑起主要的担子。”

基辛格感觉到了历史的紧迫，时不待人。老布什倘若无所作为，那么之前赢得的广泛支持将很快烟消云散。最重要的是，老布什必须避免围而不攻，不能让战争拖延下去，因为这样会消耗美国的斗志，让美国的威信扫地。基辛格在白宫和国务院任职期间，比任何人都要尽心卖力，把美国和高油价还有沙特政权联系起来（只要沙特人继续买美国的武器，同美国的建筑公司签订承包合同，再把多余的钱存在美国的银行里就行）。正因为如此，他才会和科克帕特里克这样的保守派展开争论，后者嘴里说什么哪个国家产油并不重要，这一套说辞当时正“吃香”。基辛格使出愿者上钩的招数，抓住对手软肋，声称这样的建议无异于“自暴自弃”，并且指出，一个人要是“放弃反抗”，是会要“吃苦头”的。

基辛格是最早一批——很可能是最早一批——把萨达姆拿来与希特勒相提并论的人。在基辛格看来，如果袖手旁观，任由伊拉克吞并科威特，将“绝对不可避免地”引发一系列战争，势必威胁到以色列的生死存亡（萨达姆在吞并科威特之后，曾经提出应该对中东地区所有被占领的土地同时作出裁决，其中就包括以色列控制下的占领区）。基辛格无论是写文章发表观点，频频现身网络与电视荧屏，还是出席国会，到场作证，始终都在不遗余力地大声疾呼采取军事干预，要“把伊拉克的军事家底彻彻底底、按部就班地端掉”，把萨达姆从台上给轰下去①。眼看科克帕特里克这样的鹰派分子谨小慎微，顾虑重重。基辛格力排众议，坚持开弓绝无回头箭：“美国已经过了卢比肯河②，无路可退！”

---

① “你只要看一看美国“二战”后在这个世界做了些什么，”基辛格在第一次海湾战争结束数年之后对记者如是说道，“你就会发现我们搞军事行动每次总是收手太快。”基辛格说这番话，听起来可不像是美国最为资深的外交家，更像是一个满腹牢骚的游客：“我们没有去过河内，没有去过平壤，巴格达也没有去成。”“我个人认为，”基辛格说道，“我们本来就该把萨达姆逼下台。”见乔基·安妮·盖尔（Georgie Anne Geyer），“美国领导的联军应该攻入巴格达吗？”（“Should the US－Led Coalition Have Driven on to Baghdad?”），《丹佛邮报》1994 年 10 月 16 日号。

② 卢比肯河（the Rubicon）是位于意大利东北部的一条河流。英谚“过了卢比肯河”（“cross the Rubicon”）语出公元前 49 年罗马皇帝凯撒渡过卢比肯河的历史典故，意为事已至此，无路可退——译者注。

我们还有另外一个方法，来评估我们的预期自20世纪70年代以来究竟起了多大的变化。换句话说，国家安全机制当年看上去像是垮了，事实上却成了重组改革的起点，改革的立足点也变得五花八门，变得更加招摇，更加隐秘，而且随着时间的流逝，变得更加具有干涉主义的特点，这到底是怎么一回事？这个方法便是把当年轰炸柬埔寨时那些遮遮掩掩的做法拿过来，和第一次海湾战争作个比较，看看后面的这场仗打得到底有多么招人注目，让人一眼就能看个明白，原来打这场仗就是为了把大家吸引过来，坐下来好好看看的。

实际上，在作这个比较之前，不妨花上一小会儿工夫，好好想一想巴拿马到底给即将上演的这一幕做了怎样的预演。按照某位美军准将的说法，“正义事业”行动可以说“复杂程度非同一般，不仅要从相距甚远的军事单位调配部署数以万计的人员设备，还要在二十四小时之内对差不多二十几个目标发起攻击……‘正义事业’行动代表了美国在投放军事力量方面开始了一个大胆冒险的新时代，不仅讲求速度、规模和精准，还要让公众随时随地看得见”。

就在这场“让公众随时随地看得见”的表演结束一年零一个月之后，“沙漠风暴”行动于1991年1月17日拉开帷幕。就某种程度而言，这场战争代表着基辛格与尼克松当年秘密空袭柬埔寨背后的逻辑理论得以全面开花结果——美国应该不受任何约束，自由动用所需的一切军事力量，强行获得想要的政治结果。想当年，基辛格费尽心机，机关算尽，只为隐瞒自己的轰炸行动（那是因为他害怕公众的反应），现如今，“沙漠风暴”行动早在展开之前就已经经历了长达四个月的媒体大讨论，参与者包括政界人士与权威专家（基辛格也在其中）；想当年，执行轰炸柬埔寨行动的那帮人烧掉记录，伪造文件，生怕留下蛛丝马迹，现如今，老布什领导的这场进攻却要让全世界睁大眼睛好好看个清楚。摄像机镜头前，“灵巧炸弹”[①] 照亮了巴格达与科威特城上空的天际。夜视装备、实时卫星信号传输，还有有线电视，纷纷粉墨登场，再加上一众昔日的美军指挥官们一个个气定神闲地坐在那里，准备随时绘声绘色地为大家讲述战争进程，简直就像足球实况解说员一般，甚至不忘加上慢镜头即时重放。“体育版才用这样的语言，”CBS新闻主持人丹·拉热在进

① “灵巧炸弹”（“Smart bombs”），即激光制导炸弹——译者注。

攻开始的头一个晚上便发出了如此感慨，“可这……这不是体育，这是战争。到目前为止，这简直就是一场视觉盛宴。”

基辛格本人也是无处不在，不管是ABC、NBC、CBS、PBS，还是各大电台，各家报纸，他在到处发表自己的观点评论。“我看一切进展顺利。”基辛格在空袭刚刚开始的头一天晚上就对丹·拉热说了这样一句话。“有这么好？”沃尔特·克朗凯特[①]感觉有必要提醒一下美国人民不要“过于乐观”，切莫“得意忘形”。

第二天，也就是1月18日，克朗凯特与拉热在CBS的演播室里进行了一场深度对谈。两个人聊得热火朝天，头头是道，看上去与其说像现场直播的体育解说，还不如说是资深评论员，在比较今天的球赛和以往比起来打得怎么样。二人最后得出结论，别看那些老旧的B—52轰炸机一个个“大腹便便”，却在越南、老挝还有柬埔寨大派用场，而那些“高科技”导弹虽然“身段苗条”，深受媒体追捧，可在散播恐怖、制造恐慌这方面还是B—52更加管用。

> 沃尔特·克朗凯特：你看过B—52在越南打仗的镜头，我也看过。这些B—52简直就是恐怖武器，实在是太厉害了。所有炸弹全是B—52扔的。我的老天，一架B—52一次就能够投下14吨的炸弹——这还不得把伊拉克的军队给活活吓死……丹，你知道吗，说起扔炸弹有一件事情很有意思。B—52炸弹扔下去的速度，比起火箭和其他类似的武器，相对来说是非常慢的。结果可好，爆炸冲击波的范围会扩散很广。虽然，能够造成极其严重的表面破坏，却又不会对单个目标造成严重伤害，除非炸弹直接

① 沃尔特·克朗凯特（Walter Cronkite，Jr.，1916—2009），美国最负盛名的广播主持人之一，1916年11月4日出生于密苏里州，十岁时随父母举家搬往得克萨斯州的休斯敦，在当地读完了小学和中学，1933年进入奥斯丁大学就读，大三时辍学，进入报业发展，后来做过电台播音员，1950年加入CBS，1962—1981年担任CBS“晚间新闻”栏目主持人长达十九年，赢得“全美最受尊敬的人”的称号。克朗凯特一生播报过的重大历史事件包括第二次世界大战、纽伦堡审判、越南战争、水门事件、伊朗门事件、暗杀肯尼迪、马丁·路德·金遇刺、约翰·列侬遇刺，等等。克朗凯特同样以对美国太空探索计划的播报而著称，先后主持过有关“水星计划”“登月行动”以及有关宇宙飞船的多个节目，成为NASA之外唯一一位“月球岩石奖”的获得者。1981年3月6日，克朗凯特结束了自己主持的最后一期“晚间新闻”栏目，宣布退休。第二天即由丹·拉热接替主持。2009年7月17日，克朗凯特病逝在纽约的家中，享年92岁——译者注。

扔在你头上。能够震碎大片窗玻璃，震垮大堵墙壁，诸如此类的东西。这和那些高速导弹不一样，那些导弹往往是一头扎进去，然后再爆炸……

丹·拉热：既然说到B—52，我也想接着您的话题继续谈谈。的确如此，任何人只要亲眼见过或者亲身经历过B—52轰炸，那种经历绝对让你终生难忘、记忆深刻。

克朗凯特：只要你没有直接站在炸弹底下就行。

拉热：就是就是。只有那样你才能好歹观察观察。这种轰炸武器不但对肉体杀伤力巨大，在心理上也是如此。这就是为什么要把它们丢到萨达姆·侯赛因的精锐部队的正中心去，要吓破他们的胆子，打断他们的脊梁，灭掉他们的威风。

如此绘声绘色的评论，再加上实时报道，夜视设备，还有装上了摄像镜头的灵巧炸弹，凡此种种，使公众们犹如在欣赏一场高科技表演，简直无所不能。如此视觉盛宴至少在短时间之内能够充分赢得大众认可。这场进攻同样旨在让世界其他国家好好看一看，要大家放老实一点儿。即时回放换来的是即时的满足与认可，总统赢得了民众支持。1月18日午夜，距离进攻开始已经过去整整一天，CBS电视台播出最新的民意调查，“显示民众对老布什先生在海湾打的这一仗给予了极其有力的支持”。“感谢上帝，”老布什用胜利的口气说道，“我们已经彻底摆脱了越南综合征。”

黑暗之中露出了光明，与生俱来的传统得以彰显，这同样要归功于基辛格提出的建言。正如一位记者写到的，基辛格的谆谆教诲是“先辈预言战争的声音”。就这样，一方面，自贝鲁特兵营遭袭以来，里根在短短八年期间面对亨利·基辛格呼吁要求全力介入中东，故意不作回应；另一方面，美国却向世人呈现了一场“令人惊畏”（在此之前并无这样的话语）的表演，让人看得目瞪口呆，瞠目结舌。从入侵巴拿马，到解放科威特，至少在这一段时间里，基辛格理想中应该拥有的现实世界（在这个世界里，就像丹·拉热说的那样，大规模轰炸可以“打断他们的脊梁”），而非现实生活的世界（在这个世界里，轰炸带来的问题，比起一开始希望通过轰炸解决的问题要变得更多、更麻烦，大规模激进反应便是其中之一）看上去成为现实。萨达姆也被干净利落地逐出了科威特。

克林顿与伊拉克

可是，萨达姆依旧留在台上，依旧控制着巴格达，这等于给老布什的继任者比尔·克林顿留下了一个烫手的山芋。伊军虽然被逐出科威特，可依旧兵力众多。虽说是联合国第一个出来宣布对伊拉克实施制裁，制裁措施包括要求巴格达方面允许观察员进入，检查是否藏有大规模杀伤性武器，但这些措施能否得以落实，还得看美国的脸色。我们今时今日已经知道萨达姆·侯赛因并未藏有这样的武器，即便如此，萨达姆当时仍然拒绝全面配合观察员工作。随之而来的封锁围城长达 12 年之久，制裁极大地损害了伊拉克的国民经济，民生之艰难，无法想象。要想知道伊拉克人民的生活究竟有多么困苦，听听玛德莱娜·奥尔布莱特的回答便可知一二——1996 年，这位克林顿时期的美国国务卿参加名为“60 分钟”（“*60 Minutes*”）的新闻节目，面对记者莱斯利·斯塔尔的提问，说了这么一句话。这句话听起来简直让人觉得可耻。斯塔尔当时问奥尔布莱特，据估计约有 50 万伊拉克儿童因为制裁导致的种种恶果丧生，不知对方如何看待这一问题。“我的意思是说，”斯塔尔说道，“这比被广岛原子弹炸死的孩子还要多。”“我们认为这个代价是值得的。”这是奥尔布莱特的回答。

此时此刻，克林顿正在向伊拉克境内隔三岔五地发射巡航导弹，理由不一而足：有的是作为惩罚，因为巴格达暗中支持刺杀老布什未遂（为此一共发射了 23 枚巡航导弹，其中三枚击中一处居民区，炸死了不少平民），有的是为了保护库尔德人（为此发射了 46 枚导弹），还有的是为了逼迫伊拉克配合联合国武器检查员。最后一次导弹空袭发生在 1998 年，也就是众议院就莫妮卡·莱温斯基性丑闻投票表决是否弹劾克林顿的前一天晚上。《纽约时报》对此番轰炸有过描述。“空袭极其猛烈，持续不断”。“两百多枚导弹如雨点一般落到了伊拉克人的头上，”《纽约时报》如此写道，“事先既没有外交照会，也未提出任何警告。”

基辛格看在眼里，喜在心头。克林顿在某种程度上正在步自己的后尘：总统正在对一个国家狂轰滥炸，而这个国家并未与美国交战，这样做也没有得到国会授权。克林顿之所以这样做，一个原因就在于为了安抚那帮成天喊打喊杀的右翼分子。举个例子，克林顿 1997 年有意把安东尼·雷克提拔上来。此人曾是国安会成员之一，1970年因为反对入侵柬埔寨，辞去了中情局局长的职务。克林顿提拔雷克这件事情遭到了参议院的反对，不单不少共和党议员，就连民主党议员也有好几位跳出来反对，原因就在于雷克在外交政策集团里属于持有异议、态度比较温和的一派。雷克不仅辞去了国安会的职务，还在1989年出版了一本书，书名叫作《索摩查的垮台》(*Somoza Falling*)，在书中把中情局在尼加拉瓜干过的那些丑事描述成“杀人如狂的秘密行动”。克林顿政府眼看雷克遭人反对，决定采取措施，反制对手。克林顿这样做事实上等于拒绝接受20世纪70年代的怀疑精神，是在为基辛格当年的所作所为辩护，想必定会让基辛格心满意足。按照《纽约时报》的说法，白宫在向国会推销雷克时，试图将雷克描述成“一个铁石心肠之人，丝毫不为感情所动，好比1994年，美国的导弹本来瞄准的是伊拉克的情报中心，结果偏离目标，炸死了不少平民。就算碰上这样的事情，雷克也可以高枕无忧地酣然大睡”。可是，这一招并不管用①。批准任命的听证会开了整整三天，雷克此间遭到轮番质问，问题从他如何看待越战，到他1970年听过抗议示威的歌曲，五花八门。雷克当年因为柬埔寨的事情从基辛格的国安会辞职，这件事情也被涂上了“没有爱国主义情怀”的色彩。雷克最后撤回了自己的提名。

1998年，波尔布特死后不久，基辛格便全盘阐述了自己对克林顿空袭伊拉克的看法。那是在纪念签订和约、结束越战25周年的一场会议上。基辛格说话的分寸拿捏得相当不错，他开场首先谈到了柬埔寨，为自己当年的所作所为进行辩护，接着话锋一转，说起了克林顿和伊拉克的事情：

> 我不久前和克林顿政府里的某位人士谈过，当时轰炸伊拉克的事情还在酝酿当中。我是这样说的：“在我看来，我们应该对共和国卫队的部队

---

① 克林顿例行公事般地动用巡航导弹，发动打击，始于1993年，而非1994年。他为了报复萨达姆图谋刺杀老布什，总共向伊拉克情报部门发射了24枚“战斧”巡航导弹，其中三枚偏离目标，击中民房，八名平民在睡梦中被炸身亡，其中包括伊拉克最知名的女艺术家蕾拉·阿塔尔(Layla al—Attar)。另一枚导弹炸死了扎赫拉·伊哈雅(Zahraa Yhaya)的丈夫和她18个月大的孩子。伊哈雅当时29岁，她在接受《洛杉矶时报》(1993年7月26日号)采访时说道：“请你们告诉美国人民，告诉美国的母亲们，一枚导弹要是炸错了地方，就会杀死无辜的人，会杀死孩子，会杀死夜晚熟睡中的一家人，而你们这样做竟然一不宣战，二不警告。”

穷追猛打。”“哦，我的上帝，”那位人士说道，“共和国卫队的部队？你不能追着他们打。我们指责伊拉克是说他们藏有生物武器。如果是说化学武器的存放地点，那倒是藏在哪里，就可以追到哪里，但不能干一些法律框架之外的事情。”

“华盛顿，”基辛格接着说道：“必须有能力把定下来的政治和军事目标联系起来，让二者形成某种联系。”“大规模杀伤性武器并不是伊拉克真正让人要命的地方，”基辛格说道，“真正的问题在于我们的动机，或者说我们的意志到底是什么。问题的关键在于我们是否真的有一套战略，在不愿和对手谈条件的时候，去打断对手的脊梁？我们如果连这一点都做不到，又怎么能够不去和对方谈条件呢？我们如果没有能力消灭对方，也没有能力孤立对方，那就只能让别人看出我们的无能。”

正是这样的“战略概念”，也就是说如果你不愿和对方讨价还价，那么就去打断对方的脊梁，正是这样的理念驱使着基辛格和尼克松在东南亚为所欲为。“这样做到底是对，还是错，”基辛格说了，“其实并不重要。”

“这样做到底是对还是错，其实并不重要”。这句话听起来的确不那么中听。至少当你想起基辛格这么多年以来一直在强调一个人用行动展示意志，起到的示范效应要比具体做些什么产生的后果重要得多，想起他说过的这些话，你就会这样觉得。不管怎样理解，基辛格轻而易举便从替自己当年轰炸柬埔寨辩护，转移到建议克林顿加大对伊拉克的轰炸力度上来。“这种做法，”基辛格这里说的是将军事行动与政治目标协调一致，“我们现在还是需要的。”

那么，如果克林顿真的让轰炸升级，关键之处不在于更加猛烈的轰炸会对伊拉克产生什么后果，而在于会对美国带来什么影响。基辛格说过，一旦战争升级，就会逼着我们去回答如下问题：“这样的代价我们愿意付出吗？如果不愿意付出这样的代价，那么就会回到越南综合征里面去，无法妥善处理自己的目的。”如果我们愿意付出这样的代价，投入必要的兵力，去实现自己的目的，把自己开始的事情自己做完，那么就能够克服我们自身的无能。

回到 1998 年，基辛格这个时候的意见与保罗·沃尔夫维茨、威廉·克里斯托尔、罗伯特·卡根，还有其他新保守主义分子的观点基本上没有什么两样。这帮人日后将为2003年进攻伊拉克在意识形态上大声鼓噪，做铺垫、打基础。下面这段话出自沃尔夫维茨，时间是在2000年，他当时表扬了克林顿在没有得到国会许可的情况下轰炸伊拉克，不过也批评后者这样做缺乏明确的目的性："美军在克林顿总统的指挥下，至今已经对伊拉克进行了连续数月的轰炸，不仅国会连反对的声音都没有吱一下，就连新闻媒体对此也鲜有提及。不单是在伊拉克。现在人人都成了鹰派。"沃尔夫维茨写这番话是在祝贺克林顿"动用武装部队，开展军事行动，调动数以万计的兵力，不光在海地、波斯尼亚、科索沃和伊拉克，还在阿富汗和苏丹发动军事打击"①。

① 基辛格对这些军事干预表示不屑，原因是多方面的：首先，这些行动都是临时性的；其次，这些行动都打着"人道主义"的旗号；再次，这些行动缺乏重点，无论是在即时目标还是长期视野上，都没有重点。基辛格在1992年认为向索马里派遣部队是一个错误，当时距离老布什任期结束只剩下最后几个月时间（基辛格在1992年12月13日的《华盛顿邮报》上发表了题为"索马里：注意节制"的文章，写道："我们不能让别人以为我们只是在我行我素地追求某种放之四海而皆准的单边干预政策"）。可是，待到克林顿上台之后不久发生黑鹰击落事件，基辛格又大声疾呼，要求迅速采取报复。1994年，基辛格批评克林顿出兵海地，扶持民选总统让—贝特朗·阿里斯蒂德重新上台："我真的很不赞成发动军事入侵，因为我不知道该用怎样的字眼来形容海地对美国的威胁"（见《洛杉矶时报》1994年7月21日刊登的"基辛格在尼克松图书馆的讲话"）。不仅如此，波斯尼亚冲突似乎也让基辛格感到困惑。南斯拉夫的瓦解始于老布什在任期间。基辛格的盟友、老布什的副国务卿劳伦斯·伊格尔伯格当时受到强烈抨击，指责是他害得华盛顿在处理这次危机时把事情弄得一团糟。伊格尔伯格还在"基辛格合伙人"公司的那会儿，便和塞族有过密切生意往来，有人认为正是因为利益冲突才让他在对待施洛伯丹·米洛舍维奇的问题上如此心慈手软（参见《纽约时报》1992年6月19日文章"南斯拉夫动荡不安，伊格尔伯格心痛不已"）。1995年，基辛格说自己反对这场战争，声称塞族并非侵略者，有个可行的解决方案就是让穆斯林成立属于他们自己的国家（见基辛格1995年9月14日参加"查理·罗斯访谈节目"的讲话）。之后等到战争打响，他又说这一仗非得打赢不可。基辛格反对军事干预科索沃，结果弄得自己和好几位声名显赫的新保守主义分子产生了意见分歧，后者都是强烈支持要打这一仗的。约翰·博德霍雷茨写道："可是，待到战争真的打响，基辛格又赞同威廉·克里斯托尔的说法，认为这一仗非赢不可，胜利意味着米洛舍维奇将不得不听从北约的命令，要不就会被赶下台去，照克林顿这样指挥战争简直就是丢人现眼，将严重削弱北约的意志，如果总统到下个月还不能坚定意志，让北约各国鼓起勇气，那么这个军事同盟许下的承诺将就此瓦解"（见《纽约邮报》1999年5月26日文章"同床异梦的战争盟友"）。基辛格虽然对克林顿提出连番批评，在伊拉克问题上也与新保守派走得越来越近，可依旧时不时与支持里根主义的"威尔逊派"在意识形态上产生分歧，尤其是在替中国辩护的问题上。"9·11"事件之前，基辛格与新保守派的最后一次严重冲突发生在1999年。他于当年出版了自己的第三本回忆录《复兴年代》(*Years of Renewal*)，在书中试图将冷战结束的功劳记在"缓和"策略上。罗伯特·卡根在《新共和国》杂志上对该书给予的评价极其负面。让卡根感到尤为不悦的是基辛格居然试图将1975年发表《赫尔辛基宣言》的功劳也记在自己头上。该宣言被新保守派视为是对不道德的现实政治的否定。

不过，沃尔夫维茨也说了，这种新出现的好战心理存在一个问题。这个问题就在于这样的好战心理底子太软，不够硬，源于“对美国当今一家独大的地位感到骄傲自满”，得来全不费功夫，根本就没有付出什么真正的代价。克林顿打的这些仗里头，“差不多根本就没有美军伤亡”，沃尔夫维茨笔下的这些话读起来似乎像是一种抱怨。克林顿的确扔了炸弹，可他搞轰炸简直是“轻而易举、志满意得”，缺乏重点。只要没有威胁能够让美国从耽于繁荣的自鸣得意中清醒过来，我们就永远无法像基辛格说过的那样，做到“妥善处理我们的目的”。

沃尔夫维茨认为冷战之后的美国过于志得意满。他的观点得到了威廉·克里斯托尔和罗伯特·卡根的响应。二人早先曾在《外交事务》杂志上发表过一篇文章，颇具影响力，其中写了这么一段话：

> 怎么说，绝大多数美国人都没有意识到自己从未拥有过如此美好的日子。自己生活的这个世界从未像今天这般拥有如此自由的国际秩序，更能满足自身的基本利益……这就是问题所在……今天的美国缺乏对自身切身利益以及世界和平的明显威胁，这一点已经诱使美国人在不知不觉之间放下了物质与精神上的戒备，而这种戒备意识恰恰是维系全体美国人民福祉所在的基础……后冷战时代的人们无时无刻不在追问一个问题——威胁究竟在何方？可问这样的问题，本身就问错了方向。在这个世界上，无论和平，还是美国的国家安全，都建立在美国到底拥有怎样的权力，以及是否有意志去使用自己的权力之上。在这样的一个世界里，无论今天，还是将来，美国面临的主要威胁只有一个，那就是美国自身的软弱。

沃尔夫维茨的话让人清楚听到了基辛格的声音：除非你愿意使用权力，否则权力就是软弱无用的。不过，这里有一个微妙的区别值得一提。在过去，基辛格习惯将重点放在“我们”的行动上，以此作为刺激。比如，他会说“我们”必须采取强硬的立场；“我们”必须做得凶一点儿；“我们”必须避免无所作为，这样好证明“我们”是能够有所作为的。基辛格每每谈到美国面临的危险，用的往往都是抽象的手法，表达的是一种“无序”或者“多变”的意味，从未把危险放大到威胁美国国家生死存亡的程度。相比之下，后冷战时代的那帮好战分子则在强调外在威胁是如何蠢蠢欲动：有一个恶魔在我们的国界之外游荡活动，而这个恶魔存在的目的似乎只是提醒我们不要忘了在国界之外有这样一个恶魔在游荡活动。是“9·11”事件让这两种立场最终走到了一起。

第二次海湾战争及其后

从1998年到2001年秋，与伊斯兰极端势力对抗，这一点在新保守派就为何必须在伊拉克推行政权更迭，给出的理由清单上排名并不靠前。有人提出以国家安全作为理由，强调萨达姆藏有大规模杀伤性武器。还有人说第一次海湾战争之后留下的乱局已经变得越发难以为继。这过往十年里，往伊拉克发射了多少导弹，滥杀了多少无辜，又采取了多少惩罚性的制裁措施，把这块儿地方变得动荡不安，让局面难以维持，这一切全都浓缩在了国务卿奥尔布莱特那句冷酷无情的评论当中：为了遏制萨达姆，就算活活饿死50万伊拉克孩子也值得[①]。美国对整个地区的政策必须有所改变，可是要想改变政策，这个地区就得首先自我改革，而要想这个地区实现改革，萨达姆·侯赛因就必须下台。第一次海湾战争遗留下来的问题只有一个办法才能解决，那就是再来一场第二次海湾战争。

接着便发生了“9·11”事件。这一场恐怖袭击对于决策者与舆论界所产生的后果便是让战略（究竟该如何应对中东局势）与情感（一个实实在在的威胁会产生

① 保罗·沃尔夫维茨是进攻伊拉克的设计师。2003年7月，时任助理国防部长的他在参加新闻访谈节目“与媒体见面”（*Meet the Press*）时，向节目主持人蒂姆·拉瑟特做了一番解释，声称“遏制”策略无法维持下去才是开战的主要原因，而非大家都以为伊拉克与基地组织有所牵连，或者是大规模杀伤性武器的问题：“让我说一两件事情，蒂姆。人们总是以为遏制伊拉克的成本微不足道。其实，为了遏制伊拉克，我们付出的代价极其巨大。至少有55名美军士兵在像“科尔”号遇袭还有霍巴塔爆炸案这样的事件中牺牲，我们还花费了好几十亿美元……最重要的是，如果你倒回去，好好读一读奥萨马·本·拉登在1998年做出的那份裁决，那份裁决号召杀死美国人，影响极坏，你就会发现有两个问题最让人感到头疼。一个是在沙特的那些部队，还有一个就是我们对伊拉克持续不断的打击。蒂姆，你得明白，十二年的遏制对我们来说是一个沉重的包袱，对伊拉克人民来说，他们付出的代价简直令人难以想象……我想等到（废黜了萨达姆），说句老实话，有一件可能会发生的事情就是我们联盟里面几个主要的国家，包括哪些阿拉伯国家，会出现更多动荡不安。”

怎样的刺激）实现了绝妙的联姻①。

基辛格是最早支持对“9·11”事件给予大胆军事回应的一员。2002年8月9日，他在专栏文章中公开支持在伊拉克实行“政权更替”，并且认为这样的政策将起到“革命性”的后果。“既然先发制人，师出有名，这种理念，”基辛格写道，“与当代国际法相左。那么，变革势在必行。”因为在基辛格看来，“恐怖主义威胁”已经有了新的表现形式，“超越了单一民族独立国家的界限”。不过，基辛格继续说道：“之所以要和伊拉克摊牌，还有另外一个原因。这个原因一般并未公开提及，那就是要让人看清楚，对国际秩序发起恐怖主义挑衅或者系统性的攻击，同样会给那些干坏事的元凶以及他们的帮凶，带来灾难性后果。”至于说世俗的伊拉克复兴党是伊斯兰圣战运动的对头，伊拉克既没有发动“9·11”恐怖袭击，也没有支持发动“9·11”袭击，这些都不在考虑范围之内。毕竟，是对还是错，这并不重要，问题的关键在于：要有意志去干出点儿实实在在的名堂来。

不到三周之后，也就是在2002年8月26日，时任副总统迪克·切尼——切尼在福特任总统期间，曾经不止一次地阻挠过基辛格——在对外战争退伍老兵全国大会上说出了自己的全部理由，解释了为什么美国必须攻打伊拉克。“正如原国务卿基辛格前不久说过的那样，”切尼直接引用了基辛格在专栏文章里的话，“我们必须采取行动，先发制人。”

从基辛格写的文章可以看出，对世贸大厦与五角大楼的恐怖袭击令他精神为之一振，让他在立场上与新保守主义一派走得更近，认为外在的威胁也许可以把那些妨碍有效开展外交政策的主要障碍，比如说，意志软弱的国内民意，给清除干净。不过，基辛格的确担心时机不会停留太久，于是建议小布什“趁着美国人对恐怖袭击记忆犹新，美国部署的兵力还能够支持这样的外交行动”，赶快下手，迅速行动。

基辛格言之凿凿，“时间就是关键”，在处理这种事情的时候向来如此。尤其是

---

① 政治理论家科里·罗宾（Corey Robin）指出，并非只有新保守派才认为“9·11”事件会给后冷战时代的美国带来意义。对作家及戏剧家乔治·帕克（George Packer）来说，美国在遭受攻击之后的爱国主义反应惊醒了他内心深处的“警觉、悲伤、决心，甚至还有爱”。而对政治评论家戴维·布鲁克斯（David Brooks）而言，“9·11”事件则好比“一剂洗涤剂，把对过去十年的诸多沉醉全部洗得一干二净”。

到了2002年9月，他敦促白宫再接再厉，继在阿富汗“取胜”之后继续发难，发起他所谓全球反恐战役的“第二阶段”。将萨达姆·侯赛因赶下台将成为这一阶段的开始。“问题的关键不在于伊拉克是否参与了对美国的恐怖袭击，”基辛格写这样的话是为了让人不要分散注意力，“而是在于美国必须让伊拉克重新成为该地区一个负责任的国家。美国在完成这个任务之后，必须继续前进，摧毁全球恐怖主义的网络。”基辛格将索马里与也门也列为可能的攻击目标。

一如之前就巴拿马与科威特的军事行动所做的解释那样，基辛格在为自己构想之中的全球战争做辩护时，避免涉及任何有关道德伦理或者理想主义的事情。然而，基辛格既想搞得声势浩大、大张旗鼓，触动人们的神经，又不希望在解释上做过多文章，要想达成这样一种效果，根本就没有可行之道。好好回想一下老布什当年闪电入侵巴拿马吧，哪怕是对付这样一个微不足道的小国，这个“启斯东的警察”为了做到师出有名，也笨口拙舌地谈起了民主。一开始不过是为了执行通缉令，将曼努埃尔·诺列加捉拿归案，却在短短几个月之内，如野火一般一发不可收拾，摇身一变，成了什么“伟大的原则”“突破性的理念”。因此，在伊拉克问题上不仅同样必须大做文章，而且力度还要更大，尤其是一旦人们发现萨达姆事实上并没有藏匿大规模杀伤性武器，更是如此。

2005年，此时距离美国攻打伊拉克已经过去约莫两年半的光景，小布什演讲词的撰稿人麦克尔·格尔森亲赴纽约，登门拜访基辛格。此时，发生在费卢杰与阿布格莱布的事情已经过去；“黑水公司”惨案与虐囚事件也已成为旧事；局势已经趋于明朗，革命的伊朗将成为美国入侵伊拉克的真正受益者；而为了消除针对入侵行动的反对之声，篡改情报、操纵媒体，这些丑事也早已公之于众。这是一个奇特而荒诞的时刻。一方面，民众对战争的支持度正在急剧下降；另一方面，小布什却在为开战大作辩解。小布什在当年早些时候连任成功的演说中就公开说过：“美国的责任就在于为这个世界铲除邪恶。”

帮小布什捉刀，写这篇讲稿的就是格尔森。格尔森请教基辛格如何看待自己写的这篇演说词。“一开始我很吃惊，”基辛格说道，“不过接着就觉得非常受用，因为这样的话写得很管用。”鲍勃·伍德沃德在《自欺欺人》（*State of Denial*）一书中详细描述了二人的谈话：“回想起来，基辛格现在终于相信那番演讲起了作用，是审时度势的明智之举，把反恐战争乃至美国的整个外交政策置于美国价值观的大背景之下。这样有助于把仗长期打下去。”手段即方法，方法即手段。从现实主义到理想主义，再从理想主义回到现实主义。

基辛格在与格尔森会面时给了格尔森一份备忘录的复印件。那份备忘录是他1969年为尼克松写的，可不是什么光彩的好东西。他拜托格尔森把这个转交给小布什。“撤军对美国民众来说，就像吃咸花生米一样，”基辛格当时是这样警告尼克松的，“有越多士兵回家，就会有越多的士兵要求回家。”“千万不要陷进这样的圈套里去，”基辛格告诫格尔森道，“因为一旦开始撤军，就会让那些留下来的人越来越难以维持士气。至于那帮人的母亲，就更加不好对付了。”

基辛格接着又回忆起了越战，提醒格尔森不要忘记通过谈判得来的鼓励需要得到让人信以为真的威胁支持才管用。而且，要想鼓励起到作用，就不要对威胁加以限制。基辛格还旧事重提，说起他有一回向北越发出“重要的”最后通牒——类似这样的“重要”最后通牒他发过不止一次——警告北越如果不作出让步，让美国从越南体面撤军，就将面临“凄惨的下场”。结果，北越没有让步。

“可惜那个时候我权力不够大。”基辛格如是说道。

终章　少了基辛格的基辛格学派

人总在被神化。

——亨利·基辛格（1954 年）

亨利·基辛格的近著《世界秩序》（*World Order*）于 2014 年出版。他在书末写了一段话，口气颇为谦虚。“很久以前，那个时候的我正值年少轻狂，”书的最后一段是这样写的，“自以为说得清‘历史的意义’。现如今，才明白历史的意义是只能慢慢发掘，却无法一语道得明白的。对于历史意义这样的问题，我们只能尽力去找寻答案，而且必须承认这种问题永远都存在争议。”基辛格用这样的话结尾，读来不免令人感伤，隐约带着悔恨，让人不仅想起了他的这本新著，也想到了他的职业生涯。这一年，基辛格已是 92 岁。

不过，基辛格说这些话只是故作姿态罢了，嘴上虽然承认错了，实际上却在为自己正名。鲜有读者意识到书中对他当年那篇本科论文的影射，更加难有几人读得出作者对德国形而上学哲学思想的浸淫，因而无法认识到基辛格表面上将自己描绘成一个谦恭卑微的懵懂少年，跌跌撞撞成长为一个不可知论者，其实不然。基辛格其实至少早在二十出头的时候，就已经开始对历史的意义产生了怀疑。他当年之所以下定决心，写那样一篇论文，动机就在于强调历史的意义无法“一语道清”，只能有待“慢慢发掘”；就是为了主张我们的自由作为一种意识存在，取决于我们能够认识到历史上没有什么预先确定的意义。唯有认识到这一点，才能够反过来开辟出更为广阔的活动空间，多那么一点点自由。“时间的谜团向人们敞开，并非为了让人们像康德那样试图把时间归纳进理性的范畴中去”，基辛格年轻时写下的这番话，到老似乎依旧相信。“时间是一种本意，代表着某种难以想象的事物，在永远地变化生成中得以体现”。“历史向我们展示了宏大壮阔的一幕”，历史的唯一意义就在于历史的意义“天生存在于我们面对历史提出的问题到底具有什么样的性质”，在于我们在孤寂中面对过去，提出的是什么样的问题。

基辛格这里的尾注虽然写得忧郁悲伤，却没有给人一个信服的辩解。书中通篇没有一句承认过自己犯下的错误，也没有为自己在号召美国入侵伊拉克时做过的事情承担任何责任。基辛格在讲述自己身为非正式顾问，为小布什及其外交团队出谋划策时，只不过轻描淡写地用了寥寥数语，对自己和迪克·切尼定期会面一事只字不提，也没有写上自己在2005年亲口说过的话：“击败叛军，赢得胜利，是唯一有意义的脱身之道。”书中通篇找不到只言片语谈及他推行中东政策造成的长期后果：把华盛顿与利雅得拴在一起；在背后给巴基斯坦情报部门撑腰，结果反过来酿出圣战的恶果；唆使伊拉克与库尔德人内斗，谋渔翁之利；还有身为一个普通公民，在伊朗国王垮台之后，怂恿伊朗人与伊拉克人互相残杀，在一旁坐山观虎斗，拍手叫好。

基辛格的观点始终如一。他坚持认为一个人不应该去历史中找寻当下面临问题的原因，或者说为何会有这样的回应。对过去了解得太多，反而会让人缩手缩脚，无所作为。正如小布什在任期间的美国驻联合国大使、鹰派分子约翰·博尔顿不久前说的那样：“以前做过的决定与我们现在面临的境况没有关系，有关系的是我们应该如何行动，遏制目前所面临的威胁。”“如果我们把时间花在去讨论十一二年前发生的事情上，”迪克·切尼强调道，“就将错失应对威胁的机会。这些威胁有的正在酝酿之中，有的就摆在面前。”“我不会去谈论过去如何如何，”杰布·布什①在被问起如果自己参选总统，是否会对兄长的外交政策有所改变时说道，“我只会谈论未来如何。”永远不要让昨天的灾难挡住明天行动的去路。与其说基辛格是在吸取过去的教训，以求明了当下，还不如说他依旧将历史的主要作用视为一种方法，借以想象未来。从基辛格的话里不难看出，如果把1648年的《威斯特伐利亚和约》

① 杰布·布什（Jeb Bush），即约翰·艾利斯·布什（John Ellis Bush，1953—　），美国商人、政治家，美国前总统老布什与原第一夫人芭芭拉·布什的次子，前总统小布什的弟弟，1999年至2007年曾任佛罗里达州州长，现为2016年美国总统大选候选人——译者注。

与1815年的维也纳会议在某种程度上结合起来，兴许会是一个不错的融合模式，能够遏制伊斯兰教势力，平衡各竞争盟友之间的权力均衡。尼古拉斯·伯恩斯是原美国外交官，老布什在任时当过政府官员，现为哈佛大学教授，他对此的评价是“此言极为睿智”。

基辛格自1977年离任以来，声名几经起起落落。20世纪90年代早期堪称基辛格的好年景，民主党人比尔·克林顿对他给予支持。二人虽然在军事策略上有所分歧，但在经济问题上看法一致，尤其是两个人都认为必须推动实现《北美自由贸易协定》。基辛格也以非官方身份参加了该协议的谈判工作[①]。经济学者杰夫·佛克斯写道：“这位昔日的政界名人对于这位新上任的民主党总统来说，简直就是一位完美的导师。总统试图说服共和党人和自己的生意伙伴，让他们相信能够指望基辛格来捍卫里根的理想。”不曾料想，到了90年代后半期，波尔布特一死，再加上皮诺切特在伦敦被捕，又让人们旧事重提，重新想起了基辛格在柬埔寨和智利干过的“好事”。克里斯托弗·希钦斯此后不久出版了一本畅销书，在书中对基辛格大肆抨击，号召人们将基辛格送上审判台，以战犯论处。

“9·11”事件拉近了基辛格与小布什政府的距离。基辛格甚至被小布什提名主席，全权负责对“9·11”恐怖袭击展开官方调查。然而，好几位在“9·11”事件中失去亲人的遗孀对此产生怀疑，怀疑基辛格合伙人公司与沙特阿拉伯在生意上过从甚密，一口咬定就是沙特在背后指使支持基地组织。基辛格出于礼貌，接见了一个由遗孀组成的代表团，可当这一群痛失丈夫的女人坚决要求基辛格把自己公司的客户名单交出来的时候，不禁“大吃一惊”。根据当时在场的一位遗孀的回忆，“基辛格看上去像是呆住了，情绪变得激动起来”，连咖啡也泼了出来，只好赶紧解释

---

① 基辛格在老布什执政期间就已经在积极行动，试图将日后签署这份贸易协定的各方各派拉拢到一起。基辛格在白宫里的所有盟友，包括马克·麦克拉蒂（Mack Mclarty）——此君不久就加入了基辛格合伙人公司——都在极力怂恿克林顿将《北美自由贸易协定》一事置于医改立法之上优先考虑，而后面这件事情正由希拉里·克林顿在着手处理。是基辛格想出来的点子，请来多位前任总统，在克林顿签署协定的时候站在身后。据《华尔街日报》报道，里根当时有病在身，尼克松虽然依旧不讨人欢迎，却“在白宫举行的仪式上受到了布什父子二人、卡特还有福特的吹捧。克林顿总统也发表了一番热情洋溢的讲话”。反观希拉里·克林顿主导的医改项目，可没有哪位总统甘愿齐聚一堂，充当背景，送上如此之多的支持，到了1994年8月也就胎死腹中，不了了之。

是因为自己视力不好，没看清楚（基辛格的“客户名单”一直是华盛顿最让人感兴趣的文件之一，至少从1989年开始就是如此。想当年，参议员杰西·赫尔姆斯提出要求先看名单一眼，再考虑是否让布伦特·斯考克罗夫特当国安会的头儿，让劳伦斯·伊格尔伯格做副国务卿，最终未能如愿。“我们要不去国会大厦四楼的保密室看一下名单也行”，赫尔姆斯的提议毫无作用）。就在与遗孀会面的第二天，基辛格便从调查委员会辞了职，甩手走人。

2004年，某联邦法官依照法理依据，撤销了一份针对基辛格的指控。提出指控的是一名智利军官的家属，这位军官在一次绑架未遂事件中被害身亡，正是基辛格帮助组织了这次绑架。基辛格的公众地位再次出现反弹①。至今仍有传闻，说基辛格之所以不能去这个、那个国家，是因为害怕遭到逮捕。不过，随着希钦斯2011年去世，基辛格比起这个批评起他最不留情面的人来，已经要活得更加长久了。

还有一件事情更近一点儿。《华盛顿邮报》上刊载了希拉里·克林顿对《世界秩序》一书的评价，想必定会让基辛格感到心满意足。想当年，希拉里·罗德姆②还是耶鲁大学的一名法学院学生。那还是1970年春季学期的事情，希拉里当时正处在一场抗议风暴的中心。用她自己的话来说，“整个耶鲁大学都在为柬埔寨疯

① “待到事情过去以后，再把对外国公民产生的影响拿来作为参照，据此揣测行政部门在与20世纪70年代智利的新生社会主义政权打交道时究竟采用了什么方法，”法官罗斯玛丽·科利尔在裁定理由中写道，“这不是本法庭应该扮演的角色。”“本法庭不可能做到这一点，”科利尔继续写道，“来衡量和权衡如此复杂、棘手的国际国内政治考量，比如说，马克思主义在智利扩散，会对美国及其盟国带来什么程度的威胁。本法庭在法理上无法找到可以依据且可行的标准来解决这些固有的政治难题。”除此之外，既然基辛格一直都在扮演美国国家安全顾问的角色，那么本案合适的被告当为美国政府。但是，依据主权豁免权的原则，美国政府免于此类起诉。

② 希拉里·罗德姆（Hilary Rodham），即希拉里·克林顿——译者注。

狂”。抗议活动此起彼伏，首先一开始围绕的是俗称“纽黑文九被告”的黑豹党审判[①]，不料尼克松在 4 月 30 日公开宣布入侵柬埔寨，抗议活动随之升级。根据 2006 年《耶鲁校友杂志》(*Yale Alumni Magazine*) 上刊载的一篇文章回忆，5 月 1 日，也就是尼克松发表讲话后的第二天，“人们四处挥舞着越共的旗帜，每个人都分到了防毒面具。校内旌旗招展，到处都在唱着临时写成的曲子：‘争分夺秒、抓紧时间！’，‘全世界人民团结起来，打倒美帝国主义’！”

不管希拉里·克林顿当时对于基辛格发动柬埔寨战争做何感想，她都与之达成了和解。希拉里在书评中坦承“基辛格是自己的好朋友”，自己“会听从他的建议”，“基辛格经常和我保持联系，与我分享对于外国领导人的尖锐看法，还会寄给我他写的游记”。“他这么有名的现实主义者，”希拉里说道，“说起话来却很有理想主义情怀，真是让人难以想象。”基辛格的看法就代表着希拉里的看法：“正义与自由。”

从来没有哪一位原国家安全顾问，也没有哪一位前国务卿能够像基辛格这样，在离任之后还能产生如此之大的影响力，而且还不仅仅只是因为提倡进一步大张旗鼓地展示军事力量，就能够做到影响如此深远。尤其是到了里根一派将白宫拱手让与小布什之后，后者将不少与基辛格过从甚密的友人提拔安排到了外交决策的显赫位置上，基辛格通过自己开办的合伙人公司，变成了一位经营全球权力的中间人。整个 20 世纪八九十年代，基辛格扮演起美国对华影子大使的角色；与墨西哥总统共进午餐，借机推动北美自由贸易区的进展；把诸如珍妮·科克帕特里克这样的

---

① “纽黑文九被告”黑豹党审判（“New Haven Nine” Black Panther Trial），亦称“纽黑文黑豹党审判”（“New Haven Black Panther Trial”），是指 1970 年发生在康涅狄克州小镇纽黑文的一系列刑事指控。黑豹党为美国黑人左翼激进政党，成立于 1966 年。1969 年 5 月 19 日，黑豹党几名成员以给联邦调查局通风报信为由，将该党成员、年仅 19 岁的艾利克斯·拉克利（Alex Rackley）绑架，在经过两天刑讯逼供之后将其杀害。纽黑文警方随后搜查了黑豹党总部，并且一共逮捕了九名涉嫌虐待谋杀的黑豹党成员，这九个人史称“纽黑文九被告”。陪审团挑选工作于翌年 5 月开始。由于美国此时正值越战期间，民众对尼克松政府普遍表示不信任，对联邦调查局怀有敌意，因而引发了大规模抗议示威活动。大批黑豹党的支持者齐聚纽黑文，并且得到了当地居民和耶鲁大学学生的支持与帮助。耶鲁大学成为风暴中心。5 月 1 日，耶鲁大学发生爆炸案，虽然无人伤亡，但未能查出幕后真凶。学生自 5 月开始“罢课”，直至学期结束，校方为避免事态升级，采取种种措施，最终缓解了学生的对立情绪。黑豹党审判是美国历史上的一次左翼大集合，也标志着该党在民众中间支持的跌落——译者注。

“孤立主义分子”逼进死角，好为新保守主义主倡的国际主义原则提供智力支持；还与拉美各国政府共同磋商该如何最大程度实行工业私有化。

中伤诋毁者会批评基辛格利用担任公职期间结下的人脉为自己的私人顾问业务牟利。还有人说基辛格的顾问工作与他身为舆论引导者的利益相冲突（基辛格可不仅仅是最近才频频现身各大新闻网络与有限电视节目的，他早就一直位居各大新闻公司的董事会名单之列）。还有人批评基辛格的合伙人公司通过基辛格制订的外交政策产生的后果，从中牟利。好比1975年，基辛格当时还是国务卿，就与联合碳化物公司合作，在印度博帕尔成立了一家化工厂，通过与印度政府打点关系，帮助从美国进出口银行拿到了一笔贷款，从而使建造化工厂的大部分费用有了着落。这家化工厂接下来在1989年发生化学物泄漏事故，基辛格合伙人公司此后又帮着代表联合碳化物公司从中斡旋，在同年拿到了一笔4.7亿美元的庭外和解费，用以安抚泄漏事件的受害者。这笔和解费受到来自各界的广泛谴责，因为比起这场灾难的严重程度而言，这一点儿钱简直微不足道。此次化工泄漏导致4000余人立时死于非命，另有50万人受到有毒气体的伤害。在拉美与东欧，基辛格合伙人公司同样从咨询项目中获利丰厚。其中有一个项目被某位顾问称作“大规模出售”公用事业设施与公共产业，结果导致不少国家股价暴跌，其始作俑者都是基辛格暗中支持的独裁和军事政权。

基辛格就这样一直扮演着一个奇怪的角色。他为了这个国家的外交政策，一直在同国防知识分子和新闻记者打口水仗。那一帮人会时不时写一些文章，把基辛格留下的功绩重新品评一番，然后再为今天面临的麻烦开出一剂带有新“基辛格学派”特色的药方，可是这些人根本就说不准到底什么样的政策才是带有“基辛格学派”特色的政策。“基辛格学派”（“Kissingerism”）这个词在人们看来多半带着贬义，同新保守派有勇无谋的冒险主义做法并非同一码事（不过，我前面写了这么多，就是想说明两者其实就是同一回事），也不是巴拉克·奥巴马矫枉过正的实用主义，因为奥巴马的那一套外交政策错把权力当成了目的（不过，话说回来，基辛格自己干的也就是这么一回事）。在我看来，到底什么叫作“基辛格学派”，之所以难以说得清楚，就在于这些学说理论产生的效果，就在于基辛格让国家安全机制重新恢复了生机，残酷无情的好战浪潮随之而来，这样做产生的后果究竟如何。仗一场接着一场，打个没完没了。不管这些仗打的是新保守派的狂热，还是讲求奥巴马无人机作战的精简高效，总之引发的后果已经超乎思维的麻木与道德的下滑。接二连三的战争已经引起了“语义的崩溃”，让语言与事物，信仰与行动失去了联系，伦理道德丧失了根基，抽象产生变异，走到了对立的一面：正如希拉里·克林顿对基辛格近著的评论所写的那样，“理性主义者”变成了“现实主义者”，人人都是“自由主义者”——在这一点上，基辛格就是我们的化身。

然而，基辛格走到人生这一刻，他内心的自我感受一定是一个纯粹的权力代理人。希拉里·克林顿在书评中写的那些话，比如说“我会听从他的建议”，“他经常和我保持联系，还寄给我他写的游记”，所表现出来的姿态统统都是礼节性的，目的在于给人一种庄重的感觉[①]。基辛格本人成了示范效应，不管其内在实质是什么，都已被侵蚀，目的与手段始终被混为一谈，权力的交错只为创造目的，而目的在于有能力投放权力。不断有证据被发掘出来，证明基辛格的外交，就外交的本意而言是一种失败；不断有电报被披露出来，让人看到基辛格在面对那些大规模暴行时是如何冷酷无情，还有很多时候甚至是他同谋策划了这些暴行。“人们发现了事实上的错误，于是变得怒火中烧，”历史学者斯图尔特·休斯谈及人们对奥斯瓦尔德·施本格勒的批评时如是写道，“恨不得马上冲到施本格勒面前，和他好好理论一番，可施本格勒压根儿就没想过要出来露面。”基辛格也是这样，他在某种程度上也具有这种施本格勒式的免疫力。无论事实、道理，还是所有那些解密的文件资料，就算这一切让人看到他干过的那一桩又一桩卑鄙肮脏的勾当，也统统无法让他伤及毫发。2002 年 8 月，基辛格写过一篇专栏文章，敦促小布什尽快“采取措施，先发制人”，让伊拉克实现“政权更替”。就在四天之后，《时代》周刊便刊载了一

① 这些年，把基辛格拿出来，开一些公开的玩笑，已经成了我们政治圈里的一种老规矩。萨曼莎·鲍尔（Samantha Power）就是一个例子。这位巴拉克·奥巴马派驻联合国的大使最近就干了这么一回事。这两位外交家当时一同前去观看了一场纽约洋基队的棒球比赛。鲍尔以前写过一本书，为此还获得了“普利策奖”。书名叫作《地狱的问题》（*A Problem from Hell*），该书为鲍尔赢得了不少声誉，让她成了一位种族屠杀的坚定反对者。鲍尔当时开玩笑问基辛格为什么会成为纽约洋基队的球迷：“这个难道和现实主义者看待这个世界的观点有关系吗？是不是纽约洋基队才有可能让你赢得胜利”？鲍尔接着说到了自己：“主张人权的人当然都会爱上波士顿红袜队，都会喜欢被人踩在脚底下的，都会喜欢那些拿不了世界职棒冠军的球队。”“现在我们可是被人踩在脚下的哦。”基辛格答道。说这话的这个人参与了三场种族屠杀——柬埔寨、孟加拉还有东帝汶——鲍尔如此写道。

篇文章，题目叫作“共和党高层与小布什就战争策略决裂”，把基辛格形容为一只现实主义的牛虻，成天围着新保守派企图颠覆萨达姆的梦想转来转去。基辛格看上去似乎既能活出自己的本来面目，也能成为自己的对立面，真不愧是对立统一。

然而，并非一切都是那么美妙。总会冒出来几个记者不愿轻信他言，时不时把智利或者柬埔寨的旧账给翻出来，捅破这层窗户纸。托德·泽威里奇便是其中一位。他在2014年主持NPR[①]访谈节目“Takeaway”时对基辛格进行了一个小时的采访。访谈的头半部分基本上是基辛格一个人在发表观点，大谈特谈全球热点话题。没想到泽威里奇突然把1973年智利政变的旧账给翻了出来，打了基辛格一个措手不及。这位原国务卿试图岔开话题：“有些事情我现在跟你说一说，这件事情观众很可能没法知道太多，毕竟都是40年前的陈年往事了”。“恕我直言，”基辛格对泽威里奇说道，“这个话题不怎么合适。”然而，这位主持人坚持追问，引得基辛格把奥巴马都给抬了出来，说奥巴马如何企图在叙利亚推翻阿萨德，又在利比亚赶跑了卡扎菲，借此为自己当年在智利的举动辩护。

泽威里奇接下来又谈起了柬埔寨。

“柬埔寨!”基辛格高声叫了起来，语气与其说带着愤怒，还不如说是失望。基辛格接着又把自己已经说过多少年的那一套老话重新再说了一遍，说什么轰炸的地方绝大多数都是无人区；是北越侵犯柬埔寨主权在先；美国有权保卫自己，诸如此类的。不过，这一回基辛格还是加上了一点儿新东西。他为了给自己在柬埔寨的行动找理由，提起了奥巴马的无人机打击行动。“现在的这届政府，”基辛格说道，“就在巴基斯坦和索马里干这个事。”

这一幕可以说是美国好战主义循环不止、连绵不绝的完美体现。基辛格之所以会提起今天的仗打个没完没了，就是为了给自己将近半个世纪前在柬埔寨和智利（还有其他地方）干过的“好事”找借口。可是，正是他在差不多半个世纪前干过

---

① NPR（National Public Radio），即国家公共广播电台，美国一家非营利性质的私人广播电台——译者注。

的这些事情为今天永无休止的战争创造了条件[①]。

要说是基辛格当年替轰炸柬埔寨所作的辩解开了先河，定下了司法先例，给今天的御用律师们为全球反恐战争和无人机打击行动找到了理由支持，其实也不尽然。就像现在这样，法理依据总是在事实发生之后才贴上去的。其实，还不如说是在基辛格亲手实施了这样一场进攻之后，还能大摇大摆就此脱身，才为后来者提供了一整套有效的政治理论替战争找借口——回想当年，基辛格迫于国会和民众的呼声，为自己所作所为作解释的时候，就把自卫权搬了出来，大谈特谈自己的政策有多么管用（1975 年，基辛格面对派克委员会问了这样一个问题："我的行动有哪个地方做错了吗？除了未经国会授权以外。"），又是如何有必要部署足够的军事力量，才能树立威信，实现我们的政治目的。

基辛格当年为轰炸柬埔寨辩护说过的话里头，最具影响力的恐怕当数必须摧毁敌人的"庇护所"了。不管是在任之时，还是离任以后，他都一遍又一遍地反复强调轰炸和越境进攻是必要的，这样做是为了保护美国人的生命（可这样做往往大大增加了阵亡美军士兵的人数："一个星期下来，要死 500 人"，这是基辛格 1991 年说过的话）。回到 1970 年，这样的论调与当时的主流国际法格格不入。也正因为如此，才引发了托马斯·谢林与基辛格的公开决裂。时至今日，这样的论调却已经无人质疑。米卡·曾科与阿梅利亚·梅·沃尔夫在《外交政策》一书中写道："不给恐怖分子藏身之地是发动阿富汗战争的前提条件，也是把无人机军事行动扩大至巴基斯坦、也门和索马里境内的理由。就在前不久，这又成了一条关键的理由，作为依据来发动无限制战争削弱并消灭伊斯兰国。"就像之前在东南亚看到的那样，这样的前提条件与其说把事情说个明白，还不如说越搅越混，引开人们的注意力，让

① 切斯·马达尔（Chase Madar）是一名律师，也是一位国际法专家。在他看来，在巴基斯坦、也门和索马里（还有那为数众多、无休无止的全球反恐战场上）开展的无人机打击行动，严格来说都可以拿《动用军事力量授权法案》作为幌子。该法案由参众两院于 2001 年 9 月 14 日通过。在阿富汗开展的无人机打击行动在法理解释上存在着些许不同，其理由不仅可以在《动用军事力量授权法案》里面找到，还可以参见《联合国宪章》第五十一条。按照该条款，一个国家拥有"自卫"的权利。值得注意的是，国务卿乔治·舒尔茨当年正是援引这一条款，来为 1986 年报复柏林夜总会遭袭，轰炸利比亚的行动加以辩护，就此把全世界都定义成了"我们的领土"。前不久，巴拉克·奥巴马开口要求国会批准新的授权法案，好动用军事力量打击伊斯兰国。奥巴马的要求与 2001 年的《动用军事力量授权法案》比起来，其实并没有什么区别。

人无法看到事实正是这样的武力侵略行径往往让问题变得更加严重，并且将整个世界都变成了战场。掐指一算，十四年光阴已经过去，再算一算耗费掉的四万亿美元，全球反恐战争就像一剂催化剂，留下的是一个又一个破败不堪的国家，有的已是满目疮痍，有的正在走向毁灭（伊拉克与利比亚便是其中之一），成就了一个叫作基地组织的组织。这个组织原本基本上只限于阿富汗境内活动，现在却已经变成了全球威胁。

然而，这并不重要。“只要你胆敢威胁美国，就绝对找不到藏身之地”，巴拉克·奥巴马有言在先，基辛格就此得到赦免，既往不咎：奥巴马做到了这一点。

汉娜·阿伦特在《极权主义的起源》一书中写过这样一段话。她在描述大英帝国的官员们时写道：“一旦说起自己立下的丰功伟绩时便夸夸其谈，极尽欺骗之能，而每每提到自己的失败无能时则避重就轻，闭口不谈。”阿伦特这些话主要指的是那些身居高位、贵族世袭的大英帝国官僚。这些人属于新一类帝国主义分子，与帝国的体制融为一体。欧洲的扩张与以往的征服不同，始于 20 世纪晚期，“这种扩张并非由侵占某个具体国家的欲望所驱动，而应当被视为一个永无休止的进程，每一个国家置身于这一进程中，都只能成为垫脚石，为进一步扩张服务”。这些官员具体干过什么坏事，又有怎样的美德，这些并不重要，因为“他们一旦被卷进去，成为这一永无休止扩张进程的一部分，就会变得——他们事实上也做到了这一点——不再是一个个体，而要统统服从这一进程的法则，让自己与那股莫名的力量融为一体，理所当然地为这股力量服务，使这一进程得以永不停歇地运转下去。他会将自己视为仅仅只是一种工具，并且最终将自己能够成为这样一种工具，能够成为这样一种动态趋势的化身，视为自我所能实现的最高成就。”

就某种程度而言，基辛格就实现了这样一种自我与制度的融合——他个人的仕途发迹史与恢复至高无上的总统特权密不可分；他所取得的个人成就与所效忠的这个国家一样独一无二。如此融合几近完美，基辛格甚至只要一想到有人对自己的政策提出批评，就简直等同于对自己理想美国形象的诋毁。“如果我们想在面临这场危机的时候，把美国团结起来，”基辛格不久前说过这么一段话，“那么就应该停止这样吵来吵去，因为这些争论就像是在打内战。”基辛格的意思是，我们不应该再追着政府官员不放，要他们为干过的事情负责，因为他们所做的一切都是为了保卫我们的祖国。

阿伦特说过，对那些将自我与制度成功融为一体的大英帝国官员们来说，“一旦被证明失败，就会无比心甘情愿地让自己消失在人们的视线当中，让自己被人遗忘得一干二净。”伦敦派驻开罗总领事曾经把这些执行“帝国政策”的官员比喻成“具有无与伦比价值的工具”，不管出于何种原因，他们只要无法再成为这样一种工具，就都会这样做的。然而，基辛格却很少需要逼着自己去思考万一这样的命运降临到自己头上，结果将会如何。1970 年曾经有过那么一小段时间，就是在入侵柬埔寨之后，基辛格一提起受到原哈佛同事的批评时总会开玩笑，说自己打算从白宫辞职，去亚利桑那州立大学教书。有位记者写道：“他看上去像是已经安心接受现实，准备去那些穷乡僻壤，干教书匠的活儿了。”可是，基辛格却在不断进化，不断适应。从与柬埔寨有关的听证会，到水门丑闻，再到切奇委员会的调查，一路走来，毫发无伤，从来没有失去属于自己的那份“无与伦比的价值”，尤其是在为战争大声辩护时更是从来没有。

基辛格远未从人们的视野之中消失，被人遗忘，他一直与我们同在。而且，就算有一天基辛格真的走了，你也大可想见基辛格学派的那一套理论学说还将与我们依旧同在。